本书受中国国际扶贫中心应用研究项目"中国精准扶贫经验的理论阐释"、国家社科基金重大项目"包容性绿色增长的理论与实践研究"(项目编号:19ZDA048)和中国社会科学院登峰战略优势学科(产业经济学)研究资助。

中国社会科学院创新工程学术出版资助项目

包容性绿色增长丛书

中国精准扶贫经验的理论阐释

产业扶贫的视角

THEORETICAL INTERPRETATION OF
CHINA'S EXPERIENCE IN PRECISION POVERTY ALLEVIATION
PERSPECTIVE OF INDUSTRIAL POVERTY ALLEVIATION

主　编　李　钢
副主编　秦　宇

社会科学文献出版社
SOCIAL SCIENCES ACADEMIC PRESS (CHINA)

目 录

理论进展与国际比较篇

第一章 精准扶贫研究理论进展 　　　　　　　　　　　李 景 / 3
　一 精准扶贫理论内涵溯源　　　　　　　　　　　　　　　　　/ 4
　二 精准扶贫政策的理论支撑研究动态　　　　　　　　　　　　/ 9
　三 精准扶贫理论反思　　　　　　　　　　　　　　　　　　　/ 12

第二章 中印精准扶贫模式与绩效比较 　　　　　　　张建英 / 19
　一 中印 70 年人类发展水平的比较　　　　　　　　　　　　　/ 21
　二 中印的贫困人口现状　　　　　　　　　　　　　　　　　　/ 31
　三 中印的扶贫理念与减贫努力　　　　　　　　　　　　　　　/ 34
　四 中国精准扶贫的绩效分析　　　　　　　　　　　　　　　　/ 39
　五 结论　　　　　　　　　　　　　　　　　　　　　　　　　/ 42

第三章 中巴精准扶贫模式与绩效比较 　　　　　　　王树森 / 45
　一 中国和巴西社会经济现状　　　　　　　　　　　　　　　　/ 46
　二 巴西的贫困现状　　　　　　　　　　　　　　　　　　　　/ 54
　三 巴西的扶贫政策及成就　　　　　　　　　　　　　　　　　/ 57
　四 中国精准扶贫经验总结——与巴西对比　　　　　　　　　　/ 60

第四章　经济学人对中国扶贫经验理论认知与绩效判断
　　——基于问卷调查的分析报告　　　　　　　　梁泳梅 / 64
　　一　党的领导、以发展促扶贫及有效的扶贫方案是最重要的
　　　　扶贫经验　　　　　　　　　　　　　　　　　　　　 / 65
　　二　关于中国扶贫工作的难点与重点的理论判断　　　　　 / 67
　　三　关于通过人力资本投入来巩固扶贫成果的理论判断　　 / 70
　　附件：调查问卷　　　　　　　　　　　　　　　　　　　 / 75

第五章　精准扶贫相较传统扶贫的改进措施与经验借鉴
　　　　　　　　　　　　　　　　　　　　　李旭泽　李资博 / 83
　　一　引言　　　　　　　　　　　　　　　　　　　　　　 / 83
　　二　中国传统扶贫模式界定　　　　　　　　　　　　　　 / 85
　　三　中国传统扶贫模式历史回顾与面临的困境分析　　　　 / 85
　　四　精准扶贫相较于传统扶贫的改进　　　　　　　　　　 / 90
　　五　经验借鉴　　　　　　　　　　　　　　　　　　　　 / 100

实践经验与案例研究篇

第六章　基础设施建设与中国精准扶贫　　　　　　陈奥阳 / 107
　　一　基础设施发展对减贫扶贫效应的文献综述　　　　　　 / 109
　　二　经济基础设施对精准扶贫的影响机制　　　　　　　　 / 112
　　三　社会基础设施对精准扶贫的影响机制　　　　　　　　 / 121
　　四　结语　　　　　　　　　　　　　　　　　　　　　　 / 129

第七章　中国产业扶贫进展与展望　　　　　　李钢　李景 / 134
　　一　"十三五"时期中国产业扶贫的主要进展与特色　　　 / 135
　　二　"十三五"期间产业扶贫对全面建成小康的贡献　　　 / 142
　　三　"十四五"期间产业扶贫发展趋势　　　　　　　　　 / 146
　　四　展望与建议　　　　　　　　　　　　　　　　　　　 / 148

第八章 产业发展视角下中国精准扶贫案例研究
——基于南康家具产业"产业+就业"扶贫模式的研究

秦　宇 / 153

 一　引言 / 153
 二　产业扶贫的现存困境及工业产业扶贫的必然趋势 / 156
 三　南康家具产业及其扶贫成效 / 162
 四　南康家具"产业+就业"深度融合脱贫模式 / 163
 五　结论与启示 / 170

第九章 绿色发展视角下中国精准扶贫案例研究
——基于江西省信丰脐橙产业的案例

陈素梅 / 175

 一　江西省信丰县脐橙产业实践及其减贫成效 / 176
 二　脐橙产业绿色减贫的路径思考 / 179
 三　研究结论与启示 / 187

机制设计与理论探析篇

第十章 实现精准扶贫的机制设计

陈明明 / 193

 一　贫困的概念及本质 / 195
 二　贫困与包容性增长 / 196
 三　实现精准扶贫的机制设计 / 203

第十一章 中国全面脱贫因素的量化分析

展　望 / 207

 一　引言 / 208
 二　模型、变量与方法 / 212
 三　量化分析 / 217
 四　结论与政策建议 / 227

第十二章　精准扶贫成功的深层理论原因初探　　　　秦　宇 / 233
　　一　引言　　　　　　　　　　　　　　　　　　　　　　　　／ 234
　　二　人力资本相对超前投入指数　　　　　　　　　　　　　　／ 238
　　三　各国 HCRAI 指数得分及比较分析　　　　　　　　　　　　／ 244
　　四　HCRAI 指数与长期经济增长　　　　　　　　　　　　　　／ 254
　　五　人力资本相对超前投入：数量到质量　　　　　　　　　　／ 263
　　六　人力资本相对超前投入与扶贫　　　　　　　　　　　　　／ 271

第十三章　四个自信与中国包容性发展　　　　　　　　李　钢 / 286
　　一　中国发展道路具有包容性发展的特征　　　　　　　　　　／ 288
　　二　发展理论决定中国包容性增长的可能性　　　　　　　　　／ 293
　　三　中国社会制度保证以人为本的实现　　　　　　　　　　　／ 295
　　四　中华民族的传统文化激发了自我发展的动力　　　　　　　／ 298
　　五　总结与展望　　　　　　　　　　　　　　　　　　　　　／ 301

理论进展与国际比较篇

第一章
精准扶贫研究理论进展

李 景[*]

精准扶贫理论内涵是中国扶贫实践成果的深化,研究其与时俱进的理论支撑,能够为下阶段减贫事业提供理论反思参考。从中国扶贫历程来看,新中国成立以来扶贫目标、主体、方式、资源配置和思想所呈现的特点与变化,隐含着精准扶贫理论内涵的来源;从精准扶贫政策与具体实践来看,共同富裕、以人为本和赋权理论是开展精准扶贫的理论支撑;从精准扶贫实践中发现的问题来看,参与式发展、人力资本超前投入是精准扶贫应有的理论反思。

新中国成立70年来,党中央、国务院高度重视减贫扶贫,出台实施了一系列中长期扶贫规划,探索出一条符合中国国情的农村扶贫开发道路。中国特色社会主义建设历经了不同的历史阶段,围绕扶贫目标、主体、方式、过程、思想等扶贫纲要、扶贫模式的调整,反映了扶贫政策制定者与反贫困领域研究者对贫困和反贫困内涵与分析框架的认知深入,以及对实践中面临的问题的解决之道的学理思考[①]。

尤其是党的十八大以来,中国实施精准扶贫精准脱贫,全面打响了脱贫

---

[*] 李景,中国教育报刊社《中国民族教育》编辑记者,研究方向:民族经济、民族教育。
[①] 左停、杨雨鑫、钟玲:《精准扶贫:技术靶向、理论解析和现实挑战》,《贵州社会科学》2015年第8期,第156~162页。

攻坚战,扶贫工作取得了决定性进展。按现行农村贫困标准,2013~2019年我国农村年均减贫人数保持在1000万以上(见图1-1)。截至2019年末,全国农村贫困人口从2012年末的9899万人减少至551万人,累计减少9348万人;贫困发生率从2012年的10.2%下降至0.6%,累计下降9.6个百分点。

图1-1 2013~2019年中国农村减贫人数和贫困发生率

实施精准扶贫以来,伴随经济的稳步增长以及扶贫的有序推进,中国贫困人口数量和比例均大幅度减少,区域性整体减贫成效明显,贫困群众生活水平大幅度提高,贫困地区面貌明显改善,脱贫攻坚取得历史性重大成就,精准扶贫相关的学术关注度随之提升。

一 精准扶贫理论内涵溯源

精准扶贫理论在中国扶贫实践中不断发展,包含着扶贫经验的总结和扶贫思想的深化。不同历史时期面对的发展基础和挑战不同,扶贫采取的政策措施和方式方法呈现阶段性特征,精准扶贫的经验总结伴随着历来反贫困内涵的进阶,并反映为具体的扶贫方式、扶贫目标、扶贫主体、扶贫思想等的变化。

（一）扶贫方式由带动式转为瞄准式

新中国成立之初的农村处于普遍贫困状态，为农民摆脱贫困创造基本物质条件，发展农村经济是带动解决贫困问题的根本[1]。1949～1985年主要通过土地革命、体制变革等方式带动贫困地区解决贫困问题。这一阶段的土地改革制度、社区"五保"制度、农村特困人口救济、合作化、人民公社化、家庭联产承包责任制等制度保障，通过恢复工农业生产、促进全国经济发展推动贫困问题的初步消除[2]。

贫困人口分布由以新中国成立之初的普遍式分布为主转变为以相对集中在地理环境特殊地区以及分散在各地的个别贫困为主。由1986～2000年对贫困县的开发攻坚逐步转向21世纪对贫困村、贫困户的瞄准式扶贫。1986～2000年是大规模开发式扶贫和八七脱贫攻坚阶段[3]，实施了以区域经济增长带动扶贫的贫困县开发扶贫和国家八七扶贫攻坚计划开启的攻坚式扶贫。进入21世纪，中国的贫困问题已不再是收入性贫困，而是全面建设小康社会背景下因健康、教育等需求而带来的相对贫困，对此，中国深化开发式扶贫为瞄准式扶贫。瞄准式扶贫是从根本内涵上对过往扶贫理念的总结创新，而实现扶贫理念向精准化的转变则为下一步的精准扶贫定下了基调[4]。

（二）扶贫目标从解决收入转向实现人的发展

新中国成立之初，解决贫困人口的温饱问题是扶贫的首要任务。1978～1985年，农业土地产出率大幅度提高，全国农民人均粮食产量增长14%，人均纯收入增长297%；农村贫困状况大幅度缓解，未解决温饱的贫困人口

---

[1] 程承坪、邹迪：《新中国70年扶贫历程、特色、意义与挑战》，《当代经济管理》2019年第9期，第1~9页。
[2] 黄国勤：《中国扶贫开发的历程、成就、问题及对策》，《中国井冈山干部学院学报》2018年第3期，第117~124页。
[3] 文建龙：《邓小平共同富裕思想与20世纪80年代的中国扶贫实践》，《中共云南省委党校学报》2014年第2期，第30~33页。
[4] 莫光辉：《精准扶贫：中国扶贫开发模式的内生变革与治理突破》，《中国特色社会主义研究》2016年第2期，第73~77＋94、75页。

从 2.5 亿人迅速下降到 1.25 亿人，年均减少 1786 万人；贫困发生率从 30.7% 下降到 14.8%①。1985 年贫困人口由 1.25 亿人减少到 1993 年的 7500 万人，年均减少 625 万人；1993~2000 年，按国家八七扶贫攻坚计划的贫困标准，全国未解决温饱问题的农村人口减少到 3209 万人②。

国家规划的每一阶段的扶贫目标任务，都是逐步减少该标准下的贫困人口，21 世纪以来，随着温饱标准的不断提升、经济的持续增长，贫困地区和贫困人口的发展需求凸显。精准扶贫的目标不再仅仅是满足温饱和贫困人口的收入增长，还要考虑到生存环境、生态保护、能力建设等综合扶贫开发指标，实现以人为本与可持续发展的良好结合③。精准扶贫明确了中国扶贫目标从解决温饱向"两不愁三保障"发展需要的提升④。

（三）扶贫主体多元，发挥贫困对象主体性

中国扶贫过程中扶贫主体的变化是扶贫提质增效的关键之一。一方面，在通过国家行政力量的主导和干预来打破基层固化的权力利益结构的保障下⑤，精准扶贫中的扶贫主体逐渐多元化。计划经济时期扶贫由政府主导，通过农村经济制度创新和小规模的救济方式来缓解农村贫困问题。改革开放以来，扶贫参与主体实现了由单一主体向多元主体共同参与的转变⑥。由改革开放前的政府主导对贫困人口的救助转向鼓励民间组织和机构参与扶贫，如"希望工程"、民营企业扶贫、定点扶贫、个人扶贫等社会扶贫事业。截至 2018 年底，东部地区组织各类扶贫主体与 7373 个西部贫困村结对帮扶，

---

① 《经济日报：人类减贫史上最伟大的篇章，这就是中国壮举！》，http://www.cpad.gov.cn/art/2019/9/27/art_624_103982.html，2019 年 9 月 27 日。
② 国务院扶贫办政策法规司、国务院扶贫办全国扶贫宣传教育中心：《人类减贫史上的中国奇迹——中国扶贫改革 40 周年论文集》，研究出版社，2018 年。
③ 刘超、朱满德、王秀峰：《中国农村扶贫开发的制度变迁：历史轨迹及对贵州的启示》，《山地农业生物学报》2015 年第 1 期，第 71~76 页。
④ 易柳：《改革开放 40 年中国扶贫政策的演化与前瞻——立足国家层面政策文本的分析》，《西南民族大学学报》（人文社科版）2018 年第 4 期，第 183~191 页。
⑤ 许汉泽、李小云：《"行政治理扶贫"与反贫困的中国方案——回应吴新叶教授》，《探索与争鸣》2019 年第 3 期，第 58~66+142 页。
⑥ 吴振磊、张可欣：《改革开放 40 年中国特色扶贫道路的演进、特征与展望》，《西北大学学报》（哲学社会科学版）2018 年第 5 期，第 101~111 页。

包括 2287 个经济强镇、3240 个强村（社区）、6027 家企业、3065 所学校、1350 所医院分别与西部地区 2569 个贫困乡镇、11799 个贫困村、6267 家企业、3157 所学校、1424 所医院结对①。

在精准扶贫过程中注重发挥贫困人口的主体性。精准扶贫基于产业扶贫利益联结机制、驻村干部、结对帮扶等设计，形成扶贫主体与脱贫主体相连接的激励机制。通过生产奖补、劳务补助、提供公益岗位等方式，让贫困人口能够以能动性与创造性的心态参与反贫困实践，不仅行使个人应享有的权利，还自觉承担反贫困的义务与责任②。在调动贫困主体脱贫主体性的情况下，2017 年实现 577 万贫困劳动力稳定转移就业；累计建设扶贫车间 21902 个，安排贫困户就业 30 万人；累计选聘 37 万贫困人口为生态护林员。可见，精准脱贫实践既是国家建构和发展干预的过程，更是贫困人口参与和发挥主体性的过程。贫困人口作为发展主体的认识是在反贫困实践中不断反思建构的结果③。

（四）扶贫资源配置

扶贫资源配置方向表现为物质资源投放与社会资源配置逐渐衔接。在扶贫初期，为解决绝对贫困，政府或其他组织向贫困人口提供生产生活物资保障。随着扶贫开发的深入推进，单纯的物质资源投放已不能满足扶贫需求，物质资源投放与社会资源配置相衔接成为必然趋势。从 20 世纪 90 年代中期开始，国家在投入扶贫资金、改善贫困对象的生产生活条件的同时，加大社会资源的投入，开展科技扶贫、教育扶贫和卫生扶贫，以及产业技术培训和劳动力就业培训等，改善扶贫人口的脱贫能力④。

扶贫资源配置方式逐渐发展为自上而下的决策与自下而上的反馈和参与

---

① 国家统计局住户调查办公室：《中国农村贫困监测报告 2019》，中国统计出版社，2019。
② 王三秀：《农村贫困治理模式创新与贫困农民主体性构造》，《毛泽东邓小平理论研究》2012 年第 8 期，第 51~56 + 115 页。
③ 陆汉文、杨永伟：《发展视角下的个体主体性和组织主体性：精准脱贫的重要议题》，《学习与探索》2017 年第 3 期，第 32~39 页。
④ 庄天慧、陈光燕、蓝红星：《精准扶贫主体行为逻辑与作用机制研究》，《广西民族研究》2015 年第 6 期，第 138~146 页。

相结合。政府自上而下投入扶贫资源的过程中，容易与扶贫对象需求产生错配等问题，最终难以真正改善贫困人口发展状况，影响政策效果。政府对资金投入与开发过程中出现的问题的反思，在很大程度上促成了扶贫资源综合治理。精准扶贫对构建自下而上的扶贫资源分配体系的探索，促进了扶贫资源的有效分配，并使有限的扶贫资源流向边际效益更高的贫困人群和项目①。动态帮扶与自下而上的民众参与相结合，是精准扶贫成效显著的重要原因之一。

（五）扶贫思想

中国扶贫思想本质上是坚持发展马克思主义反贫困理论。关于扶贫思想转变的研究，主要集中在领导人角度。毛泽东坚持人民主体地位的思想，从农村制度改革入手，保障贫困人口公平拥有生产资料②。邓小平将共同富裕作为社会主义的本质和发展目标正式提出来，提倡先富带后富，高度发达的生产力是实现共同富裕的物质基础③。江泽民系统地提出了扶贫开发的理论，把扶贫与维护和保障人权联系在一起，从消除贫困是实现最基本人权保障的角度阐述了扶贫开发的世界性价值④。胡锦涛根据新世纪扶贫开发工作的实际需要，从理论上深化了中国的扶贫开发理论，提出科学发展观，加大扶贫开发力度，更加关注贫困人口对物质经济、政治和文化权益的需要⑤。

精准扶贫在巩固扶贫成果和推进扶贫进程的任务下，深化并创新了中国扶贫思想。习近平提出精细化扶贫的思想，大力发展乡村教育，把精神脱贫

---

① 姚迈新：《对扶贫目标偏离与转换的分析与思考——政府主导型扶贫模式中的制度及行动调整》，《云南行政学院学报》2010年第3期，第122~126页。
② 覃敏良：《毛泽东反贫困思想对精准扶贫工作的启示》，《广西教育学院学报》2017年第1期，第48~50页。
③ 文建龙：《邓小平共同富裕思想与20世纪80年代的中国扶贫实践》，《中共云南省委党校学报》2014年第2期，第30~33页。
④ 段录良：《扶贫，中国对世界人权事业的重大贡献——江泽民关于扶贫的人权思想》，《湘南学院学报》2005年第1期，第5~7+37页。
⑤ 施由明、刘清荣：《从毛泽东到胡锦涛：中国扶贫开发理论的不断深化》，《农业考古》2007年第6期，第332~337页。

理念作为精准扶贫思想的战略重点[1],并提出实施精准扶贫战略,既需要开创大扶贫格局,形成全社会扶贫合力,又需要通过扶志和扶智形成脱贫内生力[2]。

综上所述,因地制宜、因人而异、因时而变的中国扶贫策略发展到精准扶贫阶段,逐渐呈现出扶贫内涵的精准化和精神脱贫特征。精准扶贫是在中国扶贫所呈现的可行经验基础上发展起来的,具有强有力的科学理论支撑,同时也需要和中国扶贫道路上的其他阶段一样根据扶贫实践不断反思和演化。

二 精准扶贫政策的理论支撑研究动态

精准扶贫是在中国扶贫经验总结和问题修正的基础上发展而来的,既是对以往扶贫思想的优化,又是对扶贫理论的践行和继续探索。目前,关于精准扶贫理论阐释主要集中在制度解析方面,或是精准扶贫理念解读,或是精准扶贫的概念和意义剖析。从学理高度对精准扶贫机制进行深层的阐述主要集中在以下三个方面。

(一)"共同富裕"是精准扶贫理论根本

马克思主义确立了中国扶贫事业"共同富裕"的价值理想,也提出了促进人的全面发展的目标。这些理想与目标贯穿于中国社会主义建设与减贫事业,是中国扶贫事业发展重要的思想源泉[3]。扶贫就是要摸索出适合每一个贫困人口的致富路线,这正是"共同富裕"理论原则的发展和延伸。精准扶贫政策实施过程中因地制宜、分类施策是遵循共同富裕根本理论的体现。一是因地制宜。根据各个贫困地区的实际发展情况,采取产业扶贫、转

---

[1] 唐任伍:《习近平精准扶贫思想阐释》,《人民论坛》2015年第30期,第28~30页。
[2] 易棉阳:《论习近平的精准扶贫战略思想》,《贵州社会科学》2016年第5期,第139~144页。
[3] 黄承伟、袁泉:《全面建成小康社会:习近平扶贫论述与中国特色减贫道路》,《China Economist》2020年第1期,第2~23页。

移就业、易地搬迁、教育扶贫、健康扶贫、生态保护扶贫、兜底保障、社会扶贫以及提升区域发展能力等减贫措施，根据地区优势制定脱贫计划，补齐贫困区域和贫困人口脱贫短板。

二是分类施策。基层扶贫人员通过实地调研，找出贫困户的致贫原因。中国农村每年因常见和重大疾病造成的经济损失高达 400 多亿元，农村贫困人口中有 50% 左右因病致穷或因病返贫。针对因病、缺技术、缺教育等个人难以克服且持续性影响大的致贫因素，从个人层面到制度层面自下而上地阻断贫困，并通过结对帮扶等方式长期关注贫困户脱贫状态，防范和降低返贫风险。精准扶贫是对建档立卡贫困村和建档立卡贫困户适用脱贫路线的探索和实践，是每个人都共享发展成果的基础和关键。

（二）以人为本是精准扶贫的理论出发点

在马克思看来，人的全面发展主要包括人的劳动能力的发展、人的社会关系的发展和人的个性的自由发展。以人为本理念同党的领导有机结合，已经成为我国推进扶贫治理体系与治理能力现代化的重要经验[①]。习近平总书记以人为本的精准扶贫思想不仅在于教育扶贫，也是知识、思想、文化、精神等方面的扶贫，更是着眼于人生的战略扶贫[②]。精准扶贫中的"六个精准"、"五位一体"和"四个全面"的总体布局，无论是发展的要求还是具体政策设计都贯彻了以人为本的理念。

精准扶贫是对以人为本理论的贯彻，首先，以人为本是精准识别贫困人口的出发点。如连片特困地区秦巴山区的岳池县在实施精准扶贫政策的过程中，通过全面摸排、精准识别，共锁定贫困村 280 个，占全县 825 个行政村的 33.9%，建档立卡贫困户 27995 户 90272 人，贫困发生率 8.9%，对全县贫困户进行了科学分类管理，针对不同类别的贫困户制定不同的帮扶措施，通过基础设施扶贫、水利工程扶贫、产业扶贫、社会扶贫、医疗扶贫、教育

[①] 祁志伟：《新中国以人为本贫困治理经验》，《中国教育报》2019 年 9 月 12 日。
[②] 刘解龙：《经济新常态中的精准扶贫理论与机制创新》，《湖南社会科学》2015 年第 4 期，第 156~159 页。

扶贫、金融扶贫、旅游扶贫等①,维护每一个贫困人口的同等发展权利。

其次,基于以人为本的理念注重精准帮扶贫困人口自我发展能力的提升。对于六盘山连片特困区宁夏的实证研究表明,劳动力缺乏并非制约特困户发展的根本性因素,劳动力质量欠缺才是贫困户长期陷入贫困的主要原因②。精准扶贫的瞄准机制方面,注重瞄准贫困人口所欠缺的基本发展能力、学习能力、投资能力、经营管理能力和沟通交际能力,提升脱贫能力是减缓特困地区贫困的根源。

最后,基于人的全面发展将围绕贫困人口的精神文明建设作为有效途径。习近平指出"在推进精准扶贫的过程中,既要'物质扶贫'也要'精神脱贫',通过加强农村精神文明建设,为啃下扶贫攻坚'硬骨头'提供强大的精神动力"。四川省贫困地区设立脱贫励志金、西双版纳贫困地区设立小蜜蜂超市等具体扶贫措施都体现了精准扶贫中的扶贫、扶志、扶勤相结合。

(三) 赋权理论是精准扶贫理论的长效参考目标

赋权提能是源于阿马蒂亚·森的权利贫困理论,强调以"机会均等"和"公平共享"为核心的反贫困理念,要求减少与消除权利和机会的不均等,通过提高贫困人口参与经济社会发展的能力来治理贫困③。赋权理论中的可行能力分析路径与我国精准扶贫政策在精准性、主动性和长效性上有高度的相关性,可为中国扶贫事业提供理论向导④。对可行能力分析路径的深入探讨,对于当前中国精准扶贫事业的推进有重要的现实意义⑤。

---

① 刘雪芳、陈涛:《基于贫困户满意度视角的精准扶贫落实效果评价——以四川省岳池县为例》,《农村经济与科技》2018年第11期,第147~149页。
② 刘七军、李昭楠:《精准扶贫视角下连片特困区贫困农户自我发展能力提升研究》,《北方民族大学学报》(哲学社会科学版)2016年第4期,第107~110页。
③ 马新文:《阿玛蒂亚·森的权利贫困理论与方法述评》,《国外社会科学》2008年第2期,第69~74页。
④ 马文峰:《可行能力视野下我国精准扶贫的新思路》,《西北民族研究》2017年第4期,第231~236页。
⑤ 杨帆、章晓懿:《可行能力方法视阈下的精准扶贫:国际实践及对本土政策的启示》,《上海交通大学学报》(哲学社会科学版)2016年第6期,第23~30页。

精准扶贫政策是赋权理论的发展,强调采取教育培训、产业发展、制度创新等措施赋予贫困地区和贫困人口更多的发展机会和更好的发展能力[①]。精准扶贫对贫困人口可行性能力的培育,意味着建立一套贫困农民进入扶贫项目场域的体制机制,消除贫困人口准入的各种制度和体制障碍[②],保障贫困人口实现自我发展的权利和能力。

在精准扶贫中保障贫困人口的可行性能力,除了保障贫困人口公平地获得教育、健康和均等化的公共服务等长期目标外,还要重视贫困人口在短期内难以提升有限的能力的条件下,如何提升其进入市场和利用资源的能力。如精准扶贫中小额信贷主要用于支持建档立卡贫困户发展产业、增加收入。通过村级防控小组和帮扶责任人,为贫困户提供市场信息、帮助和指导贫困户选择发展项目、协助联系技术部门提供技术支持等,确保项目实施效果。如毛南族整族脱贫过程中,环江县4083户毛南族贫困户累积获得3600万元奖补资金和8600万元小额信贷资金,2019年底毛南族贫困群众特色产业覆盖率达100%,保障贫困户都能够参与桑蚕、优质稻、柑橘、香猪、杉木、菜牛、油茶等产业发展中,实现脱贫增收[③]。

三 精准扶贫理论反思

现有的中国精准扶贫研究总结了大量的工作部门实践和基层经验,并结合各地实施问题提出了相应的解决路径和方法。但由于精准扶贫案例的地域性、片面性等局限,统一并具有普适性的精准扶贫理论反思较少,主要有以下两个方面,一是针对精准扶贫中"精准"所产生的反作用的学理思考,二是针对反贫困投入如何更好地作用于扶贫效果持续性的理论探索。

---

① 王介勇、陈玉福、严茂超:《我国精准扶贫政策及其创新路径研究》,《中国科学院院刊》2016年第3期,第289~295页。
② 李鹍、叶兴建:《农村精准扶贫:理论基础与实践情势探析——兼论复合型扶贫治理体系的建构》,《福建行政学院学报》2015年第2期,第26~33+54页。
③ 张志银:《广西环江毛南族自治县脱贫摘帽,百姓告别饮水难、出行难、住房难——毛南族整族脱贫》,http://www.cpad.gov.cn/art/2020/6/9/art_5_126041.html,2020年6月9日。

（一）参与式发展理论

精准扶贫是由中国扶贫思想结合反贫困现实需要发展而来，多年反贫困历程遗留下的贫困人口贫困深度大、贫困原因复杂、返贫风险大，在分批分类原则和物质精神扶贫相结合等扶贫原则下，尽量避免了"越扶越贫"的不良现象，但仍然需要对抗贫困标签的负效应。中国扶贫工作中存在个人问题社会化的现象，即在无限放大了国家责任的同时也无限缩小了个人责任，进而弱化了贫困者的主体性和责任感[1]。精准扶贫以贫困者为目标对其行为进行干预，精准识别在为精准帮扶提供瞄准支撑的过程中，对于贫困者的建档立卡、公示公告、信息录入等步骤，也使得贫困户身份进一步固化，在扶贫过程中形成"等、靠、要"等负面思想，削弱了贫困政策的成效。

面对贫困标签的负效应，参与式发展理论不仅要求增强贫困人口的主体性，更要求使贫困人口在参与扶贫活动的过程中增强责任意识。参与式发展理论强调贫困治理不仅仅是政府的责任，更需要广大贫困人口的主动参与[2]，在确实提升贫困群体权利位置使之处于与政府平等地位的基础上，将在政府内部以及贫困社区内部系统的合作视为提高反贫困成效的重点[3]。精准脱贫中的致富带头人策略，是贫困人口主动参与方式之一，体现了贫困人口不再只是扶贫的客体。但致富带头人的作用并没有达到理想效果，截至2018年底共培训创业致富带头人52713名，只有9553人创业成功，带动贫困人口21.44万人[4]。

因此，强化贫困人口的脱贫参与还应该强化其长期的责任意识。在脱贫攻坚的最后阶段，由社会政策、社会发展及其地理区域导致的贫困已由国家和社会组织承担，而个人化的贫困理应由个体主动摆脱，寻求更长效的个人

---

[1] 卫小将：《精准扶贫与主体性塑造：再认识与再反思》，《中国行政管理》2018年第4期，第39~43页。
[2] 王介勇、陈玉福、严茂超：《我国精准扶贫政策及其创新路径研究》，《中国科学院院刊》2016年第3期，第289~295页。
[3] 黄承伟、覃志敏：《论精准扶贫与国家扶贫治理体系建构》，《中国延安干部学院学报》2015年第1期，第131~136页。
[4] 国家统计局住户调查办公室：《中国农村贫困监测报告2019》，中国统计出版社，2019。

能力培育路径。只有这样才有可能在精准脱贫取得成效的情况下，顺利去除精准识别贫困者的"贫困标签"，发挥个体的主观能动性。

（二）人力资本超前投入

面对20世纪末扶贫历程中出现的问题，21世纪扶贫各个阶段都在扶贫方式、扶贫目标、扶贫主体、扶贫资源等方面做出了相应的改变，但历经多个扶贫阶段均未完全解决的贫困问题具有长期性和顽固性，需要在扶贫工作中不断反思并探索有效解决路径。众多研究表明造成贫困群体长期以来能力不高、难以真正脱贫的原因是中国开发式扶贫对于预防贫困、切断贫困链条具有重要作用的科教文卫事业的投入仍然不足①。

学界对反贫困中人力资本的研究集中在可持续生计与贫困治理方面，并认为包含教育、健康和劳动技能在内的人力资本是构建可持续生计资本的关键②。在贫困治理中，深度贫困地区家庭成员身体健康、教育医疗条件得到保障、掌握增收致富的生计技能是贫困户通过人力资本实现稳定脱贫的有效途径③。但中国扶贫开发中教育、医疗对贫困的改善作用存在理论与现实的差距。2012~2016年国家扶贫产出效率逐年增加，在医疗文化和生活质量方面的资金投入较大，但效果不太明显④。1989~2015年教育对于相对贫困的改善作用逐步减小⑤。随着人民发展对整体生计要求的不断提高，对教育、医疗等的需求不断升级，精准扶贫解决贫困户可持续生计的难度增加。

从中国农村贫困人群和劳动力分布来看，中国贫困发生率与农村贫困人口受教育程度、身体健康程度负相关，农村健康程度较差的人群贫困发生率相对较高；农村受教育程度较低的群体贫困发生率相对较高，并且发展能力

---

① 杨宜勇、吴香雪：《中国扶贫问题的过去、现在和未来》，《中国人口科学》2016年第5期，第2~12+126页。
② 何仁伟、李光勤、刘邵权、徐定德、李立娜：《可持续生计视角下中国农村贫困治理研究综述》，《中国人口·资源与环境》2017年第11期，第69~85页。
③ 胡原、曾维忠：《深度贫困地区何以稳定脱贫？——基于可持续生计分析框架的现实思考》，《当代经济管理》2019年第12期，第7~12页。
④ 陶园园、陶腾飞：《探究农村扶贫资金的投入产出》，《知识经济》2019年第34期，第11+13页。
⑤ 刘大伟：《教育改善贫困的证据：基于微观社会调查的实证分析》，《教育研究》2020年第4期，第115~124页。

和生存能力较弱的老人和儿童群体的贫困发生率相对偏高。农村受教育程度较低的群体贫困发生率仍相对较高，2018年贫困地区农村劳动力中仅22.7%的接受过技能培训，且在2018年户主受教育程度为"文盲"的群体中贫困发生率为6.5%，在户主受教育程度为"小学"的群体中贫困发生率为2.4%。同时，农村健康程度较差的人群贫困发生率相对较高。2018年身体基本健康的人群贫困发生率为1.9%，身体健康状况较差的人群贫困发生率为2.6%，均高于同年全国贫困发生率。农村老人和儿童贫困发生率相对较高，17岁及以下青少年贫困发生率为2.2%，60岁以上老人贫困发生率为2.2%，均高于其他年龄阶段人群贫困发生率。

从扶贫投入来看，中国精准扶贫战略的实施凸显了教育扶贫、健康扶贫的重要性。在十三届全国人大一次会议上李克强表示，财政性教育经费占国内生产总值比重超过4%。截至2019年，教育投入和救助覆盖范围从幼儿园扩大到大学，享受面向因病致残致贫家庭的多个健康扶贫政策的贫困人口占比达24.28%。2016~2019年，中央财政下拨医疗救助补助资金889.96亿元，用于支持各地资助困难群众参加基本医疗保险和医疗应急救助[1]。

中国的精准扶贫中，虽然重视教育、健康等人的生存发展能力方面的投入，但受教育程度低和健康程度等生存发展能力较差群体的贫困发生率仍然高于中国农村贫困发生率。可见，受教育程度、健康程度与贫困户把握经济机会的能力正相关，但相对于贫困人口贫困的顽固性和脱贫的长期性，教育、医疗等人力资本方面的扶贫效果不明显，需要保证持续增长的人力资本投入，以保障扶贫效应的长期发挥。中国经济能够实现快速发展源于其相对超前的人力资本投入。而要实现相对超前的人力资本投入就要求社会发展成果惠及更广泛的民众，要求在承认社会成员对社会贡献存在差距的前提下，充分满足弱势群体的基本需求，从而使得绝大多数社会成员可以公正地享有

---

[1] 王尚武：《财政部就近期脱贫攻坚重点工作和热点问题答记者问》，http：//www.cpad.gov.cn/art/2019/7/19/art_22_100441.html，2019年7月19日。

生存权和发展权这两大基本权利。[①] 由此可见，为了从教育、健康方面提高贫困人口的反贫困能力，保障扶贫效果的长期性，需要重视对人力资本超前投入的研究。

参考文献

左停、杨雨鑫、钟玲：《精准扶贫：技术靶向、理论解析和现实挑战》，《贵州社会科学》2015年第8期。

程承坪、邹迪：《新中国70年扶贫历程、特色、意义与挑战》，《当代经济管理》2019年第9期。

黄国勤：《中国扶贫开发的历程、成就、问题及对策》，《中国井冈山干部学院学报》2018年第3期。

文建龙：《邓小平共同富裕思想与20世纪80年代的中国扶贫实践》，《中共云南省委党校学报》2014年第2期。

莫光辉：《精准扶贫：中国扶贫开发模式的内生变革与治理突破》，《中国特色社会主义研究》2016年第2期。

《经济日报：人类减贫史上最伟大的篇章，这就是中国壮举！》，http://www.cpad.gov.cn/art/2019/9/27/art_ 624_ 103982.html，2019年9月27日。

国务院扶贫办政策法规司、国务院扶贫办全国扶贫宣传教育中心：《人类减贫史上的中国奇迹——中国扶贫改革40周年论文集》，研究出版社，2018。

刘超、朱满德、王秀峰：《中国农村扶贫开发的制度变迁：历史轨迹及对贵州的启示》，《山地农业生物学报》2015年第1期。

易柳：《改革开放40年中国扶贫政策的演化与前瞻——立足国家层面政策文本的分析》，《西南民族大学学报》（人文社科版）2018年第4期。

许汉泽、李小云：《"行政治理扶贫"与反贫困的中国方案——回应吴新叶教授》，《探索与争鸣》2019年第3期。

吴振磊、张可欣：《改革开放40年中国特色扶贫道路的演进、特征与展望》，《西北大学学报》（哲学社会科学版）2018年第5期。

国家统计局住户调查办公室：《中国农村贫困监测报告2019》，中国统计出版社，2019。

王三秀：《农村贫困治理模式创新与贫困农民主体性构造》，《毛泽东邓小平理论研

[①] 李钢、秦宇：《人力资本相对超前投入及对经济增长的影响》，《数量经济技术经济研究》2020年第5期，第118~138页。

究》2012 年第 8 期。

陆汉文、杨永伟：《发展视角下的个体主体性和组织主体性：精准脱贫的重要议题》，《学习与探索》2017 年第 3 期。

庄天慧、陈光燕、蓝红星：《精准扶贫主体行为逻辑与作用机制研究》，《广西民族研究》2015 年第 6 期。

姚迈新：《对扶贫目标偏离与转换的分析与思考——政府主导型扶贫模式中的制度及行动调整》，《云南行政学院学报》2010 年第 3 期。

覃敏良：《毛泽东反贫困思想对精准扶贫工作的启示》，《广西教育学院学报》2017 年第 1 期。

文建龙：《邓小平共同富裕思想与 20 世纪 80 年代的中国扶贫实践》，《中共云南省委党校学报》2014 年第 2 期。

段录良：《扶贫，中国对世界人权事业的重大贡献——江泽民关于扶贫的人权思想》，《湘南学院学报》2005 年第 1 期。

施由明、刘清荣：《从毛泽东到胡锦涛：中国扶贫开发理论的不断深化》，《农业考古》2007 年第 6 期。

唐任伍：《习近平精准扶贫思想阐释》，《人民论坛》2015 年第 30 期。

易棉阳：《论习近平的精准扶贫战略思想》，《贵州社会科学》2016 年第 5 期。

黄承伟、袁泉：《全面建成小康社会：习近平扶贫论述与中国特色减贫道路》，《China Economist》2020 年第 1 期。

祁志伟：《新中国以人为本贫困治理经验》，《中国教育报》2019 年 9 月 12 日。

刘解龙：《经济新常态中的精准扶贫理论与机制创新》，《湖南社会科学》2015 年第 4 期。

刘雪芳、陈涛：《基于贫困户满意度视角的精准扶贫落实效果评价——以四川省岳池县为例》，《农村经济与科技》2018 年第 11 期。

刘七军、李昭楠：《精准扶贫视角下连片特困区贫困农户自我发展能力提升研究》，《北方民族大学学报》（哲学社会科学版）2016 年第 4 期。

马新文：《阿玛蒂亚·森的权利贫困理论与方法述评》，《国外社会科学》2008 年第 2 期。

马文峰：《可行能力视野下我国精准扶贫的新思路》，《西北民族研究》2017 年第 4 期。

杨帆、章晓懿：《可行能力方法视阈下的精准扶贫：国际实践及对本土政策的启示》，《上海交通大学学报》（哲学社会科学版）2016 年第 6 期。

王介勇、陈玉福、严茂超：《我国精准扶贫政策及其创新路径研究》，《中国科学院院刊》2016 年第 3 期。

李鹍、叶兴建：《农村精准扶贫：理论基础与实践情势探析——兼论复合型扶贫治理体系的建构》，《福建行政学院学报》2015 年第 2 期。

张志银：《广西环江毛南族自治县脱贫摘帽，百姓告别饮水难、出行难、住房难——毛南族整族脱贫》，http：//www.cpad.gov.cn/art/2020/6/9/art_5_126041.html，2020年6月9日。

卫小将：《精准扶贫与主体性塑造：再认识与再反思》，《中国行政管理》2018年第4期。

王介勇、陈玉福、严茂超：《我国精准扶贫政策及其创新路径研究》，《中国科学院院刊》2016年第3期。

黄承伟、覃志敏：《论精准扶贫与国家扶贫治理体系建构》，《中国延安干部学院学报》2015年第1期。

杨宜勇、吴香雪：《中国扶贫问题的过去、现在和未来》，《中国人口科学》2016年第5期。

何仁伟、李光勤、刘邵权、徐定德、李立娜：《可持续生计视角下中国农村贫困治理研究综述》，《中国人口·资源与环境》2017年第11期。

胡原、曾维忠：《深度贫困地区何以稳定脱贫？——基于可持续生计分析框架的现实思考》，《当代经济管理》2019年第12期。

陶园园、陶腾飞：《探究农村扶贫资金的投入产出》，《知识经济》2019年第34期。

刘大伟：《教育改善贫困的证据：基于微观社会调查的实证分析》，《教育研究》2020年第4期。

王尚武：《财政部就近期脱贫攻坚重点工作和热点问题答记者问》，http：//www.cpad.gov.cn/art/2019/7/19/art_22_100441.html，2019年7月19日。

李钢、秦宇：《人力资本相对超前投入及对经济增长的影响》，《数量经济技术经济研究》2020年第5期。

第二章
中印精准扶贫模式与绩效比较

张建英[*]

本章对中国精准扶贫的绩效研究是基于中国与印度的对比而展开的。以中国和印度70年的人类发展水平为切入点的主要原因有：其一，人类发展指数综合考虑了居民生活水平、健康状况和受教育程度，这些指标本身就可以对贫富状况进行评价；其二，中印人类发展指数的变化规律与中印扶贫绩效的差异的潜在逻辑具有紧密联系。基于中印人类发展70年的进展可知，中国和印度在经济和社会发展方面均取得了举世瞩目的成绩。而中国在经济建设的过程中更早地考虑了居民的教育和健康水平提升的问题，这反过来为经济发展储备了充足的人力资本。中国和印度在扶贫事业上表现出来的差异也是如此，研究表明不是经济发展越快，支持贫困人口的资金越充足，扶贫成效就越明显。减贫工作就是要致力于提升农村贫困人口素质，包括身体素质、文化素质和技能素质，从而使其创造财富的能力与经济发展和社会进步相匹配，并且针对致贫原因结合当地客观条件制定和实施特色扶贫支持计划。

为了消除极端贫穷和饥饿，在2000年9月召开的联合国首脑会议上189个国家签署了《联合国千年宣言》，一致通过了一项行动计划，目标是到2015年以前将全球贫困水平减少为1990年贫困水平的一半。经过15年

---

[*] 张建英，湖南工商大学经济与贸易学院讲师，研究方向：发展经济学、产业经济学。

的共同努力,联合国千年发展目标中的减贫目标已经基本实现。根据《2015年联合国千年发展目标报告》①,按照每人每天消费1美元的国际贫困线标准,全球极端贫困人口由1990年的19亿下降到2015年的8.36亿,减贫幅度达到56%。人们的卫生医疗条件得到大幅改善,全球获得改善饮用水源的人口占比由1990年的76%提高到91%;5岁以下儿童死亡率由1990年的9.3‰下降到2015年的4.3‰,全球孕产妇死亡率下降了45%。占全球近1/5人口的中国提前十年完成了千年发展目标中的减贫目标,是该项减贫计划中的主力国家。1990年中国生活在国际贫困线每人每天1美元标准以下的农村人口占46%,到2005年已经下降到10.4%;其间,全球生活在国际贫困线每人每天1美元标准以下的人口减少了4.18亿,占比下降了23%;如果不考虑中国,那么全球的贫困人口反而增加了5800万人。② 中国的扶贫开发事业所取得的成就加快了全球减贫计划的实施进程。

不过,从贫困人口的结构来看,中国区域之间的居民收入差距进一步扩大。1990年,中国城乡居民收入之比为2.2∶1(1510.2/686.3元人民币)到2007年变为3.33∶1(13786/4140元人民币)。③ 2007年,中国扶贫开发重点县农村人均纯收入为2278元,分别只占全国农民纯收入的55%和城镇居民可支配收入的16.5%。正是由于贫困问题并没有完全解决,在实现了联合国制定的减贫目标以后,中国的减贫事业并没有就此停止。为了消除贫困,面对贫困地区发展不平衡等问题,党中央、国务院制定了农村扶贫开发纲要,针对2000年以后的扶贫开发工作明确提出了十年发展目标和实施方案。党的十八大以来,高度重视扶贫工作,尤其是实施精准扶贫战略以来,针对老、少、边、穷、特困地区的减贫工作取得了很好的效果。本文基于中国和印度的对比,从长期发展、贫困现状以及扶贫理念和举措等方面剖析了中印两国的扶贫工作所表现出来的特征,指出了中印在国家发展和减贫事业

---

① 史霄萌、顾震球:《综述:联合国千年发展目标成果显著但未完全实现》,http://www.xinhuanet.com/world/2015-07/07/c_1115841125.htm,2015年7月7日。
② 中华人民共和国外交部、联合国驻华系统:《中国实施千年发展目标进展情况报告》,https://www.un.org/chinese/millenniumgoals/china08/1_1.html,2008。
③ 中华人民共和国外交部、联合国驻华系统:《中国实施千年发展目标进展情况报告》,tps://www.un.org/chinese/millenniumgoals/china08/1_1.html,2008。

方面的根本差异，并对中国的精准扶贫成果进行了总结。本研究的目的是，在 2020 年这一全面实现小康社会的决胜时期，对中国的精准扶贫工作进行基于跨国比较的总结，这对于我国的扶贫工作进展乃至对于广大人口众多的发展中国家探索减贫之路都具有一定的指导和借鉴意义。

一 中印 70 年人类发展水平的比较

（一）人类发展指数的测算

1. 指标的构建与计算

从长期来看，国家的发展绝不仅仅是经济发展层面的问题，仅靠经济发展是无法解决人类发展进程中遇到的全部问题的，如多维度减贫问题。1990年，联合国开发计划署发布的《人文发展报告》中首次引入非经济因素构建了人类发展指数以衡量联合国成员国的经济社会发展水平。这一举措使得衡量一个国家发展水平的指标又拓宽了一个维度，不仅包含经济方面的指标，也包含社会方面的指标。由于联合国开发计划署所使用的人类发展指数在 2010 年调整了部分衡量指标，在跨越 2010 年时间维度上的研究不宜直接使用联合国所公布的数据。另外，中国和印度的领土相接、人口和民族非常多，并且都是从传统的农业大国变成发展中大国，具有横向比较的基础。而且，从长期的历史发展过程来看基于中国和印度的发展水平能够更加客观地挖掘造成两国差异的根本原因。考虑到人类发展指数官方数据在指标上的调整和历史数据上的不足，本文借鉴李钢和张建英构建人类发展指数的方法，[①] 指标体系见表 2 – 1。

采用收入指数反映居民的生活水平，并用按购买力平价计算的人均GDP 来度量收入指数。用教育指数反映居民的受教育程度，并采用各阶段

---

① 李钢、张建英：《中印两国人类发展指数比较研究》，《中国人口科学》2018 年第 2 期，第 13～23 页。

的学生入学率来测度教育指数。用寿命指数反映居民的健康状况，并采用出生时的预期寿命来测度寿命指数。教育指数、寿命指数和收入指数、人类发展指数分别采用式（2）至式（5）计算。

表 2-1 人类发展指数的指标体系

指标 （字母表示）	人类发展指数 （HDI）				
子指标 （字母表示）	收入指数 （II）	寿命指数 （LI）	教育指数 （EI）		
变量 （字母表示）	按购买力平价计算的 人均 GDP （GDP）	出生时的 预期寿命 （LE）	综合入学率 （GER）		
			小学入学率 （PER）	中学入学率 （SER）	高等教育入学率 （HER）
取值范围	GDP ∈ [100, 40000]	LE ∈ [25, 85]	GER ∈ [0, 100]		

$$GER = (PER + SER + HER)/3 \quad (1)$$

$$EI = (GER - 0)/(100 - 0) \quad (2)$$

$$LI = (LE - 25)/(85 - 25) \quad (3)$$

$$II = [\log_{10} GDP - \log_{10} 100]/[\log_{10} 40000 - \log_{10} 100] \quad (4)$$

$$HDI = \sqrt[3]{II \times LI \times EI/100} \quad (5)$$

2. 人类发展指数的资料来源与处理

本文所使用的数据主要来源于世界银行、《世界经济千年统计》和《帕尔格雷夫世界历史统计》。其中，中印 1990~2018 年按购买力平价计算的人均 GDP、1960~2018 年人口出生时的预期寿命，以及 1970~2018 年小学、中学、高等教育入学率等数据都来自世界银行。中印 1950~1989 年按购买力平价计算的人均 GDP 等数据来自《世界经济千年统计》。中国 1949 年人口出生时的预期寿命等数据来自中国 1949 年发布的《中国人口增长》；印度 1947 年和 1951 年人口出生时的预期寿命等数据来自印度 1947 年和 1951 年发布的《印度独立后的医疗卫生成就》，中间缺失的年份的数据用算术平均法估算而得。两国 1950~1974 年的年末人口数及小学、中学、高等教育在校生数据来自《帕尔格雷夫世界历史统计》。

考虑到资料来源的非连续性，采用基年等比例平滑的方法调整不同来源的数据。其一，在按购买力平价计算的人均 GDP 的匹配过程中，按 1990 年不变购买力平价汇率计算，两国 1990 年按购买力平价计算的人均 GDP 数值也不一样，因此先按 1990 年的数据等比例调整 1950～1989 年的数据。其二，出生时的预期寿命以 1960 年为界取自不同的来源，但是不存在量纲上的差异，因此不予调整。其三，综合入学率的数据也以 1970 年为界取自不同来源，因此对原始数据进行了一些处理：1970～2014 年缺失的个别数据取算术平均值作为缺失年份的估计值。1998～2005 年中国小学入学率缺失严重且出现异常值，于是采用《中国教育统计年鉴》的数据予以替代。1950～1969 年的入学率用各级在校生数量除以各阶段学龄人口数计算而得；其中，中国的小学和中学入学率按 1970 年的数据等比例平滑，高等教育入学率按 1973 年的数据等比例平滑；印度的各级入学率都按 1971 年的数据等比例平滑。

（二）中印 70 年人类发展水平的分析

1. 中国人类发展指数相关指标的变化

中国人类发展指数相关指标的测算结果如表 2-2 所示。1950 年以来，中国的人类发展指数呈递增趋势，到 2018 年增长了 456.954%。从各项构成指标的结果来看，收入指数由 1950 年的 0.140 增长到 2018 年的 0.843，增长率高达 502.143%；寿命指数由 1950 年的 0.156 增长到 2018 年的 0.862，增长率为 452.564%；教育指数由 1950 年的 0.158 增长到 2018 年的 0.819，增长率为 418.354%。这表明中国的居民生活水平、健康状况和受教育程度都大幅提高。

从指数的平均增幅[①]来看，人类发展指数、寿命指数和教育指数总体呈减速增长趋势，而收入指数呈加速增长趋势。人类发展指数在 1950～1960 年增幅最大，平均每年增长 0.016；1980～1990 年增幅最小，平均每年只增长 0.007。收入指数在 1960～1970 年增幅最小，平均每年增长 0.003；2000～

---

① 注：平均增幅是指表中各时间段内，指数平均每年增加的单位数量，下同。

2010年增幅最大，平均每年增长0.019。寿命指数在1960~1970年增幅最大，平均每年增长0.026，1990~2000年增幅最小，平均每年只增长了0.004。教育指数在1960~1970年平均每年下降0.001，1950~1960年增幅最大，平均每年增长0.030。这表明中国在经济基础非常薄弱的时期也十分注重人的素质和能力的培养，在居民健康和教育方面较早地进行了人力资本投资。

表2-2　中国人类发展指数相关指标的测算结果

年份	人类发展指数 数值	人类发展指数 平均增幅	收入指数 数值	收入指数 平均增幅	寿命指数 数值	寿命指数 平均增幅	教育指数 数值	教育指数 平均增幅
1950	0.151	—	0.140	—	0.156	—	0.158	—
1960	0.311	0.016	0.211	0.007	0.312	0.016	0.456	0.030
1970	0.392	0.008	0.237	0.003	0.568	0.026	0.449	-0.001
1980	0.469	0.008	0.288	0.005	0.697	0.013	0.514	0.006
1990	0.539	0.007	0.381	0.009	0.736	0.004	0.557	0.004
2000	0.637	0.010	0.563	0.018	0.773	0.004	0.593	0.004
2010	0.760	0.012	0.756	0.019	0.823	0.005	0.704	0.011
2018	0.841	0.010	0.843	0.011	0.862	0.005	0.819	0.014

资料来源：笔者计算并整理。

2. 印度人类发展指数相关指标的变化

印度人类发展指数相关指标的测算结果如表2-3所示。1950年以来，印度人类发展指数呈递增趋势，到2018年增长了274.479%。从各项构成指标的结果来看，收入指数由1950年的0.282增长到2018年的0.701，增长率为148.582%；寿命指数由1950年的0.154增长到2018年的0.740，增长率为380.519%；教育指数由1950年的0.164增长到2018年的0.715，增长率为337.976%。这表明印度居民的生活水平、健康状况和受教育程度也都大幅提升。

从指数的平均增幅来看，人类发展指数、寿命指数和教育指数在不同程度上呈减速增长，而收入指数呈加速增长。人类发展指数在2000~2010年增幅最大，平均每年增长0.011，1970~1980年增幅最小，平均每年只增长

0.005；收入指数 2000~2010 年增幅最大，平均每年增长 0.012，1970~1980 年增幅最小，平均每年只增长 0.001；寿命指数在 1950~1960 年增幅最大，平均每年增长 0.012，2010~2018 年增幅最小，平均每年只增长 0.006；教育指数在 2000~2010 年增幅最大，平均每年增长 0.014，1970~1980 年增幅最小，平均每年只增长 0.003。这组数据表明印度在社会经济发展过程中，较早地改善了居民的健康状况，在发展经济的同时也十分注重发展教育。

表 2-3　印度人类发展指数相关指标的测算结果

年份	人类发展指数 数值	平均增幅	收入指数 数值	平均增幅	寿命指数 数值	平均增幅	教育指数 数值	平均增幅
1950	0.192	—	0.282	—	0.154	—	0.164	—
1960	0.280	0.009	0.315	0.003	0.274	0.012	0.255	0.009
1970	0.356	0.008	0.338	0.002	0.379	0.011	0.353	0.010
1980	0.403	0.005	0.351	0.001	0.480	0.010	0.388	0.003
1990	0.470	0.007	0.415	0.006	0.548	0.007	0.455	0.007
2000	0.540	0.007	0.508	0.009	0.625	0.008	0.496	0.004
2010	0.650	0.011	0.625	0.012	0.695	0.007	0.634	0.014
2018	0.719	0.009	0.701	0.009	0.740	0.006	0.715	0.010

资料来源：笔者计算并整理。

（三）中印 70 年人类发展的差距及原因

1. 中印人类发展水平的比较

中国和印度 70 年的发展历程反映了社会生产力变化方面共同的历史原因，而两国的横向比较是在一个相对开放的环境下分析两国的长期发展之路，反映的是社会生产力变化中的国别差异。中国在人类发展水平上实现了对印度的赶超且两者的差距不断拉大。1950 年，中国的人类发展指数是印度的 78.63%，1956 年首次超越印度，1965 年第二次超越印度，并且不断拉大与印度之间的差距，到 2018 年中国的人类发展指数变成印度的 117.06%（见图 2-1）。从发展的速度来看，中国的人类发展指数在各个年代的平均增幅都大于印度，尤其是在 1950~1960 年，中国的人类发展指数年均增幅比印度大 0.007，发展速度近似于印度的两倍。中印人类发展水平的差距不断拉大的原因在于两国在居民生活、健康和教育上的发展存在较大差异。

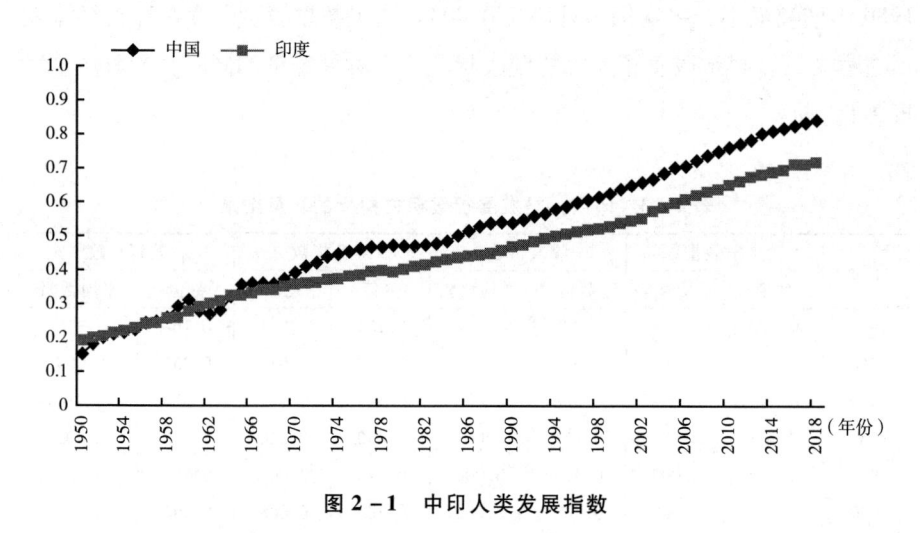

图 2-1　中印人类发展指数

资料来源：笔者计算并整理。

第一，中印两国收入指数在 1950~2018 年发生了反转。1950 年，中国的收入指数是印度的 49.68%，1993 年中国超过印度，2018 年中国的收入指数是印度的 120.32%（见图 2-2）。中国经济的高速发展是从 1978 年改革开放开始的，但是中印收入指数之间的差距并没有因 1991 年印度开始实施经济改革而改变。所以，除了中印两国实施经济改革的时间不同以外，还存在改革之外的因素推动了中国经济的持续发展。

第二，中国的寿命指数于 1955 年超越印度，而且在改革开放之前中国与印度的人均寿命差距就开始扩大。1950 年，中国居民出生时的预期寿命平均为 34.353 岁，此时印度居民出生时的预期寿命平均为 34.235 岁。到 1964 年，经过了近十年的时间，中国才真正拉开了与印度在居民健康上的差距。紧接着，中国继续加大对提升居民健康的投资，到 1977 年，中国居民出生时的预期寿命已经超出印度 13 年。1991 年印度开始进行经济改革之

图 2-2 中印收入指数

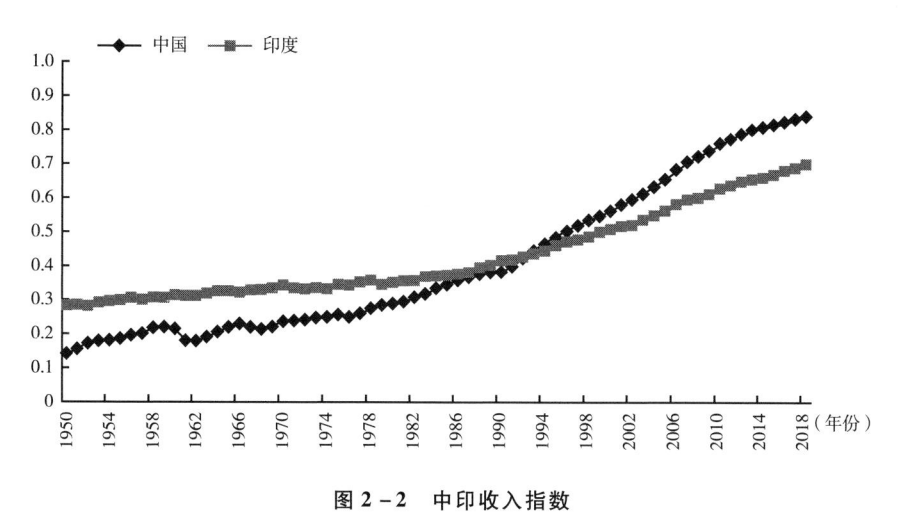

资料来源：笔者计算并整理。

时，中国居民出生时的预期寿命已经高出印度 10.889 岁。2018 年，中国居民出生时的预期寿命仍然比印度高出 7.288 岁。从图 2-3 也可以看出，中国在经济建设的改革开放之前，就已经拉开了与印度居民预期寿命的差距，尽管后来印度也在努力地缩小与中国在居民健康上的差距，但效果并不理想。由此可以知道，中国并不是因为经济发展快才在居民健康方面表现突出，恰恰相反，中国是在居民身体素质有了一定的基础之后，经济才开始高速发展的。

第三，中国的教育指数于 1951 年超过印度，而且在 19 世纪 80 年代末以前，中国的教育指数在波动中不断发展。1950 年，中国的教育指数是印度的 96.638%，1952 年以来，中印在教育指数上的最小差距是 1963 年的 0.024，最大差距是 1976 年的 0.218（见图 2-4）。1950~2018 年，中国在教育方面真正拉开与印度之间的差距是在 1971~1980 年，这十年正是中国实施第四个和第五个五年规划期间。那时，中国刚刚结束三年经济困难时期，就能在与同样是新兴发展中国家印度的较量中在教育事业上取得佳绩实属不易，又怎么能说中国的人类发展水平高是因为经济发展得快呢？很明显，党和政府在发展的道路上不仅重视回报期段的经济建设，也十分注重居民的健康和教育事业。甚至可以说，正是因为有了中国共产党对人力资本进

图 2-3 中印寿命指数

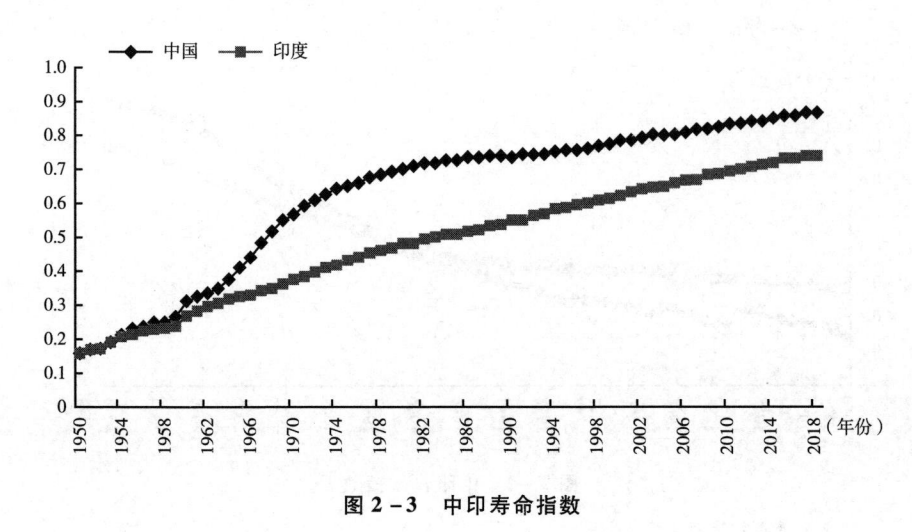

资料来源：笔者计算并整理。

行早期投资的思想领悟，以及党和人民在提高居民健康和受教育水平上所付出的孜孜不倦的努力，才有了如今拥有 14 亿人口且国内生产总值位列世界第二的发展中大国——中国。

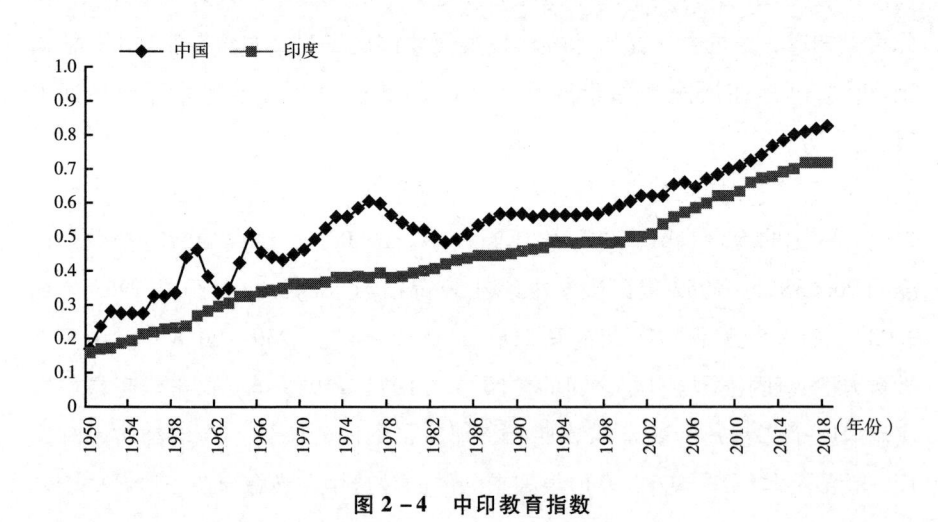

图 2-4 中印教育指数

资料来源：笔者计算并整理。

2. 造成中印人类发展水平差距的原因分析

中国和印度之所以在 70 年的发展过程中会产生如此大的差距，其原因是多方面的。李钢和张建英认为有历史、文化、制度、道路、政府和战略等方面的原因，归根结底是中国在人类发展的过程中更早和更好地进行了人力资本的投资。① 这正好契合了习近平总书记在庆祝中国共产党成立 95 周年大会上提出的中国共产党人"坚持不忘初心，继续前进"就要坚持"四个自信"即"中国特色社会主义道路自信、理论自信、制度自信、文化自信"的基本思想和发展理念。

第一，工业化发展道路的差异，中国的制造业整体强于印度，而印度的服务业整体强于中国②。到 20 世纪 80 年代初，印度就已经确立了服务业在国民经济中的主体地位；而中国则形成了以制造业为主体的产业结构。制造业的产业价值链条长，上下游产业的联动性大，有利于解决劳动力就业问题③；制造业的出口贸易还能带动服务业的就业④。服务业则能够充分发挥知识要素对经济增长的促进作用，但是对于吸收广大农村富余劳动力和本科以下学历劳动力的作用是有限的⑤。而且印度早期的工业化是由英国的新殖民政策所推动的。印度政府为了避免伴随外资而来的对本国经济的干预和牵制，采取了进口替代的外贸政策，这对本国的朝阳产业确实起到了很好的保护作用，但也给印度政府带来了巨额的债务。而中国的工业化是在利用工农业剪刀差的基础上，由自有积累完成的，所以中国在工业化道路稳步前行。⑥

---

① 李钢、张建英：《中印两国人类发展指数比较研究》，《中国人口科学》2018 年第 2 期，第 13～23 页。
② 李钢、董敏杰：《中国与印度国际竞争力的比较与解释》，《当代亚太》2009 年第 5 期，第 123～148 页。
③ 田洪川、石美遐：《制造业产业升级对中国就业数量的影响研究》，《经济评论》2013 年第 5 期，第 68～78 页。
④ 张川川：《地区就业乘数：制造业就业对服务业就业的影响》，《世界经济》2015 年第 6 期，第 70～87 页。
⑤ 〔印〕鲁达尔·达特、K. P. M. 桑达拉姆：《印度经济（上）》，雷启准等译，四川大学出版社，1994。
⑥ 许经勇：《我国的计划经济模式与资金原始积累》，《理论探讨》1991 年第 6 期，第 28～31 页。

第二，中国共产党始终坚持以人为本的发展理念，以实现共同富裕为最高目标，注重发展中的公平性与和谐性，而印度的发展在兼顾公平性与和谐性上存在根本不足。中国彻底地废除了根深蒂固的封建等级制度，建立了人人平等的三民主义国家，而印度并没有彻底废除封建等级制度，印度社会中人与人之间的不平等现象反而被普遍接受。由于社会普遍存在不平等，妇女的地位没有得到提高，新生儿的质量和数量就不能保持在和谐的范围之内，这势必会影响子孙后代的发展。印度人口专家的相关调查显示，妇女文盲率越高，结婚年龄就越低，生孩子的比例就越高[①]。在家庭资源有限的情况下，孩子数量和所能接受到的教育和医疗资源是成反比的。而印度是不限制生育的，这就加重了家庭的负担，导致其越不重视教育。中国在1971年开始将计划生育纳入国家发展计划，有效地控制了人口数量。有研究表明，一个国家或地区妇女地位的高低与其贫富程度息息相关，一般妇女地位越低，贫困程度就越严重。

第三，中国的社会主义建设是以生产资料的社会主义改造顺利完成为前提的，而印度尝试建设"社会主义类型的社会"是在资本主义体制下以不彻底的生产资料社会主义改造为背景的。在不同的社会体制下，中国和印度的土地改革出现了两种结果。中国废除了封建土地所有制，将土地所有权收归国有，再以农村集体所有的形式划分给农民，这使得广大贫苦农民获得了生产资料，有了安身立命之本。印度虽有进行土地改革，但除了消除柴明达尔地主制度中剥削性最大的部分以外，并没有对私有财产制度发动正面的攻击，国家不征收自耕地给土改留下了很大的制度漏洞，结果使土地改革半途而废[②]。"只要居民的基本需要没有得到满足，议会民主的灵丹妙药就是虚幻的。综观整个第三世界，还没有一个正面的例子能够说明自由主义的经济增长模式与议会民主主义制度相结合，在根除农村贫困和形成一个健康发展的社会方面是成功的。"中国所建立的土地公有制是其进行基础设施建设和优先发展制造业的制度基础，而印度因土地问题得不到根本解决所导致的上

[①] 王德华、吴扬：《龙与象——21世纪中印崛起比较》，上海社会科学院出版社，2003。
[②] 林承节：《印度独立后的政治经济社会发展史》，昆仑出版社，2003。

层建筑和经济基础之间的矛盾使其后来推行的许多社会主义计划无法实施。

第四，中印两国之间的文化差异非常大。其一，印度是多元化文化，而中国的文化具有统一性。中国以汉语作为官方语言，在全国推广普通话，这有利于促进人口的区域流动和就业。而印度仅宪法规定的官方语言就有18种，语言的多元化在各地方形成了天然屏障，给人口流动和基础教育普及带来了较大难度。其二，印度的宗教文化浓厚，不同信仰之间的矛盾是国家内部冲突的主要根源，而且某些宗教宣传安于现状和不思进取的思想。中国共产党坚信马克思主义理想信念，为了共产主义事业奋斗终生。其三，印度的种姓文化根深蒂固，在没有平等地位可言的国家谈人人平等和缩小财富差距是不实际的。在中国的民族文化中，讲究人人平等，民族团结互助，因此在普及基础教育、推广全民医疗和脱贫攻坚战等方面都取得了傲人的成绩。

中国和印度的人类发展水平的差距越来越大，有发展道路的原因，也有制度、发展理念和文化的原因。中国能够在70年的发展之中取得如此大的成绩，与中国长期坚持脱贫攻坚事业紧密相关。中国和印度在扶贫事业上的差异也十分明显。一部分人的富裕不是真正的富裕，不断缩小贫富差距是一个国家实现长远发展必须要做的功课。

二 中印的贫困人口现状

（一）中印两国的基本国情

中国和印度都是人口大国，也都是经济增长速度非常快的发展中大国。中国的国土面积约为960万平方公里，在世界上排第3位；印度的国土面积约为320万平方公里，在世界上排第7位。2019年，中国的GDP约为14.343万亿美元，同比增长6.109%，是仅次于美国的第二大经济体。印度的GDP约为2.875万亿美元，同比增长5.024%，经济总量排世界第5位。印度的经济增长速度正在追赶中国，2015~2017年连续三年超过中国，这与中国经济进入新常态和转型升级有关。中国拥有人口14.001亿，比上年末增加 467 万人；其中城镇常住人口占 60.6%，乡村人口占比 39.4%。印度拥有人口 13.66 亿，比上年增长 1.02%。按照两国人口基数和人口增速的差距，印度很快就会超过中国成为世界人口第一大国。发展理论认为，20 世纪 90 年代以来中印两国所取得的经济高速增长除了有经济改革的原因之外，还有很大一部分原因来自由人口数量庞大所带来的人口红利。不过，正是由于在现有的 GDP 水平下人均收入水平十分有限，再加上经济发展不平衡所形成的地区、行业当中的贫富差距，中国和印度自然就成为拥有贫困人口多并且是世界减贫计划中的主力国家。

（二）中印两国的贫困现状

1. 中国的贫困现状

第一，中国贫困人口规模不断减小，有一半以上的农村贫困人口集中分布在西部地区。国家统计局的数据显示，按照 2010 年人民币不变价每人每年 2300 元的农村贫困标准计算，2015 年中国的农村贫困人口数为 5575 万人，贫困发生率为 5.7%，到 2019 年农村贫困人口数降为 551 万人，贫困发生率降为 0.6%。2018 年全国农村贫困人口数为 1660 万人，其中西部地区为 916 万，占 55.2%；中部地区为 597 万，占 36.0%；东部地区贫困人口仅占 8.9%。

第二，中国居民的人均收入水平不断提高，贫困地区的人均收入增速更快。国家统计局的数据显示，2015 年全国居民人均可支配收入为 21966 元，到 2019 年增长为 30733 元，五年内平均实际增长 8.76%。2019 年，城镇居民人均可支配收入为 42359 元，比上年增长 7.9%，扣除价格因素实际增长 5.0%；农村居民人均可支配收入为 16021 元，比上年增长 9.6%，扣除价格因素实际增长 6.2%；贫困地区农村居民人均可支配收入为 11567 元，比上年增长 11.5%，扣除价格因素实际增长 8.0%。中国的收入差距比较大，但不平等程度趋于平稳，2015~2017 年的基尼系数分别为 0.462、0.465 和 0.467，基本维持在 0.4~0.5。

第三，中国居民的营养与医疗卫生条件不断改善。世界银行的数据显示，中国人口营养不良的发生率 2015 年为 8.9%，2017 年降为 8.6%；五岁以下儿童的死亡率从 2015 年的 1.07‰ 减少为 2019 年的 0.79‰。2015 年每十万人口中结核病患病人数为 65 人，到 2018 年减少为 61 人，远低于世界平均水平的 132 人。

第四，中国居民的受教育水平和就业率都有所提高。根据世界银行的数据，2010 年，中国成人识字率为 95.124%，2018 年增加至 96.841%。2018 年农村地区常住劳动力中，初中及以下文化程度的占 85.8%，高中文化程度的占 10.4%，大专及以上文化程度的占 3.8%。中国的劳动力失业率从 2015 年的 4.629% 降到 2020 年的 4.37%，中国弱势群体就业率从 2015 年的 48.115% 降到 2020 年的 45.106%。

2. 印度的贫困现状

第一，印度贫困人口的规模和贫困差距都大幅缩小。根据世界银行的数据，印度按照每天 1.9 美元（2011 年购买力平价）衡量的贫困人口比例 2011 年为 21.9%，比 2009 年下降 26.510%；2011 年按照每天 1.9 美元（2011 年购买力平价）衡量的贫困差距为 4.3%，比 2009 年下降 38.571%。由联合国开发计划署和"牛津贫困与人类发展项目"共同发布的多维贫困指数的报告指出，2005~2006 年和 2015~2016 年，印度的贫困率分别为 55% 和 28%，共有 2.71 亿人口摆脱贫困[1]。

第二，印度居民的人均收入水平较低，增速呈放缓趋势。根据印度官方数据显示，2018~2019 年，印度居民人均净收入预计达到 12.5397 万卢比，约合人民币 12164 元[2]，比上年增长 8.6%；2017~2018 年，印度的居民人均净收入为 11.284 万卢比，约合人民币 10859 元，比上年增长 8.6%；2016~2017 年，印度的居民人均净收入为 10.387 万卢比，约合人民币 10969 元，比上年增长 10.3%。

第三，印度居民的营养与医疗卫生条件大幅改善，但仍然有很大的提升空间。世界银行的数据显示，印度人口营养不良发生率由 2015 年的 15.5%

---

[1] 马唯一、谭利娅：《印媒：过去十年印度贫困人口明显下降》，https://world.huanqiu.com/article/9CaKrnKjkMT，2019。

[2] 注：按照每个财年最后一天印度卢比与人民币的汇率计算。

降到 2017 年的 14.5%；五岁以下儿童的死亡率从 2015 年的 4.35‰ 降到 2019 年的 3.43‰；每十万人口中结核病患病人数从 2015 年的 217 人降到 2018 年的 199 人，离世界平均水平还有一定的差距。

第四，印度居民的受教育水平和就业率有所提高，基础教育的普及方面还存在较大不足。根据世界银行的数据，2011 年，印度成人识字率为 69.303%，2018 年增长为 74.373%，远低于世界平均水平 86.301%；中学阶段入学率由 2015 年的 73.866% 增加到 2018 年的 75.161%，仍低于世界平均水平的 75.561%；劳动力失业率从 2015 年的 5.565% 下降到 2020 年的 5.399%，与世界平均水平接近；印度弱势群体就业率 2015 年为 76.908%，2020 年降为 73.982%。

三　中印的扶贫理念与减贫努力

（一）中印两国政府的扶贫理念

中国政府所持有的扶贫理念是以人为本，目标是实现全民共同富裕。中国政府从一开始就坚持人本主义思想，坚持以人为本的发展思想，追求共同富裕。在推动人类社会向前发展的过程中始终坚持社会主义的本质；在发展过程中兼顾效率和公平，是从彻底解决民生问题的角度来思考和对待中国的贫困问题。中国历届政府及相关部门始终把解决好贫困问题、全面建设小康社会作为国家的阶段性发展目标，始终坚持以人民为中心的发展理念，制定了一系列符合国情需要的脱贫攻坚策略和发展计划。当然，这一切都离不开中国共产党的正确领导，以及政府相关部门和广大人民群众的积极配合。

印度政府在进行扶贫时掺杂着领导集团的政治立场和利益，所做的努力更多的是为了在执政期内立马看到回报，没有坚定不移的长远脱贫目标。印度政府针对扶贫所采取的一系列举措并没有取得明显的效果，因为他们并不是完全站在彻底解决贫困问题、有效促进人类社会发展进步的角度来进行思考的，很多时候政府只是为了巩固其执政党的地位，维护其自身权益。比如,印度政府为了避开中间机构,把养老金和助学金直接转到24.5万人的银行账户。针对这一举措,印度新闻类杂志《展望印度》曾指出,发钱给"印度穷人,全都是为了权力、政治和胜选"。[1]

(二) 中印两国扶贫的基本特征

1. 中国的扶贫工作是以政府为主导,动员全社会参与开发式扶贫和精准扶贫

中国开展扶贫工作的主导力量是政府,即由政府组织相关力量开展扶贫工作。中国政府的扶贫工作是由中央统筹、各省负责、各县具体实施和以片区为重点,形成工作到村、扶贫到户的工作机制。同时,设立国家"扶贫日",积极动员和组织社会各界参与扶贫开发。包括动员和组织党政机关和企事业单位实施定点帮扶,东西扶贫协作,社会各界参与,形成有中国特色的社会扶贫模式。始终把扶贫开发作为确保国家经济发展和社会稳定的一件大事,并将其纳入国民经济和社会发展规划,实施西部开发战略和精准扶贫战略。把贫困地区作为公共财政支持的优先领域和重点区域。

坚持走开发式扶贫道路。一方面,积极发展教育、科技、卫生和文化事业,通过普及基础教育、推广职业技术培训,有效提高劳动力的文化和技能水平。对贫困家庭劳动力实行雨露培训计划,促进贫困人口就地致富或转移就业。另一方面,统筹城乡、区域发展,实施反哺政策。实行以工促农、以城带乡和多予少取放活的方针,全面取消农业税,实行多种农业补贴,不断加大强农、惠农、富农政策的实施力度。全面建立农村最低生活保障制度,以及新型农村医疗保险制度和社会养老保险制度,有力促进公共服务和公共资源的均等化。加强农村基础设施建设,坚持在安排生态建设、产业发展、基础设施、社会事业等项目时优先在贫困地区布局;对偏远地区实行通路、通电、通网、通邮和通广播电视。在自然条件极端恶劣的地区实行移民扶贫。大力发展产业扶贫。政府大力支持贫困人口发展种植业、养殖业和小型加工业。针对地方特色发展特色产业,发展乡村旅游。为贫困地区发展经济提供小额信贷服务。

---

[1] 曾豫湘:《印度启动扶贫〈就业保证计划〉》,《全球科技经济瞭望》1997年第6期,第66页。

2. 印度扶贫工作的主要力量是政府和民间扶贫组织，政府部门主要是通过一系列扶贫计划和财政扶贫项目实施包容性增长扶贫开发

印度政府部门颁布了一系列乡村扶贫计划，旨在通过经济社会的协调发展，缩小差距，提高弱势群体的收入水平，以达到减贫的目的。这些计划包括农村综合发展计划、农村青年自我就业培训计划、全国农村综合就业计划、干旱区计划、农村妇女儿童发展计划等。这些计划的实施在短期内取得了较好的减贫效果。比如，政府每年向大约6000万户贫穷乡村家庭的一个成员提供100天的工作机会，并让这些人以每天1.5美元的报酬参加修筑道路等。政府还开展了现金转账扶贫项目，直接将养老金和助学金拨付至贫困人口的银行账户；政府通过建立近5万个商店，开展食品发放和燃油补助；一次性勾销贫苦农民欠下的77亿美元贷款，同时拨款150亿美元为农民提供"援助套餐"；对大约3000万名农民所欠的债务一笔勾销；使1000万人获得经济资助；等等。

印度有一些知名的民间扶贫组织，如印度有名的民间科技扶贫组织——农业工业基金会（BAIF），主要面向印度最为贫困的地区开展扶贫活动，另外还有SYED-HASHIM家族基金会、印度自我就业妇女协会、国家发展投资及咨询服务公司等组织在印度扶贫工作中起到了重要作用。[①]

（三）中印两国的主要扶贫举措

1. 中国政府的主要扶贫举措

新中国成立之初，经济基础薄弱，工农业生产力量不足，绝大部分人民过着贫困的生活，没有解决温饱问题。党中央对农业生产的主要生产要素土地进行了重新分配，建立农业生产激励机制释放生产力。到1986年，中国开始制定大规模的扶贫开发政策。

首先，开展土地制度改革，优化生产要素配置。1949年以后，通过全国范围内的土地所有制改革，建立起全民所有的土地所有制度，将

---

① 沈红：《印度的扶贫计划》，《社会学研究》1994年第5期。

生产资料分配到农民手中，极大地解决了中国老百姓所面临的贫困问题。在当时那种人均产出严重不足的环境下，政府针对极度贫困的老少边穷地区积极开展物资输送和财政补贴，努力帮助这些地区开展生产自救和结合当地特色发展产业扶贫，起到了帮助贫困人民脱贫致富的作用。

其次，建立家庭联产承包责任制，激发乡村的社会生产力。改革开放以后，中国政府通过实施家庭联产承包责任制，改革了农村的经营方式和管理形式，激励农户用心经营自耕地，极大地释放了社会生产力，粮食产量不断提升，到1984年广大民众的温饱问题已经基本解决。

1986年以后，中国成立了自上而下的扶贫机构，由政府牵头，相关部门和各级机构配合。中国还制定了开发式扶贫的方针与政策，确定了贫困县划分标准。1994年，国家启动八七扶贫攻坚计划，实施西部大开发战略，大力开展扶贫攻坚工作。2001年，国家制定了《中国农村扶贫开发纲要（2001—2010年）》。2011年，为实现到2020年全面建成小康社会的发展目标，中国政府制定了《中国农村扶贫开发纲要（2011—2020年）》。2012年，确定建成惠及全体人民的小康社会的宏伟发展目标。2015年，从全面建成小康社会奋斗目标出发，明确提出到2020年在现行标准下，农村贫困人口全面脱贫，贫困县全部摘帽，解决区域性整体贫困等一系列问题。

2. 印度政府的主要扶贫举措

首先，实行经济改革，调整产业结构，大力发展工业和服务业。20世纪90年代初开始，印度进行经济改革，到20世纪末，其经济增长速度之快，令许多发达国家和发展中国家刮目相看。进入21世纪以后，由2008年美国次贷危机引发的金融危机给世界经济造成巨大冲击，但印度似乎并没有受此影响，继续保持着较高的经济增长速度。再加上印度积极调整产业结构，推进产业优化升级，努力发展第二、三产业，促进服务业持续增长，大量吸收闲置劳动力，为更多人创造就业机会。这一系列举措不仅使印度经济保持了较高增速，对解决印度的贫困问题也起到了积极的作用。

其次，为了缓解贫困问题，提高就业水平，改善农村基础设施条件。在以曼莫汉·辛格为总理的国大党重新执政，以前的各届政府均将注意力放在工业发展和经济增长上，忽视了农村发展。辛格重新执政以后，开始考虑大多数农村贫困人口的利益，在加快经济发展的同时兼顾贫困群体的利益。印度人口众多，失业和就业不充分是导致居民贫困的一个重要原因，因此政府把促进就业作为一项重点扶贫举措。在政府机构中，国家计划委员会、联邦劳工部、城市事务与就业部和农村发展部等部门参与了就业问题的研究和处理；在每个五年计划文件中都把实现充分就业作为重要目标。比如，2005~2006年财政预算中有1100亿卢比用于实施农村就业保障计划，为广大农村地区创造更多的就业机会。为了提高农村贫困人口的自主发展能力，财政部门加大支持农村地区发展的力度，并且额外预留财政资金用于农村基础设施建设。2004~2005年，政府拨款1388亿卢比用于支持农村地区发展，并额外拨款800亿卢比用于加快农村基础设施建设，在后一年的财政预算中，这部分款项还增加了33%，包括针对贫困人口的住房建设项目和提供卫生饮用水的资金扶持项目。

（四）中印两国减贫所取得的成绩

在一系列扶贫举措的作用下，中国和印度的减贫工作取得了很好的成绩。经过中国政府和社会各界的长期努力，中国的贫困人口已经由1978年的2.5亿、占总人口的33%，下降到7017万、约占总人口的5%。为此，2016年8月22日，联合国开发计划署发布的《2016年中国人类发展报告》指出，中国的人类发展取得了巨大进步，中国6.6亿人的脱贫促进了包容性人类发展。根据2013年7月24日《印度斯坦时报》的报道，印度政府经过这些年的艰辛努力，贫困人口从2004年的4.037亿下降到2012年的2.693亿。① 美国布鲁金斯学会的一份最新报告指出，截至2018年7月9日，印度日均消费不足1.25美元的极端贫困人口数下降为7060万人，已经不再是全

---

① 周戎：《印度扶贫路漫漫》，《光明日报》2008年3月5日。

球极端贫困人口最多的国家①。

印度政府的扶贫举措是以发展经济和促进就业为基础的,对于初级阶段的减贫工作而言是一个很好的着力点。但是效率自身并不能解决公平的问题,印度的减贫工作仍然存在一些问题。其中最根本的问题是政府部门开展扶贫工作的出发点是要在短期内见到显著成效,因此不会触动利益集团的根本利益也没有对人力资本进行长期投资,失业问题仍然严重。同时,政府的减贫工作并没有建立起适合农业生产发展的土地制度,而且依靠财政拨款的方式进行农村地区建设和就业扶贫,并不能从根本上提升广大农村贫困人口的增收能力,一旦补贴增速跟不上人口增速,贫困问题就将反复出现,这又会进一步增加财政负担。相比之下,中国的减贫工作触及贫困问题的根源,在改善农村地区发展条件的同时,也提升了广大民众自身的能力。目前,中国减贫工作中难度最大的是那部分特困人口的脱贫问题。并且中国的农村人口基数大,容易产生返贫问题,因灾、因病、因学、因房致贫的情况也时有发生。

四 中国精准扶贫的绩效分析

为了实现全面建设小康社会的发展目标,党的十八大以来,脱贫攻坚就被摆在了治国理政的重要位置,确立了2020年农村贫困人口全部脱贫、贫困县全部摘帽的新目标。精准扶贫成为脱贫攻坚的基本方略,即通过精准识别、精准帮扶、精准管理、精准评估,确保扶贫对象精准、项目安排精准、资金使用精准、措施到户精准、因村派人精准、脱贫成效精准,并实施发展生产脱贫、易地搬迁脱贫、生态补偿脱贫、发展教育脱贫、社会保障兜底的"五个一批"工程。同时,针对专项扶贫的弊端,动员全党全社会的力量投入脱贫攻坚战,构筑起专项扶贫、行业扶贫、社会扶贫等多方力量、多种举

① 《美媒:全球贫困人口最多国家已不是印度 而是这个国家》, https://www.sohu.com/a/241089378_114911, 2018。

措有机结合和互相支撑的"三位一体"大扶贫格局。此外,还确立了"中央统筹、省负总责、市县落实"的管理体系和政党一把手负总责、"五级书记抓扶贫"的工作责任制,健全脱贫攻坚政策支持体系。在党中央的指导下,配合政府部门和相关组织的精准扶贫举措的实施,党的十八大以来减贫工作取得了显著成效。

(一)贫困人口大幅减少

按照每人 2300 元(2010 年不变价)的农村贫困标准计算,2014 年以来累计减少农村贫困人口 7698 万人。2019 年末,农村贫困人口 551 万人,比上年末减少 1109 万人,贫困发生率为 0.6%,比上年下降 1.1 个百分点(见图 2-5)。

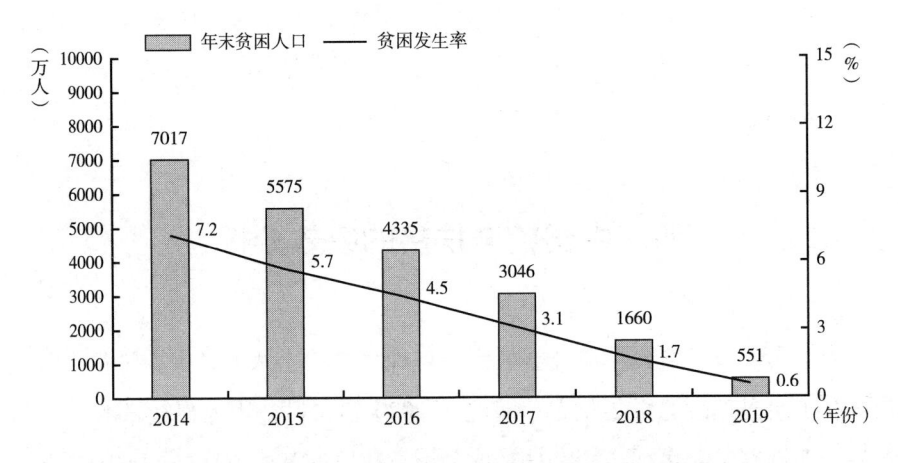

图 2-5 2014~2019 年中国农村贫困人口和贫困发生率

注:按照每人 2300 元(2010 年不变价)的农村贫困标准计算。
资料来源:《中华人民共和国 2019 年国民经济和社会发展统计公报》。

(二)农村居民收入水平不断提高

2019 年,贫困地区农村居民人均可支配收入 11567 元,比上年增长 11.5%,扣除价格因素,实际增长 8.0%。2018 年,贫困地区农村居民人均可支配收入 10371 元,是 2012 年的 1.99 倍,2012~2018 年年均增长

12.1%,扣除价格因素,年均实际增长 10.00%,比全国农村平均增速快 2.3 个百分点。其中,集中连片特困地区 2018 年农村居民人均可支配收入 10260 元,扣除价格因素,2012~2018 年年均实际增速比全国农村平均增速快 2.3 个百分点。扶贫开发工作重点县 2018 年农村居民人均可支配收入 10284 元,扣除价格因素,2012~2018 年年均实际增速比全国农村平均增速快 2.7 个百分点。①

表 2-4 2012~2018 年中国贫困地区居民收入和消费水平变化

单位:元,%

项目	农村地区 2018 年数值	农村地区 2014~2018 年年均实际增速	贫困地区 2018 年数值	贫困地区 2012~2018 年年均实际增速	集中连片特困地区 2018 年数值	集中连片特困地区 2012~2018 年年均实际增速	扶贫开发工作重点县 2018 年数值	扶贫开发工作重点县 2012~2018 年年均实际增速
人均可支配收入	14617	7.36	10371	10.00	10260	10.00	10284	10.40
人均消费支出	12124	8.32	8956	9.30	8854	9.30	8935	9.50

(三) 农村居民消费水平大幅提高

2018 年贫困地区农村居民人均消费支出 8956 元,2012~2018 年年均增长 11.4%,扣除价格因素,年均实际增长 9.3%。其中,集中连片特困地区农村居民人均消费支出 8854 元,2012~2018 年年均增长 11.3%,扣除价格因素,年均实际增长 9.3%;扶贫开发工作重点县农村居民人均消费支出 8935 元,2012~2018 年年均增长 11.6%,扣除价格因素,年均实际增长 9.5%。②

---

① 国家统计局:《扶贫开发持续强力推进 脱贫攻坚取得历史性重大成就——新中国成立 70 周年经济社会发展成就系列报告之十五》,http://www.stats.gov.cn/ztjc/zthd/sjtjr/d10j/70cj/201909/t20190906_1696324.html,2019 年 8 月 12 日。
② 国家统计局:《扶贫开发持续强力推进 脱贫攻坚取得历史性重大成就——新中国成立 70 周年经济社会发展成就系列报告之十五》,http://www.stats.gov.cn/ztjc/zthd/sjtjr/d10j/70cj/201909/t20190906_1696324.html,2019 年 8 月 12 日。

（四）农村居民生活条件得到全面改善

从住房条件看，2018 年贫困地区居住在钢筋混凝土房或砖混材料房的农户比重为 67.4%，比 2012 年提高 28.2 个百分点；使用卫生厕所的农户比重为 46.1%，比 2012 年提高 20.4 个百分点。从公共服务的水平看，2018 年饮水无困难的农户比重为 93.6%，比 2013 年提高 12.6 个百分点。2018 年，贫困地区 87.1% 的农户所在自然村上幼儿园便利，89.8% 的农户所在自然村上小学便利，分别比 2013 年提高 15.7 个百分点和 10.0 个百分点；有文化活动室的行政村比重为 90.7%，比 2012 年提高 16.2 个百分点；贫困地区农村拥有合法行医证医生或卫生员的行政村比重为 92.4%，比 2012 年提高 9.0 个百分点；93.2% 的农户所在自然村有卫生站，比 2013 年提高 8.8 个百分点。①

五　结论

第一，从人类发展水平的长期绩效来看，中国首先是在教育和医疗方面超越印度，其次才是在经济方面超越印度。这说明中国的经济社会发展取得举世瞩目的成绩不仅仅是因为 1978 年实施改革开放以来经济高速发展，更是因为在中国共产党的领导下中国政府始终坚持"以人为本"的发展理念和共同富裕的最高目标，很早就致力于对人力资本的超前投资。

第二，中国的人类发展绩效优于印度的原因可以结合"四个自信"的基本思想和发展理念予以解释。①中国走的是以制造业为主导的彻底的社会主义工业化道路，而印度走的是以服务业为主导的不彻底的社会主义工业化道路。②中国共产党始终坚持"以人为本"的发展理念，坚持共同富裕的最终目标，注重发展中的公平与和谐，而印度的发展在兼顾公平性与和谐性

---

① 国家统计局：《扶贫开发持续强力推进　脱贫攻坚取得历史性重大成就——新中国成立 70 周年经济社会发展成就系列报告之十五》，http：//www.stats.gov.cn/ztjc/zthd/sjtjr/d10j/70cj/201909/t20190906_1696324.html，2019 年 8 月 12 日。

上存在严重不足。③中国的社会主义建设是以生产资料的社会主义改造顺利完成为前提的，而印度尝试建设"社会主义类型的社会"是在资本主义体制下以不彻底的生产资料的社会主义改造为背景的。④中国的文化中非常注重统一性和人的平等性，而印度文化的多元性注重不加限制的民主主义，在效率和公平面前顾此失彼。

第三，中国和印度在各自的扶贫领域取得了一定的成绩，但两国政府在扶贫事业中所坚持的理念和采取的措施有很大差异。

第四，中国的精准扶贫在脱贫攻坚中取得了显著成效，主要表现在：农村贫困人口大幅减少、农村居民收入水平不断提高、农村居民的消费水平大幅提高，以及农村居民生活条件得到全面改善。

第五，结合前面的人类发展比较研究可知，早期的教育和健康投资为经济改革储备人力资本，人力资本的数量直接影响到经济发展的质量；在脱贫攻坚事业中经济增长为改善农村贫困人口的生活条件提供了物质基础，其中的教育和医疗卫生资源的均等化和向贫困农村地区的覆盖对提升贫困地区的人力资本具有显著作用，而人力资本又能促进经济增长，使人均财富增加。

因此，从一个比较长的时间跨度，比如70年的发展进程来看，要解决贫困问题，归根结底是要解决人自身发展的问题。尤其是在经济基础非常薄弱的阶段要特别注意对人力资本的投资，通过对比中印人类发展和扶贫绩效很好地印证了这一点。

参考文献

史霄萌、顾震球：《综述：联合国千年发展目标成果显著但未完全实现》，http：//www.xinhuanet.com//world/2015-07/07/c_1115841125.htm，2015年7月7日。

中华人民共和国外交部、联合国驻华系统：《中国实施千年发展目标进展情况报告》，https：//www.un.org/chinese/millenniumgoals/china08/1_1.html，2008。

李钢、董敏杰：《中国与印度国际竞争力的比较与解释》，《当代亚太》2009年第5期。

田洪川、石美遐：《制造业产业升级对中国就业数量的影响研究》，《经济评论》

2013 年第 5 期。

张川川：《地区就业乘数：制造业就业对服务业就业的影响》，《世界经济》2015 年第 6 期。

〔印〕鲁达尔·达特、K. P. M. 桑达拉姆：《印度经济（上）》，雷启准等译，川大学出版社，1994。

许经勇：《我国的计划经济模式与资金原始积累》，《理论探讨》1991 年第 6 期。

王德华、吴扬：《龙与象——21 世纪中印崛起比较》，上海社会科学院出版社，2003。

林承节：《印度独立后的政治经济社会发展史》，昆仑出版社，2003。

马唯一、谭利娅：《印媒：过去十年印度贫困人口明显下降》，https：//world.huanqiu.com/article/9CaKrnKjkMT，2019。

曾豫湘：《印度启动扶贫〈就业保证计划〉》，《全球科技经济瞭望》1997 年第 6 期。

沈红：《印度的扶贫计划》，《社会学研究》1994 年第 5 期。

周戎：《印度扶贫路漫漫》，《光明日报》2008 年 3 月 5 日。

《美媒：全球贫困人口最多国家已不是印度 而是这个国家》，https：//www.sohu.com/a/241089378_114911，2018。

国家统计局：《扶贫开发持续强力推进 脱贫攻坚取得历史性重大成就——新中国成立 70 周年经济社会发展成就系列报告之十五》，http：//www.stats.gov.cn/ztjc/zthd/sjtjr/d10j/70cj/201909/t20190906_1696324.html，2019 年 8 月 12 日。

第三章
中巴精准扶贫模式与绩效比较

王树森[*]

与中国扶贫现状相反,巴西近几年来由于经济衰退,基尼系数和贫困人口占比均有所上升。本章从经济增长和不平等之间的关系角度,对比了中国和巴西的宏观经济增长现状和人类发展指数,发现:1994年之后,中国经济呈现快速增长的趋势,巴西经济增速较低且持续动荡;中国和巴西的人类发展指数均呈上升趋势,但除教育指数外,中国的收入指数和预期寿命指数均显著高于巴西。同时,通过梳理巴西1960年至今的扶贫政策及其绩效发现:巴西虽然采取了一系列的扶贫政策,但由于宏观政治经济环境动荡、政策可持续性差等,贫困根源并没有消除,贫困问题并没有得到缓解。

长久以来,国内外学术界对经济增长与不平等之间的关系探讨良多,无论是收入不平等、财富不平等还是机会不平等,不仅出现在美国等发达经济体,也出现在中国、巴西等发展中国家,甚至随着经济发展,不平等问题呈加剧趋势。[①]

---

[*] 王树森,北京师范大学经济与工商管理学院博士研究生,研究方向:宏观经济学、收入分配。

[①] Kuznets S., "Economy Growth and Income Inequality," *American Economic Review*, 1955, 45 (1), pp. 1 - 28; 雷欣、程可、陈继勇:《收入不平等与经济增长关系的再检验》,《世界经济》, 2017年第3期, 第26~51页; 斯蒂格利茨、周建军、张晔:《不平等与经济增长》,《经济社会体制比较》2017年第1期, 第46~61+70页; 米增渝、刘霞辉、刘穷志:《经济增长与收入不平等: 财政均衡激励政策研究》,《经济研究》2012年第12期, 第43~54+151页。

中国和巴西作为居世界前列的发展中国家，人口、国土面积、经济总量等都位于世界前列，两国经济起飞阶段均始于 18 世纪五六十年代，经济发展模式和工业化进程类似，都建立了完善的工业生产体系，人均收入都得到了快速的提高，但是，两国都存在严重的城乡、区域、性别等社会不平等问题。几十年来，两国均采取了合理有效的扶贫政策，并取得了卓然的成就，引起了国际社会的关注。其他存在贫困问题的国家在借鉴两国扶贫经验的同时也不乏对两国的扶贫政策、成就和可持续性的对比，本章在总结巴西 1960 年以来的扶贫政策及其成就的基础上，比较了中国与巴西的扶贫绩效。

一　中国和巴西社会经济现状

在比较中国和巴西扶贫经验之前，本部分从经济和社会两个角度对比两国现状。从经济角度看，中国在 1994 年实现了对巴西经济总量的赶超，并迅速拉开差距，2019 年中国的 GDP 是巴西的 5 倍。从社会角度看，对比两国的人类发展指数（HDI），中国在健康（预期寿命）指数和收入指数方面已经赶超巴西，但在人类发展整体指数和教育指数方面仍低于巴西。

（一）中国和巴西的宏观经济现状

当谈及经济增长与减贫之间的关系时，经济学理论包括三个方面：一是经济增长的模式，主要包括产业结构、投资结构等经济结构，以农业为主导的产业结构和以制造业为主的产业结构对收入、技术、就业产生的影响存在明显的差异。二是初始禀赋，主要包括资本积累、人口、文化、基础设施等，新古典经济增长理论指出，不同的初始禀赋会影响经济增长的稳态点和人均收入增长速度，比较优势理论和要素禀赋理论也指出，不同的要素禀赋会影响经济体对其贸易结构的选择，进而对各行业的劳动者产生的影响存在明显的差异。三是政府制定的政策，尤其是政府如何平衡效率和公平之间的关系。菲利普斯曲线理论在宏观经济学领域应用颇多，学者的共识是，政府在短期内必须平衡通货膨胀与失业率之间的关系，是偏向于较高的失业率和

第三章 中巴精准扶贫模式与绩效比较

较低的通货膨胀率还是偏向于较高的通货膨胀率和较低的失业率。理论上讲，经济增长和社会扶贫之间的关系是效率与公平之间的关系。没有经济增长，就没有足够的动力和能力去实现社会减贫，但是，过度偏向于社会减贫也会影响经济增长的速度。

中国和巴西在经济增长和社会减贫两个方面都有着类似的表现和做法。在经济增长方面，中国和巴西都是发展中大国，两国的经济结构在1960年之前都是以农业为主，经济都在短期内迅速增长，不仅建立了高度完善的工业化生产体系，而且都实现了从以农业为主导到以工业为主导再到以服务业为主导的产业结构转型。

图3-1是中国和巴西1960~2020年的国内生产总值，为了更好地进行国际对比，国内生产总值以2010年不变美元为基期。图3-2是中国和巴西1961~2019年的经济增长速度。由图3-1可知，1994年之前，中国和巴西的国内生产总值在数值和趋势上类似，而且巴西的GDP一直略高于中国。1994年之后，中国进行社会主义市场化改革，国内生产总值迅速增加，截至2018年，中国的国内生产总值是巴西的4.9倍。由图3-2可知，中国和巴西两国的经济增速波动明显，但巴西的经济增速波动更加强烈，中国1978年之后的经济增速始终处于正值区间且高于巴西，而巴西的经济增速在1978年之后仍多次跌落0以下，2016年，中国经济增速为6.85%，而巴西经济增速为-3.28%，表明巴西经济近些年来处于动荡和不稳定中。

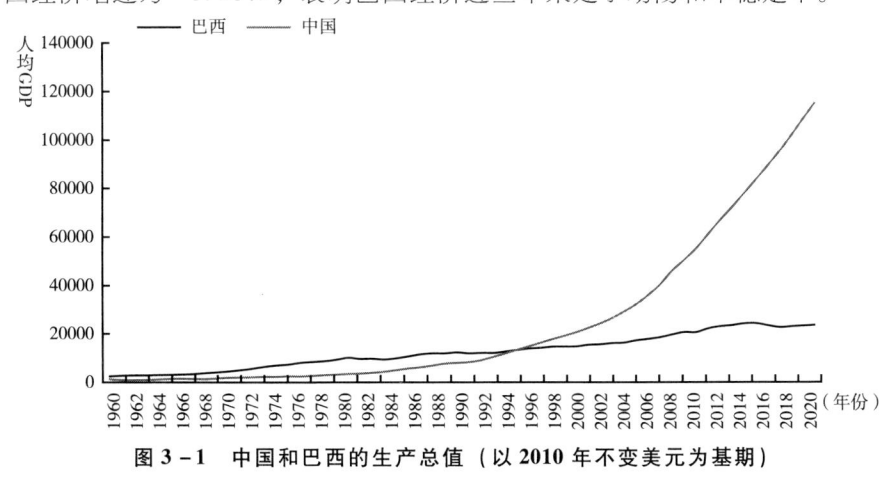

图3-1 中国和巴西的生产总值（以2010年不变美元为基期）

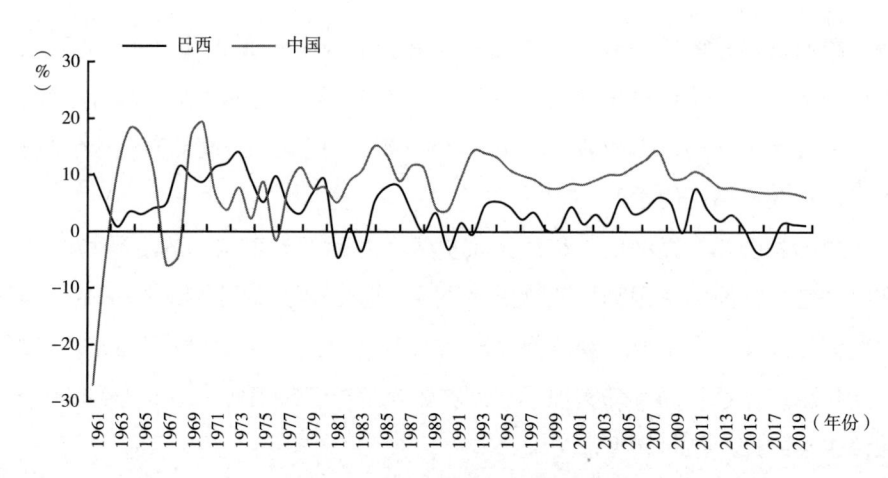

图 3-2　中国和巴西的 GDP 增速

稳定的经济环境和持续的经济增长是实现人均收入增长的重要保证。通过对比中国和巴西的国内生产总值和经济增速可以发现：中国自 1978 年之后的经济增速始终高于巴西，且国内生产总值增长迅速，而巴西经济表现出动荡和不稳定的特征，国内生产总值增速缓慢。图 3-3 是中国和巴西的人均国内生产总值，与前文设置类似，为进行国际比较，设定 2010 年不变美元为基期。图 3-4 是中国和巴西的人均国内生产总值增速。由图 3-3 可知，中国和巴西在 1960 年之前便存在较大差距，而且差距有逐年扩大的趋势。1994 年之前，中国和巴西两国的国内生产总值差距不大，人均国内生产总值的差异主要来源于人口基数较大的原因。1994 年之后，中国人均国内生产总值迅速增加，逐渐缩小与巴西之间的差距，中国的经济增长确实提高了人均国内生产总值。结合图 3-3 和图 3-4 可知，中国人均国内生产总值的增速近些年来略微下降，但仍然明显高于巴西。中国人均 GDP 增速的波动明显小于巴西，巴西的人均 GDP 增速多次跌落在 0 以下，图 3-3 中中国的人均 GDP 曲线更加平滑，而巴西的人均 GDP 曲线则较为曲折。

2000~2012 年，巴西是世界上增长最快的主要经济体之一，年均增长率超过 5%。巴西经济总量在 2012 年甚至超过老牌发达国家英国，位居世界第六大经济体，但是 2013 年之后，巴西经济增速下滑，进入衰退期，

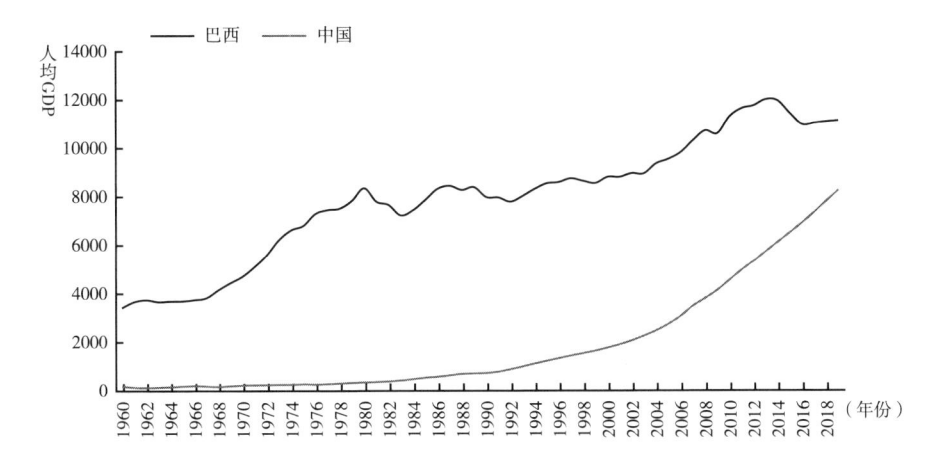

图 3-3 中国和巴西人均 GDP（以 2010 年不变美元为基期）

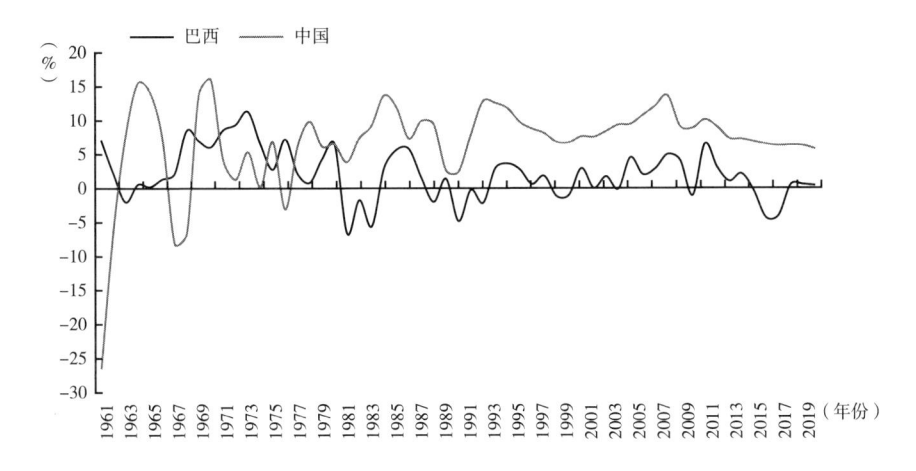

图 3-4 中国和巴西人均 GDP 增速

2015 年跌至低谷，2017 年开始复苏。但是，巴西经济仍处于"中等收入陷阱"，低增速和高失业率的现象严重困扰着巴西。

（二）中国和巴西的社会发展现状

人类发展指数（HDI）不仅能够度量经济增长对居民的影响，还能够度量教育、医疗对居民的影响。HDI 有利于对比两个具有同等 GNI 水平的国家在教育、医疗等方面的差异。2018 年，中国的 HDI 列全球第 85 位，巴西的HDI列全球第79位。中国和巴西同属于世界银行分类中的中等偏上收入国家组，基于HDI有利于对比两国在教育扶贫、医疗扶贫、经济扶贫等方面的差异。HDI是一个三维加权的综合性指标，主要包含经济增长（人均GNI/GDP）、健康（预期寿命等）、教育（入学率等）等。

由图3-5可知，1990~2018年，中国和巴西的HDI整体呈现向上趋势，其中，中国HDI增长速度超过巴西。1990~2018年，巴西的HDI一直高于中国，但是中国HDI的增长速度远超过巴西，2018年，中国和巴西的HDI分别为0.758和0.761。按照该趋势，未来中国HDI将超过巴西。

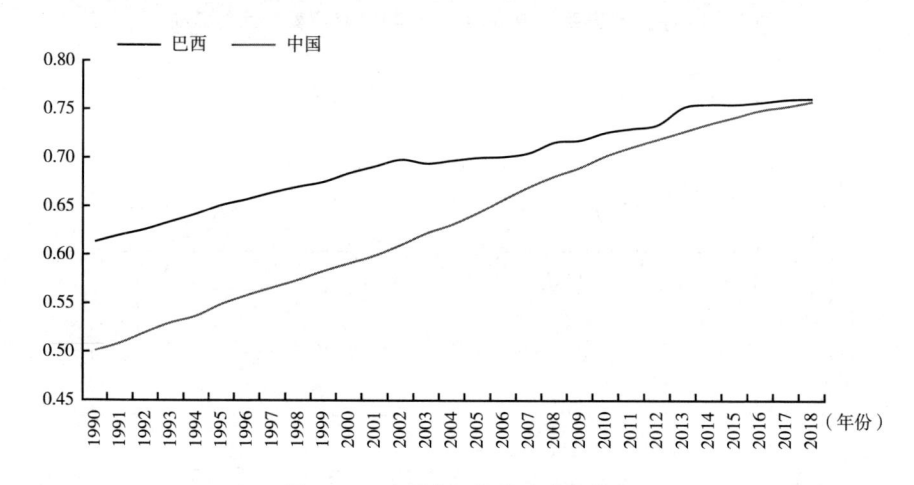

图3-5 中国和巴西人类发展指数

图3-6至图3-8从教育、健康（预期寿命）和收入三个角度对比了中国和巴西的情况。

由图3-6可知，近三十年来，中国和巴西在教育扶贫方面取得了显著的成就。2001~2013年，巴西的教育指数略超过中国，其教育指数出现大幅度下滑，虽2013年以来有所恢复，但上升幅度较小。1990年，中国和巴西的居民预期受教育年限分别为8.8年和12.2年，相差3.4年；2018年，中国和巴西的居民预期受教育年限分别为13.9年和15.4年，相差1.5年，中国和巴西两国在小学、初中、高中的入学率均有显著提高。

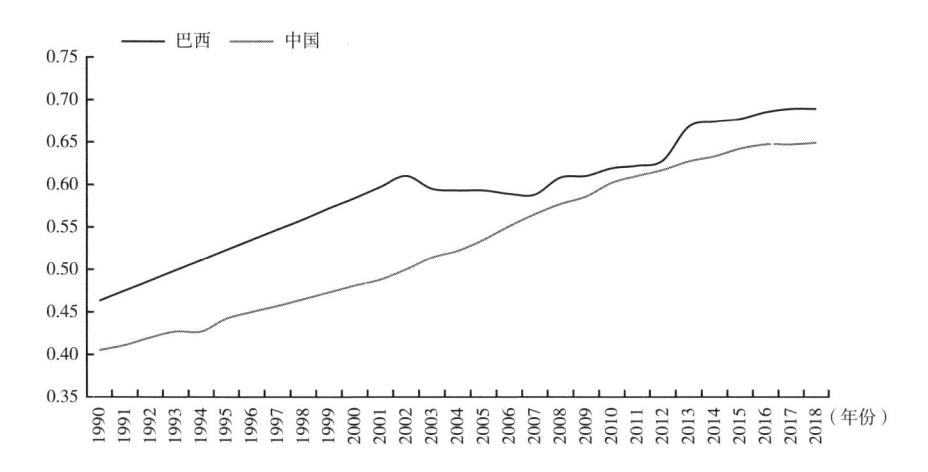

图 3-6　中国和巴西教育指数

由图 3-7 可知，中国和巴西的居民预期寿命均有所提高，两国在健康、医疗等方面的支出比例均显著提高。巴西的健康支出占 GDP 比例从 2000 年的 6.6% 提升至 2016 年的 11.8%，同期，中国从 4.5% 提升至 5.0%。中国经济总量巨大，GDP 年均增速在 6% 以上，超过健康支出增加速度，故中国的健康支出显著增加，这也是巴西的健康支出比例增长速度高于中国，但其健康指数仍低于中国的重要原因。

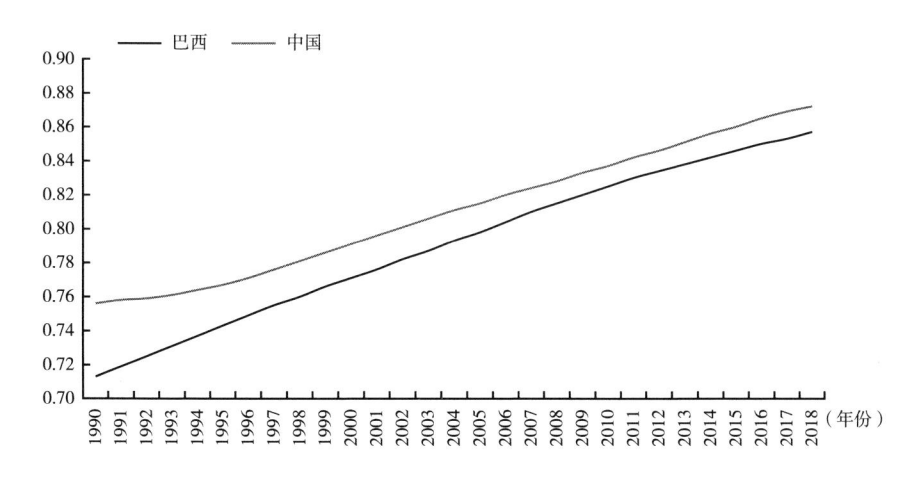

图 3-7　中国和巴西预期寿命指数

由图3-8可知,1990~2018年,中国的收入指数大幅度提高,而巴西的收入指数提高幅度较小。按照2011年购买力平价美元计算,1990年巴西人均GDP为10342美元,2013年上升到15536美元,随后下降,2018年为14283美元,而中国人均GDP一直呈现上升趋势,从1990年的1522美元上升至2018年的16187美元,并于2016年超过巴西。

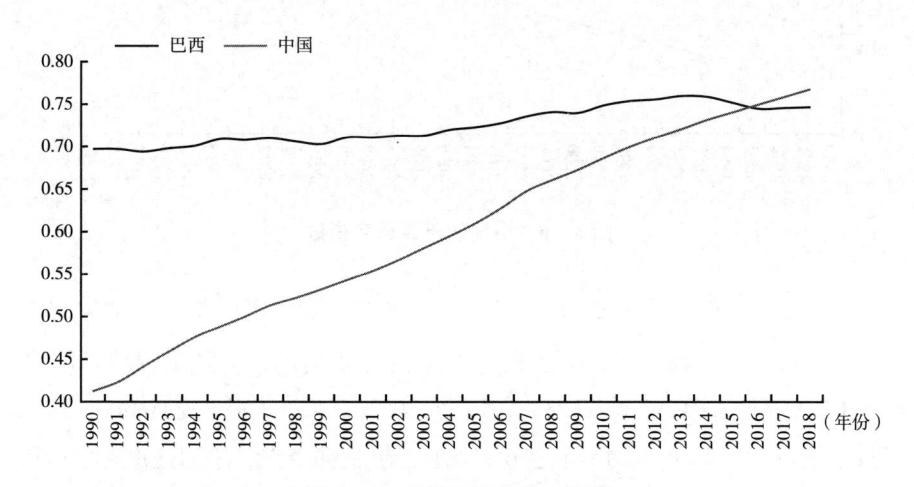

图3-8 中国和巴西收入指数

综上所述,近年来,中国和巴西的人类发展指数、教育指数、预期寿命指数和收入指数均有显著提高,其中,巴西在人类发展指数和教育指数略高于中国,但中国的收入指数和预期寿命指数显著高于巴西。

HDI以一种较为简洁的方式包含了人类发展的重要部分,但是它并不能完全包含人类发展的所有方面,缺少反映不平等、贫困、安全、政治参与等多方面的内容,为此,UNDP提出了HDRO指标,旨在反映HDI之外的其他对于人类发展重要的方面。本研究借助HDRO指标对比中国和巴西在不平等、网络使用率和就业等方面的情况。

不平等方面,UNDP公布了不平等指标调整后的HDI,2018年,巴西和中国的不平等指标调整后的HDI分别为0.574和0.636,中国明显超过巴西。近年来,巴西的HDI略高于中国,但经过不平等指标调整后,中国的HDI明显超过巴西,即相对于中国,巴西存在更为严重的社会不平等现象。

就业方面，由图3-9可知，中国的劳动力失业率较低，虽然近些年有所提高，但一直维持在5%以下。相比而言，巴西的失业率变动幅度较大，2000年巴西失业率从9.9%下降至2014年的6.7%，随后经济波动，失业率出现较大幅度的上涨，迅速升至12%以上。数据表明，巴西年轻人失业率迅速从2014年的15%左右上升至2018年的28.6%，巴西存在严重的结构性失业问题，经济下滑、就业机会缺失给社会经济造成了严重的影响。

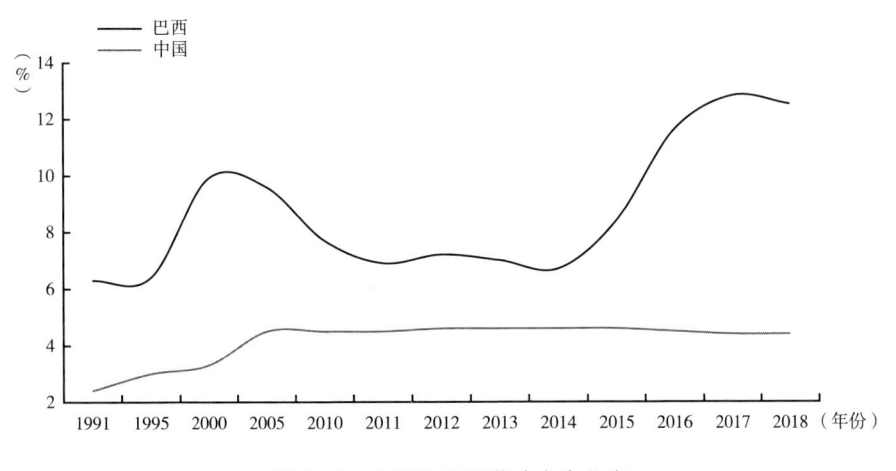

图3-9　中国和巴西劳动力失业率

网络使用率方面，中国和巴西的网络用户量在近二十年来突飞猛进，2001年，中国和巴西的网络用户占总人口比重分别仅为1.8%和2.9%，但2017年该指标迅速上升至54.3%和67.5%。两国人口较多、幅员辽阔，网络用户量的迅猛增加不仅得益于世界趋势所向，更得益于两国在网络推广方面的努力。预计未来几年，中国和巴西都将成为网络消费大国，成为推动网络技术发展、新技术应用，以及5G、人口智能等领域产品的主要市场。

总之，宏观经济方面，中国较巴西有更加稳定的政治经济环境，1990年之前，巴西在人均收入、经济增长速度、国内生产总值等方面均超过中国，1990年之后，中国不仅在经济总量上实现了赶超，而且实现了更加稳定的经济增长，两国人均收入差距不断缩小。社会方面，中国和巴西在教育扶贫、医疗扶贫、收入分配、基础设施建设、社会就业等多方面均取得了卓然的成就。中国在预期寿命、收入再分配、就业等方面领先于巴西,但巴西在网络接入、教育等方面领先于中国,中国需要进一步深化经济改革,以取得更大的扶贫成就。

二 巴西的贫困现状

上文中提及,巴西在教育扶贫、医疗扶贫、就业、网络推广等方面取得了卓越的成就,尤其是在教育、网络推广等方面仍领先于中国,因此,本部分简要描述巴西贫困现状及长期致贫原因。

巴西作为拉丁美洲最大的发展中国家和经济体,自然资源丰富,农业、畜牧业和采矿业发达,是多种农业产品和矿物产品的主要生产国和出口国。巴西在战后经济发展迅速,工业化程度不断加深,其工业体系和技术制造业已经跨入世界先进行列,民用支线飞机制造业和生物燃料产业居世界领先水平。巴西的产业结构逐渐接近世界发达国家水平,服务业增加值占国内生产总值的60%以上,金融业、互联网等信息技术行业发达。根据2020年世界银行分类,巴西属于中等偏上收入国家组。根据2017年国际比较项目数据,巴西GDP(PPP值)为3.017万亿美元,占全球GDP的2.5%,是世界第八大经济体,人均GDP为14520美元(PPP值),为全球收入水平的87.5%、美国人均GDP收入水平的24.2%,人口占到全球的2.9%。但是,经济快速发展的表象之下也隐藏着严重的社会问题,尤其是在债务危机和新自由主义改革之后,巴西是世界上贫富差距及城乡差距最大的国家之一。2018年,巴西贫困人口占比19.4%,极度贫困人口占比5.4%,基尼系数为0.54,城乡之间、区域之间、性别之间仍存在严重的不平等问题。

巴西经济在近几十年表现出不稳定的发展趋势。1950~1959年,巴西经济平均增速为7.1%,而1960~1969年经济平均增速为6.1%,增速有所下降。1970~1979年,巴西经济平均增速达到8.9%,是巴西历史上经济发展最快速的时期,被众多经济学家称为"奇迹时代",但是随后的二十年,巴西经济增速快速下滑。1980~1989年,巴西经济平均增速为3.0%,1990~1999年经济平均增速只有1.7%,这个时期还伴随着严重的债务危机和通货膨胀，经济陷入了极其严重的困境。随后，巴西的政策制定者制订了各种计划来刺激经济增长，以期解决债务危机和通货膨胀问题。2000~2009年，巴西经济平均增速3.39%，经济逐渐恢复，但是2010年至今，巴西经济增速再次下滑，2010~2019年经济平均增速为1.39%，甚至低于20世纪90年代。

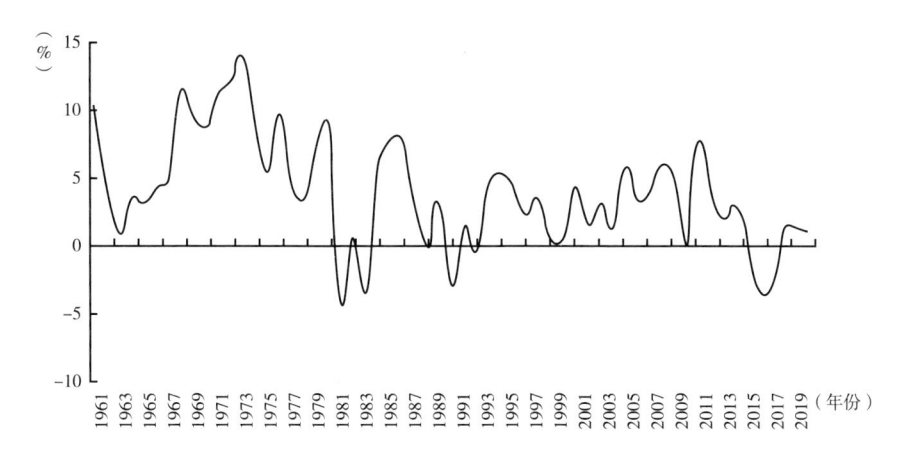

图 3-10　1961~2019 年巴西经济增长速度

伴随着不稳定的经济增长，巴西存在严重的社会不平等问题。从历史上看，拉美地区虽然是全球最早进行工业化的发展中地区之一，但是其突出的社会贫困现象一直是困扰拉美经济发展的重要问题。20世纪六七十年代，拉美地区一度陷入经济增长较快但贫困和收入分配差距等问题并未得到有效解决的困境。进入80年代后，拉美地区先后经历了"失去的十年"和新自由主义改革等重大经济和社会转型，经济衰退使得原本突出的社会问题进一步恶化，平均贫困率一度接近50%。根据ECLAC的相关数据，2018年，巴西贫困人口占19.4%（城市人口的17.4%，农村人口的31.7%），极度贫困人口占5.4%（城市人口的4.1%，农村人口的13.2%），巴西基尼系数为0.54。数据表明，巴西农村人口中仍存在大量的贫困人口，尤其是极度贫困人口。由图3-11可知，整体上看，巴西城市地区的收入不平等程度高于农村地区。2001~2015年，巴西国家层面和城市地区的基尼系数呈下降趋势，农村地区的基尼系数波幅不定，但整体也呈现下降趋势。2015年之后，巴西国家层面和城乡地区的基尼系数均呈现上升趋势，社会不平等情况有所恶化。由图 3-12 可知，2015 年之前，巴西贫困人口和极度贫困人口的比重呈现下降趋势，但 2015 年之后，出现大量返贫人员，导致贫困人口激增。除此之外，巴西还存在严重的区域不平等差异，东北地区九个省份的人均收入只有国家层面的一半，只有东南沿海地区的三分之一[①]。巴西严重的贫富差距问题不仅引起了国内社会的不满，而且阻碍了巴西经济进一步的发展。

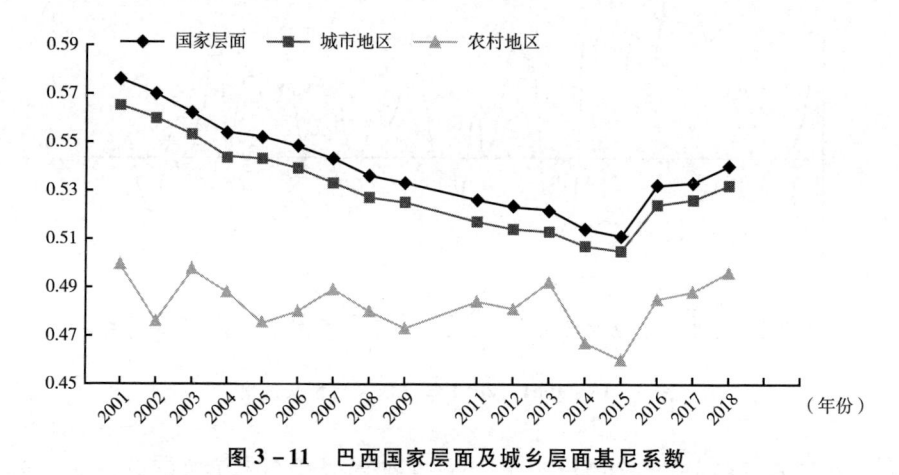

图 3-11 巴西国家层面及城乡层面基尼系数

注：巴西统计局没有公布 2010 年的数据。

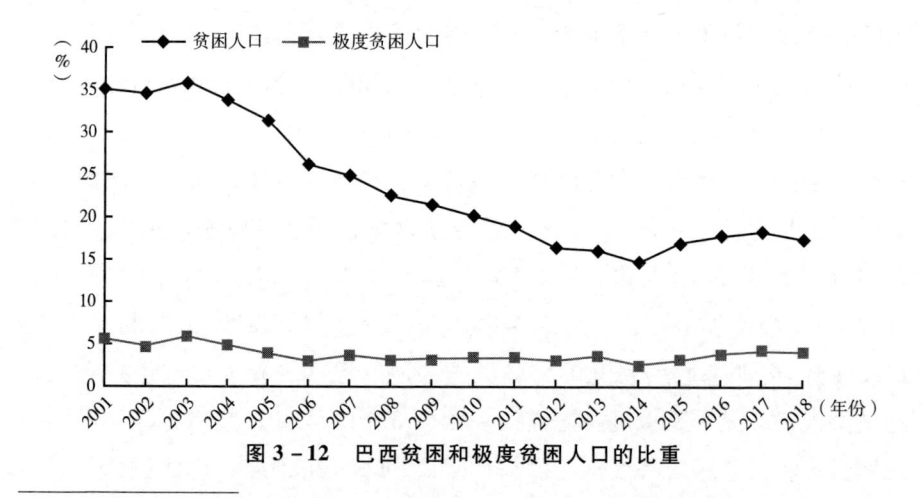

图 3-12 巴西贫困和极度贫困人口的比重

---

① Wang, Z., & Sun, H., "Anti-Poverty Experience of Brazil and Its Enlightenment for China," *Studies in Sociology of Science*, 2013 (4), pp. 72-76.

2014年以来,巴西的不平等和贫困问题持续加剧,截至2018年,仍然有2330万人处于贫困线以下,月收入低于232雷亚尔的人口占11%,贫困率较2014年上升了33%。根据PAND调查,2014~2016年,人均收入有所提高,但是就国民幸福感来看,全国整体福祉并没有增进,这表明,平均收入增长的效用被不平等现象的加剧所抵消,2015~2018年,平均收入下降了3.44%,主要涉及15~24岁的年轻人、高中肄业生等。

整体而言,巴西的贫困率已经回落到2011年的水平,几乎抹去了十年来扶贫取得的积极成果,不断加剧的不平等现象转化为更大的困境,困扰着巴西经济增长,使其长期陷入"中等收入陷阱"。

三 巴西的扶贫政策及成就

近几十年来,巴西的政策制定者除了尽力保持经济稳定外,还一直努力采取各种政策降低贫困人口比例、提高居民生活水平。前文也提及,巴西在1960~1979年保持了很高的经济增长速度,工业化水平提升,创造了巨大的经济效益,但是其经济发展的成果并没有平等地分配给所有居民,而且掌握在上层阶层的手中,进而加剧了巴西的贫富差距。

巴西经济在历史上经历了多次繁荣和危机,伴随着持续的经济动荡和严重的通货膨胀。巴西政府在这样一种经济起伏的几十年内,制订了各种扶贫计划,致力于缓解严重的贫富差距和社会不平等问题,本部分将简述巴西多个阶段的扶贫计划和成就。

(一)经济调整计划和新工资政策:1961~1985年

巴西经济的"奇迹时代"虽然实现了GDP的迅速增长,但扩大了贫富差距。时任世界银行总裁的罗伯特·麦克纳马拉指出,巴西是很少致力于让经济增长果实为更多民众所分享的发展中国家之一。1961~1965年,巴西经济几乎陷入停滞,年均GDP增速仅为1.61%,1963年GDP增速甚至跌落至-2.02%。1966~1974年的巴西经济被称为"奇迹时代",年均GDP增速为 6.75%，1973 年 GDP 增速升至 11.3%。但是，经济的快速发展并没有缩小巴西严重的贫富差距，反而使其扩大了。1960 年，40% 的巴西居民拥有国民财富的 11.2%，而 5% 的居民掌握了 27.4% 的国民财富。1970 年，40% 的巴西居民拥有 9% 的国民财富，而 5% 的居民却掌握了 36.3% 的国民财富。

为缩小贫富差距，改善收入分配状况，"奇迹时代"之后的巴西政府实施了经济调整计划和新工资政策。尽管这更多的是为了应对石油危机和债务危机，但其目标之一仍为缓解贫富差距问题。经济调整计划由盖泽尔政策施行，主要举措是实行"第二个国家发展计划"，以应对石油危机、改善经济结构和调整贸易赤字。1980～1982 年的新工资政策要求，工资每年调整两次，其中低水平工资按照新增生活成本的 110% 上调，中等水平工资按照新增生活成本的 100% 上调，高水平工资按照新增生活成本的 80% 上调，工资水平在最低工资 20 倍以上的按照新增生活成本的 50% 上调。劳资双方每年根据生产率的变化协商一次额外调整。

经济调整计划和新工资政策在施行期间确实促进了平均实际工资的持续上涨，但由于严重的通货膨胀，最底层居民的生活水平并没有多大改善，中层以上居民的生活水平有所改善，也就是说，这一时期的扶贫计划并没有有效地改善贫富差距问题，反而使其有所加剧。1970 年，最贫穷的 20% 的人口的收入占总收入的 3.83%，而最富裕的 5% 的人口的收入占总收入的 33.85%。1980 年，最贫穷的 20% 的人口的收入占总收入的 3.39%，最富裕的 5% 的人口的收入占总收入的 34.85%。1983 年巴西基尼系数为 0.597，远远超过 0.4 的基准线，实质上，巴西在这一时期贫富差距问题有所加剧。

（二）雷亚尔计划：1994～2002 年

1985～1994 年，严重的通货膨胀使大部分人的实际收入水平下降，而这个时期施行的克鲁扎多计划虽然通过价格冻结和工资冻结控制住了惯性通货膨胀，但是也抵消了价格机制对资源配置的作用，对收入分配造成更加严重的负面影响。为应对通货膨胀，时任财政部部长卡多佐推行了"雷亚尔计划",该计划以新货币得名,主要目的是消除通货膨胀、缩小贫富差距。雷亚尔计划在教育、医疗卫生、就业创业等领域施行了具体的措施。

在教育领域,实行"全国学生午餐计划""全国教材计划""最低收入保障计划""远距离教学计划",缓解贫困家庭儿童辍学问题,降低不发达地区的文盲率。在医疗卫生领域,实行扶贫普通药物计划、基础药房计划和家庭医生计划,为3800万人提供医疗服务,有效降低婴儿死亡率。在就业创业领域,针对农民、中小企业失业人口分别实行救助计划和扶持计划,积极创造就业机会,缓解低收入人群的就业问题和住房问题。

雷亚尔计划期间,政府每年向家庭直接转移支付GDP的2.5%,贫困人口占比由43.9%下降至31.9%,赤贫率也由19.5%降至14.5%。

(三) 卢拉政府时期的扶贫政策:2003~2010年

卢拉政府特别强调巴西的重大社会经济问题——贫困和不公平,将社会发展看作经济增长的重要组成部分,而非经济增长的剩余产物。巴西工党所倡议的社会发展计划包括两大重点:一是"零饥饿计划",对以家庭为基础的农业进行直接援助,所有家庭工人均享有社保津贴权利,对所有贫困人口的子女采取补充性收入保障及接受基础教育的激励措施,通过"大众餐厅"、食物银行、资助自耕农等旨在解决饥饿问题。二是最低收入保障,对贫困儿童一直资助至15岁,对最低收入水平以下的家庭发放救济金;向低收入家庭的16~25岁的学生提供助学金;向22~50岁的失业工人提供最低收入保障和专业培训;通过"新机会"计划为51~66岁的失业工人提供职业再培训。

但是,卢拉政府所采取的"零饥饿计划"和"新机会"计划均失败了。卢拉政府基于"零饥饿计划"专门成立了两个部门(一个负责解决饥饿问题,另一个负责开展社会救助),但由于部门之间的联系松散、职责模糊,"零饥饿计划"最终失败。同时,基于国际货币基金组织等国际组织和债务给财政带来的压力,巴西政府只能减少教育、医疗、社保等方面的支出,"新机会"计划最终失败。

（四）罗塞夫政府时期：2011~2014年

2011年，巴西政府实行了综合的减贫计划，旨在2014年之前消除绝对贫困。该计划通过现金转移、教育投入、基础设施建设等对社会底层群众进行帮助。初期，50万贫困人口被纳入"巴西无贫困"计划，同时政府也制定了相关方案努力将因信息不足或偏远地区的贫困家庭纳入该计划。巴西政府设置了社保部，专门负责该计划的实施。2011年，联合国开发计划署（UNDP）在报告中认可了巴西在2000年以来为消除贫困和社会不平等而做出的努力，巴西为减贫所采取的创新性措施也被世界上其他发展中国家所参考。

但是，罗塞夫的"无贫困计划"并没有取得决定性的胜利，不平等和贫困现象反而增加了。正如前文所提及的，巴西经济自2013年起进入了衰退期，经济甚至负增长，直到2017年经济才进入复苏期，但为了弥补经济的下滑，巴西政府削减了扶贫计划支出，另外就业市场的不景气和通货膨胀，导致巴西的基尼系数和贫困人口比例均有所提高。

四 中国精准扶贫经验总结——与巴西对比

巴西的贫富差距问题有很多方面的原因，包括历史、政策、地理、资源等。第一，1950年，巴西的城镇化率为36.67%，2015年，巴西的城镇化率为82.77%。1990年至今，第二产业（包括采矿业）在GDP中的占比低于30%，2019年巴西三次产业结构为5∶21∶74。从数据上看，巴西在短期内促进了工业化和城镇化，三次产业结构接近于英、美等发达国家，但实际上，这背后是土地改革失败、债务危机以及严重的社会不平等问题。二战后，在没有保证土地权利的情况下，大量农民被迁移至城市，他们没有在工业、制造业就业的能力，从而在城市中形成了大量的贫民窟，基础设施、教育、医疗和就业机会缺乏，而农村地区由于耕种土地缺乏，贫困人口和极为贫困人口比重居高不下。

第二，巴西不稳定的经济发展环境。由图 3-13 可知，1990~2019 年，巴西经济波动幅度较大，多个年份 GDP 增速跌至 0 以下。不稳定的经济发展环境使得政府在解决社会经济问题的时候捉襟见肘，受到财政压力、通货膨胀、居民信心等多方面的影响。

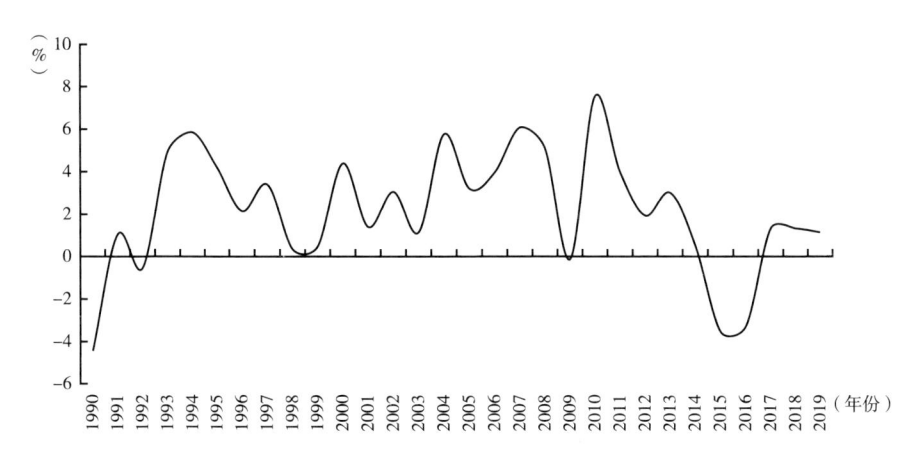

图 3-13 巴西 GDP 增速

第三，巴西政策实施的不连贯性，政府缺乏长远而系统的经济发展规划。从巴西历史上看，1960 年以来，巴西经历了石油危机、债务危机等多次危机，遭遇了通货膨胀、经济衰退、贫富差距等问题，各个时期的政府并没有设定长期的发展规划，更多的是强调短期目标和计划，导致巴西各个时期的政策没有连贯性，尤其是巴西早期的社会经济政策更加强调经济增长，而忽略了这个过程中可能出现的社会不公平问题，进而也影响到经济发展的可持续性。例如，20 世纪 50 年代的进口替代政策确实加速了巴西的工业化进程，工业部门的规模扩张了 3 倍以上，实现了经济的高速增长，但也遗留了一系列问题，如食品供给不足、通货膨胀率攀升、社会不平等加剧等问题，为之后的债务危机和经济下滑留下祸根，以至于随后的政策制定者不得不努力维持经济的增长。又如，盖泽尔政府时期采取的经济增长政策确实使巴西经济高速增长，70 年代后期 GDP 年均增速在 7% 左右，但是也导致外债不断增长，陷入债务危机。

第四，巴西结构性失业问题严重，大量劳动力在非正式部门就业。一方面，早期的巴西政府对人力资本的重视度不够，尤其对人力资本的超前投资过少，在迅速工业化之后，新兴产业的劳动力需求与本国劳动力供给之间存在错配，既不能进一步推动新兴产业发展为主导产业或支柱产业，也不能提供足够的就业岗位，以缓解就业压力。另一方面，巴西的非正式部门就业比重过高。

从历史上来看，中国和巴西都经历了快速的经济增长和工业化阶段，在这个过程中都存在严重的贫困问题。两国均实施了合理有效的扶贫政策。中国近些年来实行了精准扶贫计划，目标是到2020年实现全面脱贫，解决绝对贫困问题，并取得了卓然的成就，得到了全世界范围内广泛赞誉。与之相反，巴西近些年来虽然实行了扶贫计划，但经济刚从衰退期复苏，增长速度较低，对扶贫事业产生了一定的负面影响。

为此，将中国和巴西的扶贫经验总结如下。

第一，经济持续稳定增长是扶贫政策有效性的重要保证，是扶贫绩效可持续性的重要基础。贫困的经济体只有实现了经济增长，才会有基础和资源去减贫和解决社会不平等问题，而经济增长的持续稳定也保证了政策的可持续性和有效性。巴西严重的不平等现象加剧了其经济困境。贫困问题的加剧是由严重的经济衰退所致，而经济不平等又加剧了经济衰退。当穷人用光了所有收入时，就没有能力去脱离困境，更不要说去帮助国家脱离经济衰退困境。反观中国，1978年以来持续稳定的经济增长为扶贫政策的大规模实施奠定了坚实的基础，从早期的大规模和区域性扶贫到先进的精准扶贫，取得了卓然的成绩，尤其是2020年实现了全面脱贫目标，表明持续稳定的经济增长和良好的政策环境对扶贫政策有效性和绩效可持续性的重要性。

第二，经济政策应具有可持续性，充分考虑其对未来社会发展的影响。20世纪六七十年代，巴西政府采取了有效的经济增长政策，进入了短期的"奇迹"时代，工业化进程加快，但是其经济增长成果并没有公平分配给居民，看似人均收入增加了，但本质上富人更富、穷人更穷，进而造成80年代更为严重的社会不平等问题，引起了国内外社会的广泛关注。中国虽然也存在较为严重的贫富差距问题，但是贫困人口的生活水平得到了大大的提高，尤其是精准扶贫计划，更加关注贫困人口的生活质量。

第三，扶贫理念要坚持从宏观到微观的转变。中国和巴西在扶贫计划中都实现了从宏观到微观的转变，更加强调对极度贫困人口的关注，相关政策的实施对象也从前期的区域层面、城市层面向个体层面转移，强调失业人员的再培训和再就业，强调对低收入家庭的食品、教育、医疗等方面的补助。政策实施对象的转移不仅代表了扶贫更加重视投入产出效率，也表明扶贫进入了新阶段，取得了卓越的成就。

第四，扶贫计划要在关键时刻实现从"授人以鱼"向"授人以渔"的转变，必须考虑到贫困人口的接受程度。巴西过去几年实施的"有条件的现金转移支付（CCT）计划"一度成为国际广泛赞誉的扶贫尝试，该计划较之前更加强调贫困家庭的教育和医疗问题，努力提高儿童的受教育水平。相比之下，中国实施了义务教育法和全民医保计划，强制性保障了贫困家庭的教育机会和医疗机会，减少了贫困家庭支出，保障了居民的生活质量。另外，相比巴西CCT计划强调"输血"功能，中国的精准扶贫计划更加强调"造血"功能，保证了扶贫成效的可持续性和稳定性。

第四章
经济学人对中国扶贫经验理论认知与绩效判断
——基于问卷调查的分析报告

梁泳梅[*]

《中国经济学人》与国际扶贫中心于 2020 年 9 月对 106 位经济学工作者就中国扶贫的经验与绩效判断进行了问卷调查。对调查结果的统计分析表明，共产党的领导、以发展促扶贫及精准有效的扶贫方案是最重要的中国扶贫经验；中国下一步扶贫工作的难点与人口素质密切相关，主要在于贫困人口受教育水平不高、技术能力短缺、贫困人口的自身发展意识欠缺、内生动力不足等。因此，提高贫困地区人口素质是打赢脱贫攻坚战的最主要途径，人力资本的持续投入与超前对于解决扶贫难点和打赢脱贫攻坚战就显得较为重要。在人力资本投入中，最主要的内容是教育投入，通过人力资本投入来减贫的主要方式包括为贫困人口提供教育扶贫津贴、发展职业教育，并优先招收贫困家庭学生等。此外，经济学工作者还认为，政府仍应是通过人力资本投入来减贫的主体，人力资本投入的成本应主要由国家承担，个人承担小部分。

---

[*] 梁泳梅，中国社会科学院工业经济研究所副研究员，《中国经济学人》编辑部副主任，研究方向：政治经济学、产业经济学。

第四章　经济学人对中国扶贫经验理论认知与绩效判断

中国已经进入决战决胜扶贫攻坚阶段，对中国扶贫经验进行理论总结，并对下一步巩固扶贫成效的有效路径进行理论判断，对于丰富减贫理论、为全世界提供中国方案和中国智慧而言具有重要的意义。

为了对中国的扶贫经验与未来的工作方向进行更好的理论分析与总结，《中国经济学人》与国际扶贫中心一起于 2020 年 9 月对众多经济学工作者进行了相关问卷调查，就中国的扶贫经验、打赢脱贫攻坚战主要途径、如何更好地通过人力资本投资来解决贫困等问题进行了判断。从 9 月 3 日至 13 日共获得有效问卷 106 份。参与的调查者中，54.7% 的受访者来自高校教师，14.2% 的受访者来自企业，11.4% 的受访者来自政府机关及其下属的研究机构，4.7% 的受访者来自中国社会科学院，其余受访者来自高等院校的学生及咨询机构。从地域分布来看，58% 的受访者来自东部地区，23% 的受访者来自西部地区，17% 的受访者来自中部地区，2% 的受访者来自港澳台及海外地区。

一　党的领导、以发展促扶贫及有效的扶贫方案是最重要的扶贫经验

中国特色社会主义道路是中国的精准扶贫能够取得巨大成效的最主要原因。绝大多数的（52.8%）经济学工作者认为，共产党的领导和中国政治体制、组织的保障，是我国精准扶贫能够取得巨大成绩的最主要原因。从这点上来看，中国的扶贫经验是极具中国特色的。作为执政党，中国共产党秉持了以人民为中心的发展思想，并将"消除贫困、改善民生、逐步实现共同富裕"作为党的重要使命和中国特色社会主义的本质要求。在党中央的领导下，中国从 20 世纪 80 年代开始就实施了大规模的扶贫开发，党的十八大以来，进一步把扶贫开发工作纳入"五位一体"总体布局、"四个全面"战略布局，作为实现第一个百年奋斗目标的重点任务，作出一系列重大部署和安排，全面打响脱贫攻坚战。共产党的领导，从战略上确定了扶贫开发的时机、方向和任务，从政治上保证了各方力量在扶贫工作上的认识统一和一致行动。共产

党的领导和中国特色社会主义制度也是密不可分的,中国的政治体制、组织结构把坚持党的领导、人民当家做主、依法治国有机统一起来,使得扶贫工作能够得到更好的推进。因此,共产党的领导和中国特色社会主义制度,被认为是中国能够取得巨大的扶贫成就的最关键和最本质原因。

中国能够取得巨大扶贫成就的这个经验,虽然很具有中国特色,但是仍能够为其他国家贡献借鉴意义,即要想取得扎实的扶贫成效,最重要的是,执政党要真心实意地为了人民的利益而努力。

中国在扶贫方面的其他经验,也能够为其他发展中国家提供非常有益的借鉴。例如,大规模的成功扶贫,需要多年发展形成的经济基础作支持,45.3%的经济学工作者认为这是中国扶贫能够取得巨大成功的重要原因。中国一直把发展作为解决贫困的根本路径,经济社会发展与扶贫是相互促进的。中华人民共和国从成立初期开始就通过社会主义建设来进行广义性的减贫实践。对农业进行的土地改革等社会主义改造,极大地缓解了全国根本性的贫困问题;改革开放后又通过农村经济发展进行了发展性的扶贫实践。1984年后将"扶贫开发"作为减贫的重要路径,通过贫困地区的经济开发来改变其贫困面貌。党的十八大后,进入了精准扶贫阶段。① 回顾中国的减贫历程可以发现,中国减贫的前半阶段,主要是通过经济发展来实现的。中国减贫的后半阶段,在解决"两不愁三保障"、组织易地扶贫搬迁的过程中,政府投入了大量的财力;在社会帮扶的过程中,企业和社会组织也投入了大量的资源。这必然是建立在长期的经济发展基础上的。只有积累了一定的经济基础和财富,才有足够的资源来促进减贫,政府才有足够的财政力量向贫困地区进行转移支付、为没有劳动力的贫困人口提供兜底保障;企业和社会组织才有足够的经济实力参与扶贫工作,整个社会才能有足够大的消费需求来承接贫困地区发展起来的产业。当拉长了时间的观察尺度来看,例如,从中国改革开放以来到现在,甚至是从新中国成立以来到现在,经济的发展对于扶贫工作来说,其重要性远远超过了当前的各种减贫方案与政策。

---

① 黄承伟、袁泉:《全面建成小康社会:习近平扶贫论述与中国特色减贫道路》,《China Economist》2020年第1期,第2~23页。

另外，还有近四成的经济学工作者认为，精准有效的减贫方案和政策支持，也是中国扶贫能够取得巨大成就的重要原因，包括采用产业发展脱贫、转移就业脱贫、易地搬迁脱贫、教育扶贫、健康扶贫、生态保护扶贫、兜底保障、社会帮扶等多种方式多种途径相结合的模式，以扶贫对象精准、措施到户精准、项目安排精准、资金使用精准、因村派人（第一书记）精准、脱贫成效精准等"六个精准"统领贫困地区脱贫攻坚工作，精确瞄准、因地制宜、分类施策，实现真扶贫、扶真贫、真脱贫。这些方案，对于许多致力于减贫的发展中国家而言是十分有益的借鉴。

表4-1 经济学工作者关于我国精准扶贫能够取得巨大成绩的原因判断

单位：%

原因	占比
共产党的领导和中国政治体制、组织的保障	52.8
我国多年快速发展形成的经济基础的支持	45.3
精准有效的减贫方案和政策支持	38.7
坚持开发式扶贫，以发展作为解决贫困的根本模式	36.8
党中央和国务院的高度重视	35.8
社会主义道路坚持以人为本的必然结果	30.2
政府强有力的财政投入	28.3
基层干部的努力	15.1
企业和社会各界的帮扶	11.3
贫困群众的内生动力被激发出来	5.7

二 关于中国扶贫工作的难点与重点的理论判断

中国的扶贫攻坚工作已经进入全面收官阶段，需要对全面打赢脱贫攻坚的困难和问题有清醒的认识，才能更好地安排后续工作。

（一）扶贫难点与人口素质密切相关

调查分析的结果表明，当前中国扶贫工作的难点主要与人口素质密切相关。首先，是与贫困人口的素质较低密切相关，67.9%的经济学工作者认为，当前扶贫工作最主要的难点在于贫困人口受教育水平不高、技术能力短缺；65.1%的经济学工作者认为，当前扶贫工作最主要的难点在于贫困人口的自身发展意识欠缺，内生动力不足。可见，贫困人口的素质水平，是当前脱贫攻坚面对的根本性困难，而且会从根本上影响脱贫攻坚长期成果的保持。

这个认知，与我国当前的贫困状况也是基本一致的。根据《中国农村贫困监测报告（2019）》，从全国来看，贫困发生率与户主的受教育程度成反比，受教育程度较低的群体贫困发生率相对较高。2018年，户主受教育程度为"文盲"的群体中贫困发生率为6.5%，户主受教育程度为"小学"的群体中贫困发生率为2.4%，户主受教育程度为"初中"的群体中贫困发生率为1.2%，户主受教育程度为"高中及以上"的群体中贫困发生率为0.9%。文化素质、就业能力等缺失，从根本上阻碍了贫困群众脱贫的主动性、创造性和积极性。

其次，扶贫工作的难点则与扶贫干部的素质相关，有45.3%的经济学工作者认为，当前扶贫工作的主要难点是扶贫工作存在形式主义、官僚主义等，还有7.5%的经济学工作者认为，扶贫难点在于贫困地区干部的工作能力欠缺。实际上，无论是从工作态度与方式上看存在的形式主义、官僚主义问题，还是从工作能力上看存在的能力欠缺问题，都与扶贫干部的素质密切相关。

已有的文献研究也表明，人口素质是影响贫困的一个重要因素。贫困人口的思想文化、思维特点和价值观世界观等是比较固定且代代相传的，例如有强烈的宿命思想，无法认识到可以通过努力来改变自己的前途而是认为机遇和命运才是决定因素，还有自我管理能力等[1]，这些固化的价值观使得贫困人口很难依靠自己的力量去改变贫困状况，而且由于人力资本的缺失，贫困人口即使实现就业，也只能在不同的体力工作中转换。[2] 劳动力的素质较低，是贫困人口长期陷入贫困的原因。

另外，也有不少经济学工作者认为，扶贫工作的困难也在于贫困地区的

---

[1] William, and G. Flanagan, *Urban Sociology: Images and Structure*, Fifth Edition, Washington DC: Rowman & Littlefield Publishers, 2010.

[2] Banfield Edward C., *The Moral Basis of a Bankward Society*, New York: The Free Press, 1958.

位置与自然环境的制约。对于自然条件严酷、生存环境恶劣、发展条件严重欠缺的贫困地区,可以通过易地搬迁的方式来使贫困人口脱贫,但是搬出来后,如何确保搬迁后群众有稳定的就业与收入来源、更好地融入当地社会,也是工作的重点。

应该看到,提升贫困地区的人口素质,是一个需要长期逐步解决的问题,虽然有脱贫攻坚时不可能通过短期努力就能完全改变的,但是应该要进行合理的总体安排,创造条件分阶段逐步解决。

表4-2 经济学工作者关于我国扶贫工作难点的判断

单位:%

难点	占比
贫困人口受教育水平不高,技术能力短缺	67.9
贫困人口的自身发展意识欠缺,内生动力不足	65.1
扶贫工作存在形式主义、官僚主义等	45.3
贫困地区位置与自然环境制约	44.3
贫困地区的基础设施水平低	29.2
难有效化解因病因残致贫的难题	24.5
扶贫政策不够完善,无法达到预期效果	12.3
贫困地区干部工作能力欠缺	7.5
其他	3.8

(二)提高贫困地区人口素质是打赢脱贫攻坚战的最主要途径

对应于扶贫工作的主要难点是贫困地区的人口素质水平较低,大部分的经济学工作者认为,打赢脱贫攻坚战最主要的途径就是通过教育扶贫来提高贫困人口的基本文化素质和贫困家庭的劳动力技能。通过提升贫困人口的素质,使其具备内生脱贫的能力。这才是真正可持续的减贫。正因为如此,中央才提出了"扶贫必扶智,治贫先治愚",通过让贫困地区的孩子们接受良好教育,阻断贫困的代际传递,同时促进贫困地区人民群众的精神文明建设,使其过上文明健康、积极向上的生活。

另外,也有不少的经济学工作者(35.8%)认为通过发展产业来脱贫也是打赢脱贫攻坚战最主要的途径之一。立足贫困地区资源禀赋,以市场为导向,建成一批脱贫带动能力强的特色产业,有利于提升贫困地区人口的收入。但是也应该看到,扶贫产业要想得到较好的发展,除了产业政策引导等因素之外,也越来越取决于劳动力的技能与素质。为了扶贫而建立和发展的产业,也要参与市场化运作,要有内生的生长和发展能力,要有一定的竞争力。这就比单纯通过接受政府的补贴来兜底保障的减贫方式,对贫困地区的劳动力素质提出了更高的要求。

脱贫攻坚任务完成后,扶贫工作重心转向解决相对贫困,培育并激发相对贫困主体的内生动力显得愈加重要。提高相对贫困人口的综合素质,提升其基本文化素质与劳动技能水平,进一步提高其劳动生产率,使相对贫困人口有能力通过自身素质的提升来获得可持续的生计能力,这应该是解决相对贫困的一个长效机制。

表4-3 经济学工作者关于打赢脱贫攻坚战最主要途径的判断

单位:%

途径	占比
教育扶贫,提高贫困人口基本文化素质和贫困家庭劳动力技能	43.4
通过发展产业来脱贫	35.8
生态保护扶贫,扩大对贫困地区和贫困人口的生态保护补偿,使贫困人口通过参与生态保护实现就业脱贫	7.5
通过易地搬迁来脱贫	6.6
通过转移就业来脱贫	3.8
健康扶贫,改善贫困地区医疗卫生服务能力,提高对贫困地区和人口的医疗保障水平	2.8

三 关于通过人力资本投入来巩固扶贫成果的理论判断

人力资本的持续与超前投入,是提升人口素质,从而解决扶贫难点和打赢脱贫攻坚战的解决路径。《中国经济学人》对人力资本投入的内容、方式、主体、成本分担等问题进行了调查。

(一) 人力资本投入的最主要内容是教育投入

人力资本投入的内容包括教育、健康、生态环境等，这些都与人生活的权利和质量密切相关。几乎全部的经济学工作者都认为，教育应该是人力资本投入的最主要内容，其次是健康（有75%的经济学工作者选择了健康），还有半数的经济学工作者选择了生态环境。

由此可见，在人力资本投入有限的情况下，首先应该投在教育上，"好钢用在刀刃上"。教育是投资回报率最高的，也是人力资本可持续增长的基础。教育既包括学校教育也包括职业教育，要"确保贫困人口子女都能接受良好的基础教育，鼓励开展职业教育，学到一门技术，提高就业创业能力"。[①]

另外，对健康的投入是最基础的投入。提升人口的健康水平，既是发展的目的，也是减贫的重要手段，有利于减少因病致贫的发生。随着经济社会的发展，生态环境作为人力资本投入的内容也越来越受到重视，对生态环境的投入，有利于促进人口的健康，从而促进人力资本的积累。

表 4-4　经济学工作者对于人力资本投入最主要内容的判断

单位：%

人力资本投入内容	占比	人力资本投入内容	占比
教育	99	生态环境	52
健康	75	其他	7

(二) 通过人力资本投入来减贫的主要方式

通过对人力资本的相对超前投入，不断提高人口素质，有利于打赢脱贫攻坚战并较好地巩固脱贫成果。国务院在《"十三五"脱贫攻坚规划》中提

---

① 《习近平在云南考察工作时强调：坚决打好扶贫开发攻坚战　加快民族地区经济社会发展》，http://cpc.people.com.cn/n/2015/0122/c64094-26428249.html? t = 1422180205334，2015 年 1 月 22 日。

出,要"以提高贫困人口基本文化素质和贫困家庭劳动力技能为抓手,瞄准教育最薄弱领域,阻断贫困的代际传递"。那么,通过在教育方面进行人力资本超前投入进行扶贫的主要方式应该如何选择呢?

49.1%的经济学工作者认为,应该通过"为贫困人口提供教育扶贫津贴,对贫困学生实行从入学到毕业的全程全部资助"来进行教育扶贫。这个应该是教育扶贫中最易操作的方式。45.3%的经济学工作者认为,应该通过"发展职业教育,并优先招收贫困家庭学生"来进行教育扶贫。这一方面是由于职业技术教育在制造强国中的地位越来越重要,另一方面是由于职业技术教育的入学门槛相对较低,毕业后的就业率也较高,其能够对应的就业岗位在贫困地区也相对更多,对于贫困家庭学生而言是一个投资见效较快的方式。42.5%的经济学工作者认为,应该通过"增加贫困地区的办学经费"来进行教育扶贫。这个方式主要适合于贫困人口较集中的地区。

表4-5 经济学工作者对在教育方面通过人力资本超前投入进行扶贫的主要方式的判断

单位:%

主要方式	占比
为贫困人口提供教育扶贫津贴,对贫困学生实行从入学到毕业的全程全部资助	49.1
发展职业教育,并优先招收贫困家庭学生	45.3
增加贫困地区的办学经费	42.5
加强义务教育的控辍保学,防止适龄儿童失学辍学	36.8
提高贫困地区的教育信息化水平	33.0
加强乡村教师队伍建设	33.0
为贫困人口提供产业培训	27.4
普及高中阶段教育	19.8
帮助贫困家庭幼儿就近接受学前教育,解放劳动力	13.2

健康扶贫的根本目的是提升贫困人口的健康水平、减少贫困人口在医疗方面的支出。62.3%的经济学工作者认为,应该通过"加强贫困地区医疗卫生服务体系建设"来进行健康扶贫。55.7%的经济学工作者认为,应该通过"保证基本医疗保险对贫困人口的全覆盖"来进行健康扶贫。25.5%的经济学工作者认为,应该通过"为贫困人口提供重特大疾病医疗救助"来进行健康扶贫。这被认为是健康扶贫最主要的三个方式。

表4-6　经济学工作者对在健康方面通过人力资本投入进行扶贫的主要方式的判断

单位：%

主要方式	占比
加强贫困地区医疗卫生服务体系建设	62.3
保证基本医疗保险对贫困人口的全覆盖	55.7
为贫困人口提供重特大疾病医疗救助	25.5
加强贫困地区的疾病预防控制和公共卫生	22.6
为贫困人口提供膳食补助	19.8
加大对贫困人口的营养科普力度	14.2

（三）通过人力资本投入来减贫的主体

在中国的扶贫过程中出现了扶贫主体由单一化向多元化转变，随着企业和社会组织的加入，精准扶贫越来越注重发挥社会组织对扶贫的提质作用。另外，激发贫困人口的脱贫主动性也越来越重要，因此，贫困人口作为减贫主体日益受到重视。那么，在未来，通过人力资本超前投入来进行减贫的主体应该是哪些呢？

从调查结果来看，无论是教育扶贫还是健康扶贫而言，大部分的经济学工作者都认为，最重要的主体应该是政府。这与我国扶贫事业的历史发展过程是相吻合的，也体现了人们对于我国"大政府"的认同。

另外，对于社会组织能够发挥的作用，经济学工作者认为，其在教育扶贫和健康扶贫中是不一样的。44.3%的经济学工作者认为健康扶贫的主体应该是社会组织，但仅有5.7%的经济学工作者认为教育扶贫的主体应该是社会组织。经济学工作者对于社会组织、企业等非政府主体在教育扶贫中的认同度很低，说明了教育的特殊性。

表4-7　经济学工作者对教育扶贫主体的判断

单位：%

主体	占比	主体	占比
政府	89.6	个人	2.8
社会组织	5.7	企业	1.9

表 4-8　经济学工作者对健康扶贫主体的判断

单位：%

主体	占比	主体	占比
政府	84.9	企业	22.6
社会组织	44.3	个人	19.8

如果将 9 年义务教育扩展成 12 年义务教育，65.1% 的经济学工作者认为应该优先普及高中教育，34.9% 的经济学工作者认为应该优先普及学前教育。学前教育，更多的是把家庭照顾学龄前儿童的成年劳动力释放出来，而高中教育，则更有利于人口素质的提升。

（四）人力资本投入的成本分摊

对于人力资本投入的成本分摊，大部分经济学工作者认为，应该主要由国家承担，个人承担小部分。其中，50.0% 的经济学工作者认为本科教育的投入成本应主要由国家承担，个人承担小部分，在研究生教育上则有 40.6% 的人持有此观点。另一种观点占比较小一些，但也较有代表性，即认为人力资本投入的成本应该主要由个人承担，国家承担小部分（本科教育占比为 23.6%，研究生教育占比为 21.7%）。这说明，在未来一个阶段，国家仍然被期望为人力资本投入的最主要力量。

表 4-9　经济学工作者关于本科教育的投入与成本在国家和个人之间分配的判断

分配	占比
主要由国家承担，个人承担小部分	50.0
主要由个人承担，国家承担小部分	23.6
国家与个人对半分担	17.9
完全由国家承担，个人实质上免费接受教育（包括以奖学金的形式来弥补学费的支出）	7.5
完全由个人承担	0.9

表 4-10 经济学工作者关于研究生教育的投入与成本在国家和个人之间分配的判断

分配	占比
主要由国家承担,个人承担小部分	40.6
主要由个人承担,国家承担小部分	21.7
国家与个人对半分担	17.9
完全由国家承担,个人实质上免费接受教育(包括以奖学金的形式来弥补学费的支出)	11.3
完全由个人承担	8.5

这种判断,也与当前中国及发达国家通行的实践是一致的。有研究表明,当前的高等教育中,政府投入仍然是主要的来源。2005~2015年,在我国高等教育总投入中,政府投入平均占比为52.88%,社会投入平均占比为18.63%,家庭投入平均占比为28.49%。从发展趋势来看,2005~2015年,政府投入占比逐步增加,从42.46%增至62.30%;家庭投入逐步下降,从31.53%降至21.65%。发达国家也是类似的情况。以2014年为例,在OECD国家中,政府投入占高等教育总投入的比例平均为70%,欧盟22国该比例为78%。发达国家的政府投入在高等教育投入中的占比远高于我国。[1] 从这个角度来看,我国政府在人力资本积累中的投入水平还有上升空间。

附件:调查问卷

1. 您认为在全面建设小康社会上2020年能达到的进程是:

(10分位)

完成10%

完成20%

---

[1] 方芳、刘泽云:《2005~2015年我国高等教育经费投入的变化与启示》,《中国高教研究》2018年第4期,第78~85页。

完成 30%

完成 40%

完成 50%

完成 60%

完成 70%

完成 80%

完成 90%

完成 100%

2. 您认为，2020 年全面建设小康社会的各个内容和目标的完成程度如何？

	如期全部完成	完成大部分（75%左右）	完成一半左右	仅能完成一小部分（25%左右）	无法实现
经济保持中高速增长					
创新驱动发展成效显著					
人民生活水平和质量普遍提高					
国民素质和社会文明程度显著提高					
生态环境质量总体改善					
国家治理体系和治理能力现代化取得重大进展					
2020 年 GDP 和城乡居民人均收入比 2010 年翻一番					
农村贫困人口全部脱贫、贫困县全部摘帽，解决区域性整体贫困					

3. 您认为中国能够全面建成小康社会的原因是：

全面深化改革

中国 70 年经济发展的积累

抓住了经济全球化和全球产业转移战略机遇

"一带一路"战略的支持

中国共产党的领导

尊重和坚持了人民的主体地位,充分调动人民积极性

有不断发展的中国特色社会主义理论作为指导

中国特色社会主义文化的影响

有国家总体安全的保证

其他

4. 中国全面建成小康社会进程中的主要困难是:

国际外部环境恶化

新冠疫情的影响

经济增长动力不足

自主创新能力欠缺

其他

5. 您认为未来5年中美经贸关系的主流将是?

中美经贸关系走向全面对抗

中美经贸摩擦消失

中美经贸摩擦缓和

中美经贸摩擦持续恶化

6. 对于当前出现困难的中美经贸摩擦,您认为对中国短期经济的影响如何?

短期负面影响较大

短期负面影响较小

短期正面影响较小

短期正面影响较大

难以判断

7. 对于当前出现困难的中美经贸摩擦,您认为对中国长期经济的影响如何?

长期负面影响较大

长期负面影响较小

长期正面影响较小

长期正面影响较大

难以判断

8. 全面建成小康社会后进入全面建设社会主义现代化国家的第一阶段,着力点应当是:

维持必要的经济增速,进一步提升我国经济实力

大力推动自主创新,提升科技实力,使我国跻身创新型国家前列

进一步提高人民的收入水平,使人民生活更宽裕

解决好相对贫困问题

进一步缩小城乡区域发展差距和居民生活水平差距,基本公共服务均等化基本实现

基本实现国家治理体系和治理能力现代化

充分保障人民平等参与、发展的权利,使法治国家基本建成

进一步提升国家文化软实力

推进生态环境的根本好转

进一步深化对外开放,加强"一带一路"国际合作

9. 我国精准扶贫能够取得巨大成绩的原因是:

社会主义道路坚持以人为本的必然结果

我国多年快速发展形成的经济基础的支持

共产党的领导和中国政治体制、组织的保障

党中央和国务院的高度重视

精准有效的减贫方案和政策支持

政府强有力的财政投入

坚持开发式扶贫,以发展作为解决贫困的根本模式

基层干部的努力

企业和社会各界的帮扶

贫困群众的内生动力被激发出来

10. 当前中国扶贫工作的难点是：

贫困人口的自身发展意识欠缺，内生动力不足

贫困地区位置与自然环境制约

贫困地区干部工作能力欠缺

贫困人口受教育水平不高，技术能力短缺

贫困地区的基础设施水平低

扶贫政策不够完善，无法达到预期效果

扶贫工作存在形式主义、官僚主义等

难以有效化解因病因残致贫的难题

其他

11. 打赢脱贫攻坚战最主要的途径是：

通过发展产业来脱贫

通过转移就业来脱贫

通过易地搬迁来脱贫

教育扶贫，提高贫困人口基本文化素质和贫困家庭劳动力技能

健康扶贫，改善贫困地区医疗卫生服务能力，提高对贫困地区和人口的医疗保障水平

生态保护扶贫，扩大对贫困地区和贫困人口的生态保护补偿，使贫困人口通过参与生态保护实现就业脱贫

12. 人力资本投入最主要的内容应该包括哪些方面：

教育

健康

生态环境

其他

13. 在教育方面进行人力资本超前投入来扶贫的主要方式应该为：
增加贫困地区的办学经费
提高贫困地区的教育信息化水平
为贫困人口提供教育扶贫津贴，对贫困学生实行从入学到毕业的全程全部资助
加强义务教育的控辍保学，防止适龄儿童失学辍学
帮助贫困家庭幼儿就近接受学前教育，解放劳动力
普及高中阶段教育
发展职业教育，并优先招收贫困家庭学生
为贫困人口提供产业培训
加强乡村教师队伍建设

14. 在健康方面进行人力资本超前投入来扶贫的主要方式应该为：
为贫困人口提供膳食补助
加大对贫困人口的营养科普力度
加强贫困地区医疗卫生服务体系建设
保证基本医疗保险对贫困人口的全覆盖
为贫困人口提供重特大疾病医疗救助
加强贫困地区的疾病预防控制和公共卫生

15. 教育扶贫的主体应该是：
政府
社会组织
企业
个人

16. 健康扶贫的主体应该是：

政府

社会组织

企业

个人

17. 如果将9年义务教育扩展成12年义务教育，您认为应该优先普及：

学前教育

高中教育

18. 本科教育的投入与成本，应该如何在国家和个人之间分配？

完全由国家承担，个人实质上免费接受教育（包括以奖学金的形式来弥补学费的支出）

主要由国家承担，个人承担小部分

国家与个人对半分担

主要由个人承担，国家承担小部分

完全由个人承担

19. 研究生教育的投入与成本，应该如何在国家和个人之间分配？

完全由国家承担，个人实质上免费接受教育（包括以奖学金的形式来弥补学费的支出）

主要由国家承担，个人承担小部分

国家与个人对半分担

主要由个人承担，国家承担小部分

完全由个人承担

参考文献

黄承伟、袁泉：《全面建成小康社会：习近平扶贫论述与中国特色减贫道路》，《China

Economist》2020 年第 1 期。

William, and G. Flanagan, *Urban Sociology: Images and Structure*, Fifth Edition, Washington DC: Rowman & Littlefield Publishers, 2010.

Banfield Edward C., *The Moral Basis of a Bankward Society*, New York: The Free Press, 1958.

《习近平在云南考察工作时强调：坚决打好扶贫开发攻坚战　加快民族地区经济社会发展》, http://cpc.people.com.cn/n/2015/0122/c64094-26428249.html? t = 1422180205334, 2015 年 1 月 22 日。

方芳、刘泽云:《2005～2015 年我国高等教育经费投入的变化与启示》,《中国高教研究》2018 年第 4 期。

第五章
精准扶贫相较传统扶贫的改进措施与经验借鉴

李旭泽　李资博[*]

从1949年新中国成立至2020年，我国扶贫之路已历经70余年，精准扶贫模式取得了举世瞩目的成果。本章在梳理新中国扶贫历程的基础上，总结了各个扶贫阶段取得的成果和经验，分析了传统扶贫模式存在的不足，指出了精准扶贫模式相较于传统扶贫模式在扶贫内容、扶贫手段、扶贫运作机制、扶贫方式方面的改进之处；同时对人力资本扶贫中的教育扶贫、医疗扶贫和社会保障扶贫进行了探讨，总结了在精准扶贫背景下产业扶贫和人力资本扶贫相对于传统扶贫模式的进步之处，并在此基础上归纳了产业扶贫和人力资本扶贫可供借鉴的经验。

关键词： 精准扶贫　传统扶贫　产业扶贫

一　引言

到2020年底，中国实现全面脱贫，完成了全面建设小康社会的任务，关于中国扶贫的学术研究成果已经汗牛充栋。对于中国扶贫阶段的划分，不

---

[*] 李旭泽，中央民族大学经济学院硕士研究生，研究方向：民族经济发展与扶贫；李资博，中国社会科学院大学经济学院本科生，研究方向：劳动经济学。

同学者有不同的视角,但大体上分为小规模救济式扶贫(1949~1978年)、体制改革式扶贫(1978~1985年)、开发式扶贫(1985~1994年)、国家八七扶贫攻坚战(1994~2000年)、整村推进式扶贫(2000~2013年)、精准扶贫(2013~2020年)六个扶贫阶段。本章旨在梳理传统扶贫所取得的经验和成果及其存在的问题,因此,不对传统扶贫阶段的划分做深入的讨论。20世纪末西奥多·W.舒尔茨提出的人力资本理论被引入中国,引起了多数学者对于扶贫实践的思考。传统扶贫模式中人力资本的投入相对较少,以物质资本投入为主,因此时常出现返贫现象,而人力资本投资不仅可以从根本上解决返贫问题,还可以阻断贫困的代际传递,人力资本扶贫对于稳定脱贫效果、持续推进脱贫攻坚有着十分重要的意义。因此,本章选取了精准扶贫模式中产业扶贫和人力资本扶贫两个最重要、最具有意义的方面与传统扶贫模式进行比较,试图探讨其有待改进之处,并提出相关建议。

本章在对传统扶贫模式界定的基础上,梳理了中国传统的扶贫模式在各个时期的扶贫方式、扶贫特点及其存在的不足,阐述了精准扶贫中产业扶贫和人力资本扶贫的进展及作用机制,发现相较于传统的扶贫模式,产业扶贫有利于促进基础设施建设,更加注重要素的集聚性及产业的协同发展。产业扶贫更加注重发展贫困地区的特色产业,注重品牌效应的提升以及市场竞争力的增强,并且在扶贫运作机制上,产业扶贫更加注重以政府为主导、市场为导向、企业为牵动,多主体共同参与,突出扶贫过程中贫困户的主体性。在精准扶贫背景下,人力资本扶贫更加注重教育扶贫中"以人民为中心"的理念,并采取"扶志"与"扶智"、"输血"式与"造血"式相结合的方式;同时,政府加大了对贫困地区的资源与政策倾斜力度,以加快贫困地区的医疗扶贫进程;在社会保障方面,政府通过建立健全社会保障机制来全方位、精细化地保障贫困人口的身心健康与合法权益。在推动精准扶贫的同时要注意产业扶贫和人力资本扶贫之间的内在联系,两者是辩证的、互为依托的关系,产业扶贫是人力资本扶贫的物质基础,而人力资本扶贫是产业扶贫接续推进的基础,因此,产业扶贫离不开人力资本扶贫的投入,而人力资本扶贫的投入又依赖于产业扶贫提供的物质基础。

二 中国传统扶贫模式界定

传统扶贫是相较于新时代精准扶贫而产生的概念。2013年11月习近平总书记在湖南湘西花垣县十八洞村考察时提出了精准扶贫的新时代扶贫概念，2014年1月，中共中央办公厅、国务院办公厅发布《关于创新机制扎实推进农村扶贫开发工作的意见》，提出建立精准扶贫工作机制。新中国成立之后直至精准扶贫概念提出之前的扶贫统称为传统扶贫。传统扶贫是相对于精准扶贫的广义概念，总体上可以划分为救济式扶贫、体制改革式扶贫、开发式扶贫、国家八七扶贫攻坚战、整村推进式扶贫五个阶段[1]，不同阶段的扶贫模式各有特点，同时也存在局限。我国的扶贫工作是在不断优化、改进的，是一脉相承的，精准扶贫也可以看作是传统扶贫模式的进一步优化。

三 中国传统扶贫模式历史回顾与面临的困境分析

1949年新中国成立以来，本着为人民服务的宗旨，为实现共同富裕的目标，我国走过了70余年的扶贫之路，不同阶段的扶贫工作都取得了丰硕的成果，每个阶段的扶贫模式都带有明显的时代特征，因此，在总结不同阶段扶贫工作经验的同时，分析其存在的不足，对于下一阶段扶贫工作的顺利开展具有重要的意义。

（一）1949~1978年：救济式扶贫阶段

这一阶段，新中国刚刚成立，经济基础薄弱，生产力较低，整体上处于绝对贫困时期，扶贫任务十分艰巨。为改变农村地区的贫困落后面貌，我国围绕

---

[1]《我国扶贫工作的历程、经验与持续推进的着力点》，https://baijiahao.baidu.com/s?id=1647507155894831834&wfr=spider&for=pc，2019年10月6日。

土地改革、农民公社化运动、农村基础设施建设、农村基础教育、医疗卫生事业等方面采取措施，[1] 在一定程度上缩小了城乡贫富差距，有效阻断了收入的两极分化。但是，这一时期国家整体经济发展水平较低，财政收入紧张，还没有能力开展大规模扶贫救助，只能针对农村贫困群体、边远落后地区群体、因灾致贫群体、战争伤残群体开展小规模救济式扶贫。[2]

从1949年新中国成立到1978年改革开放前，我国扶贫工作进展缓慢，还没有从根本上改变农民的贫困现状。这一阶段，由于全国经济发展水平较低，财政收入紧张，只能通过制度创新和小规模救济式扶贫来缓解农村贫困问题，在取得一定成效的同时牺牲了经济效率，高度集中的计划经济和平均分配主义使得城乡资源错配。[3] 但是，中国共产党领导全国人民为解放和发展农村生产力做了不懈努力，我国农村生产力有了显著提高，绝大多数农村人口生活水平显著改善，为农村进一步的改革及扶贫工作的深入提供了良好的基础。

（二）1978~1985年：体制改革式扶贫阶段

1978年，中共十一届三中全会的召开标志着我国转向以经济建设为中心的正确轨道上，拉开了制度性改革推动减贫的序幕。首先，家庭联产承包责任制取代了人民公社集体经营制度，极大地解放和发展了农村生产力；其次，国家通过市场化改革农村生产、分配和购销价格制度，提高了农产品价格，增加了农民收入，极大地提高了其生产积极性，促进了农村地区的经济发展；[4] 最后，在农村地区开办的乡镇企业，成为该时期农村经济增长的主要推动力量。[5]

---

[1] 朱小玲、陈俊：《建国以来我国农村扶贫开发的历史回顾与现实启示》，《生产力研究》2012年第5期，第30~32+261页。

[2] 杨建海、曹艳：《新中国减贫脱贫的历程、经验与前瞻》，https://www.gmw.cn/xueshu/2020-11/26/content_34405904.htm，2020年11月26日。

[3] 杨宜勇、吴香雪：《中国扶贫问题的过去、现在和未来》，《中国人口科学》2016年第5期，第2~12+126页。

[4] 汪三贵：《中国的农村扶贫：回顾与展望》，《农业展望》2007年第1期，第6~8页。

[5] 姚彩玲：《共同富裕目标下扶贫模式的优化：从传统扶贫到精准扶贫》，深圳大学学位论文，2018。

这一阶段的改革，在保持农业集体经济所有制基本性质的基础上，成功避免了因土地私有化而必然产生的土地兼并及农民收入两极分化等问题；通过市场机制把全国潜在的农村富余劳动力解放出来，为城市工业化的快速发展提供了充足的劳动力支撑，构建了基于贫困人口受益的持续经济增长模式和有利于贫困地区经济发展的动力机制。[①] 这是我国由"被动的救济式扶贫模式"向"主动的开发式扶贫模式"的重要转折。

（三）1985~1994年：开发式扶贫阶段

为了进一步减少贫困人口，降低贫困发生率，彻底改革救济式扶贫模式，1987年发布了《国务院关于加强贫困地区经济开发工作的通知》，出台了一系列优惠政策，设立了专项扶贫资金，通过基础设施建设和特色产业培育，增强贫困地区以及贫困人口的自我发展能力，从而形成了以"促进区域增长"的开发式扶贫战略。[②] 这一阶段的扶贫模式主要依靠国家的专项扶贫资金支持，是对贫困地区的"输血"式帮扶。这一阶段是我国扶贫历史上贫困人口减少最快的时期，平均每年减少640万贫困人口。

开发式扶贫是通过区域的经济增长来降低贫困发生率。随着贫困人口的减少，这一开发式扶贫模式效果逐渐减弱，其不足也日益显现。首先，开发式扶贫是由政府主导的扶贫模式，贫困人口和基层组织以及社会力量参与较少，没有建立从市场和社会筹集动员力量的制度；其次，在政策实施过程中，效果大打折扣，且部分政府行为和市场存在冲突，导致贫困人口难以分享区域经济增长的红利；最后，过分关注脱贫数量和速度而忽视了质量，只关注贫困户的短期收入，对其长期稳定创收方面关注不足，同时在医疗、教育、卫生等方面关注也不足。

---

① 李振兵：《新中国70年扶贫减贫事业的历程与经验》，https://www.cqrb.cn/content/2019 - 09/26/content_ 209838.htm，2019年9月26日。
② 王朝明：《中国农村30年开发式扶贫：政策实践与理论反思》，《贵州财经学院学报》2008年第6期，第78~84页。

(四) 1994～2000年：国家八七扶贫攻坚战阶段

有学者将这一时期的扶贫工作分为前后两个阶段，以国家政策为依据，将国家扶贫政策的调整作为划分节点。为此，笔者依据这种划分方式，对这一阶段的扶贫工作进行了梳理。

为了进一步解决农村贫困问题，缩小东西部地区差距，实现共同富裕的目标，1994年，国务院印发《国家八七扶贫攻坚计划》。这一阶段剩余的8000万未脱贫人口主要集中分布在青藏高原、西北黄土高原、西南大石山区等自然条件极其恶劣的地区，为此国家加大了扶贫开发投入力度，明确了扶贫工作责任制度，并建立了东部沿海地区与西部欠发达地区的对口支援帮扶机制。① 国家专项安排了贫困地区九年义务教育资金和新增财政扶贫资金，以增强贫困地区和贫困人口的自我发展能力，是由"输血"式扶贫模式向"造血"式扶贫模式转变的开始。

这一阶段的扶贫工作虽然取得了巨大的成效，但是由于时代局限性，其不足也十分明显。首先，这一时期的扶贫政策未摆脱计划经济的影响，政策需要层层审批与论证，实施环节众多且繁杂，② 同时制度建设滞后，如贫困人口如何进入信贷市场、贫困人口如何获取劳务市场信息、贫困人口培训等制度的建设明显滞后；同时，由于没有有效、透明的监管，出现扶贫资金被挤占、挪用的现象。其次，贫困人口缺乏独立发展的能力。最后，在推进区域开发式扶贫的过程中，对资源与环境的保护不足，造成了部分贫困地区环境恶化。③ 因此，这一阶段贫困人口虽然减少得快，但是返贫率高，贫困地区资源与环境承载力下降。

(五) 2000～2013年：整村推进式扶贫阶段

进入新世纪，我国贫困人口大幅度减少，贫困人口分布呈现贫困县里有

---

① 韩广富：《当代中国农村扶贫开发的历史进程》，《理论学刊》2005年第7期，第85～88页。
② 王蓉：《我国传统扶贫模式的缺陷与可持续扶贫的战略选择》，《农村经济》2001年第2期，第8～10页。
③ 段应碧：《中国农村扶贫开发：回顾与展望》，《农业经济问题》2009年第11期，第4～9页。

贫困村，非贫困县里也有贫困村的点、线、片分散性强的特点，这极大地增加了扶贫工作的难度，大规模开发式扶贫模式已难以奏效，因此，必须要探索新的扶贫方式。

国务院于2001年颁布了《中国农村扶贫开发纲要（2001—2010年）》，以贫困村为目标，将其作为重点对象推进扶贫开发工作。这一举措的实施，使得新时期扶贫工作更加具有针对性，扶贫精度更高，形成了社会扶贫、国家扶贫、国际扶贫的多维度大扶贫格局。[1] 在沿用以往扶贫模式的基础上，政府引入了社会扶贫和国际扶贫两大渠道，吸引了更多的扶贫主体参与，极大地丰富了扶贫渠道。同时，国家在产业扶贫、易地搬迁、保障性扶贫制度、特困区扶贫攻坚等方面积极探索，[2] 并取得了良好的成效，为我国后续扶贫工作的开展打下了坚实的基础。

整村推进式扶贫模式是一种综合型扶贫开发模式，实现了从"输血"式扶贫到"造血"式扶贫的转变。[3] 但是，整村推进式扶贫模式在实施过程中仍然存在不足，新时期扶贫工作再次陷入了困境。首先，作为一种参与式扶贫模式，农民的积极性没有被完全调动起来，很大一部分扶贫项目的开展仍靠政府发挥主导作用，脱贫效果并不理想。其次，在项目的制定、实施、监督、评估等环节，农民参与度低、认可程度低，由于信息不对称，并且缺乏监督、考核、评估等机制，也无法杜绝资金的挪用、浪费和其他违规行为。最后，整村推进式扶贫模式旨在通过农民参与，提高农民的组织化程度，但在项目实施过程中未能形成某种组织形式，组织化程度并没有提高，较易因天灾人祸等出现返贫现象。

相较于新时代的精准扶贫模式，以上传统意义上的扶贫模式在各个阶段都取得了显著的成效，但也存在不足。梳理各个阶段扶贫模式的特点，分析其存在的不足，可为新时期精准扶贫的开展提供宝贵的经验。

---

[1] 李文槟：《我国农村扶贫理论与政策演进的研究（1978~2018）》，陕西师范大学学位论文，2018。
[2] 龚晓宽：《中国农村扶贫模式创新研究》，四川大学学位论文，2006。
[3] 韩国民、高颖：《西部地区参与式扶贫与农民专业合作社发展的互动研究》，《农村经济》2009年第10期，第116~118页。

四　精准扶贫相较于传统扶贫的改进

2013年11月习近平总书记在湖南湘西花垣县十八洞村考察时提出了精准扶贫的新时代扶贫概念，指出"扶贫要实事求是，因地制宜。要精准扶贫，切忌喊口号，也不要定好高骛远的目标"。① 到2020年底，中国现行标准下农村贫困人口已实现全部脱贫，贫困县已全部摘帽，区域性整体贫困已经解决，我国扶贫工作取得了举世瞩目的成就。这些成就的背后是党和政府对过往扶贫工作经验的总结，因此，分析新时代精准扶贫相较于传统扶贫的改进之处，具有十分重要的现实意义。

（一）扶贫方式对比

传统扶贫模式主要依靠改革开放之后的体制改革和大规模区域开发来促使经济增长，带动贫困地区和贫困人口脱贫。但受经济基础、经济体制等因素影响，我国难以开展大规模扶贫，只是针对部分地区、部分人群及特殊人群等开展小规模的救济式扶贫，直至改革开放我国开启了体制改革之后的扶贫攻坚之路。

这一时期主要通过基础设施建设、劳务输出、移民搬迁、教育保障、科技投入、产业扶贫、社会扶贫等方式开展扶贫工作。在基础设施建设方面，注重基本农田、公共服务设施建设以及对农村环境的改造；在劳务输出方面，主要倾向于对贫困人口的职业技能培训和结对劳务协作，提高贫困人口的技能；在移民搬迁方面，主要把贫困人口搬迁到自然环境相对优越的地区，对原地区实施退耕还林还草政策，以达到保护环境的目的；在教育保障方面，对贫困地区实施九年义务教育、成人教育、职业教育等政策，提高贫困人口文化素质，增强其脱贫能力；在科技投入方面，注重对科学技术的推

---

① 《习近平赴湘西调研扶贫攻坚》，http:/news.xinhuanet.com/politics./2013-1103/_117984236. htm, 2013年11月3日。

第五章 精准扶贫相较传统扶贫的改进措施与经验借鉴

广,在一些地区通过建立科学扶贫示范基地来开展科技扶贫;在产业扶贫方面,因地制宜发展种养业,推动农业产业化经营,这一时期的产业扶贫以传统农业为主;在社会扶贫方面,国家支持农产品加工企业、资源开发型企业参与扶贫工作。

新时期精准扶贫方式相较于传统扶贫方式,更加细化和多样化,主要围绕产业发展、教育脱贫、社会协作、易地搬迁、转移就业、健康脱贫、生态保护、兜底保障及区域发展等展开,更加注重脱贫的可持续性和精准性,建立了兜底机制,保障了脱贫人口不返贫。在产业发展方面,在延续传统的农林产业培育的基础上,推进了电商扶贫、旅游扶贫及资产收益扶贫,更加注重新型扶贫产业的培育;在教育脱贫方面,不仅关心贫困地区人口的文化素质,而且关心其卫生健康问题,建立了完善的教育公共服务体系;在社会协作方面,形成了东西部企业对口帮扶的机制,引入了国际合作帮扶机制,极大地丰富了社会协作的内容,增强了社会扶贫的力度;在易地搬迁方面,因地制宜安置易地搬迁贫困人口,并且在迁入地培育优势产业,增加贫困人口的内生脱贫动力;在转移就业方面,不仅提供职业培训,而且加大对返乡创业的支持力度,极大地增强了贫困人口的内生脱贫动力;在健康脱贫方面,进行卫生体制和改革,建立完善的公共卫生服务体系,对贫困人口进行分类救治;在生态保护方面,建立了稳定的生态保护投入机制及多元化的生态补偿机制;在兜底保障方面,建立了农村最低生活保障制度、贫困地区基本养老保障以及残疾人关爱服务体系,保证不落一户、不落一人;在区域发展方面,对集中连片特困地区进行重新规划,使贫困地区基础设施建设和新型城镇化发展相融合。

新时期精准扶贫在总结传统扶贫工作经验的基础上,更加注重贫困地区的可持续发展能力以及贫困人口的内生脱贫动力,并且对于贫困人口予以更加精准的识别,实施精准帮扶、精确管理。[①]

[①] 《从传统扶贫,到精准脱贫——论三大攻坚战之"精准脱贫"》,https://www.sohu.com/a/212711491_99970165,2017年12月25日。

(二) 人力资本扶贫对比

相较于传统扶贫而言，精准扶贫更加注重对人力资本的投入，更加关注贫困人口的内生脱贫能力与可持续脱贫动力。人力资本是相对于物质资本而言的，是指劳动者因获得教育、培训、实践经验、迁移、保健等方面的投资而形成的知识和技能的积累，也称为"非物质资本"。[①] 现代人力资本理论认为，导致国家、地区、个人贫困的根本原因不在于物资资本的短缺，而在于缺乏专业的技能知识、高水平的教育、健康等高质量的人力资本投入。随着我国扶贫攻坚的不断深入，人们越来越认识到人力资本扶贫对于脱贫的可持续性以及阻断贫困代际传递的重要性。

1. 教育扶贫

知识改变命运，学习成就未来。教育是促进贫困地区经济发展和社会进步的根本途径，是贫困人口阻断代际贫困传递、摆脱愚昧落后的有效方式，具有从根本上治理贫困问题的战略意义。[②] 从1949年新中国成立到2012年，中国政府为解决农村人口文盲率高、适龄儿童入学率低等问题，成立了中央扫盲工作委员会指导扫盲工作，在改革开放之前，受经济条件、自然灾害等多方面因素的影响，未能开展大规模的教育扶贫投入；在改革开放之后，中国政府高度重视教育工作的开展，先后颁布了《关于扫盲工作的指示》《中华人民共和国义务教育法》《中国教育改革和发展纲要》等，以促进扫盲、义务教育等工作的开展，并将义务教育写入了《中华人民共和国宪法》，这一时期扫盲和教育普及工作取得了前所未有的成绩。进入21世纪之后，教育普及工作由"基本普及"向"全面普及"推进，义务教育由"一费制"转向"完全免费"，由严重不均衡转向均衡，到2012年实现了义务教育的全面普及，教育严重不均衡问题基本得到解决。传统意义的教育扶贫，是从国家宏观层面予以推进的，主要目的是扫除文盲与普及教育，属于"大水

---

① 金英姬、韩鹏、高宇、侯树斌：《基于人力资本理论农民增收问题研究》，《经济师》2011年第5期，第20+23页。

② 傅佑全：《教育扶贫是实施精准扶贫国家战略的根本保障》，《内江师范学院学报》2016年第5期，第80~83页。

漫灌"式的,是从整体上改变贫困地区的教育面貌,但不能因地制宜、因时制宜地推动教育扶贫。因此,传统的教育扶贫方式较为粗放,没有建立系统的教育扶贫理念和法制体系。党的十八大以来,为了避免教育扶贫中"撒胡椒面"的现象,防止教育扶贫政策的形式主义,教育扶贫政策由贫困地区("线")转向教育最薄弱领域和贫困个体("点"),教育扶贫走向了"精准式"扶贫。[1] 2014 年国务院扶贫办等《关于印发〈建立精准扶贫工作机制实施方案〉的通知》,对精准扶贫工作做出了全面部署,各地政府充分发挥主观能动性,调动多元主体参与精准教育扶贫,建立了有效的、系统化的教育扶贫体系。例如,湖北省从 2015 年底开始全面启动了精准教育扶贫计划,包括精准改造、精准招生、精准资助、精准就业和精准培训五个方面,建立了包括学前教育、基础教育、职业教育、继续教育等多层次、多类型教育在内的精准教育扶贫体系,精准教育扶贫项目细化到各个领域,如学前教育三年行动计划、农村义务教育学生营养改善计划、农村贫困地区定向招生专项计划和乡村教师支持计划等。[2] 教育部制定了《教育脱贫攻坚"十三五"规划》、国务院扶贫办制定了《深度贫困地区教育脱贫攻坚实施方案(2018—2020 年)》,[3] 多部门的积极响应形成了新时期精准式教育扶贫模式,保证了扶贫政策惠及贫困地区的每一所学校、每一位教师、每一个学生,保障了贫困地区人人有学上、家家有希望,极大地提高了教育扶贫的精准度。[4] 教育扶贫政策体系已经由贫困地区和贫困群体转向家庭或个体,形成了由区域导向型、群体导向型和个体导向型组成的立体式教育扶贫政策体系,实现了各类贫困人口教育扶贫政策全覆盖,实现了由"面"到"线"再到"点"的粗放式教育扶贫到精准式教育扶贫

---

[1] 余应鸿、赵伶俐:《由面到点:教育扶贫政策的中国经验》,《理论与改革》2020 年第 5 期,第 50~60 页。
[2] 陈燕凤、夏庆杰:《中国多维扶贫的成就及展望》,《劳动经济研究》2018 年第 2 期,第 70~93 页。
[3] 代蕊华、于璇:《教育精准扶贫:困境与治理路径》,《教育发展研究》2017 年第 7 期,第 9~15+30 页。
[4] 王嘉毅、封清云、张金:《教育与精准扶贫精准脱贫》,《教育研究》2016 年第 7 期,第 12~21 页。

的转变。

精准扶贫时期，教育扶贫做到了精准改造、精准招生、精准资助、精准就业和精准培训，将物质扶贫与精神扶贫相结合。可以看到精准扶贫背景下教育扶贫是"扶质、扶智与扶志"相结合的改进，① 即物质扶贫与精神扶贫相结合。

2. 医疗扶贫

1949 年新中国成立到改革开放之前，我国扶贫的重点为解决贫困人口温饱问题，在卫生服务方面着重解决传染病问题，因此这个阶段基本上没有医疗扶贫。1978 年改革开放之后，由于体制改革，我国经济迅速发展，1994 年国务院提出提高农村地区医疗服务水平、预防和减少地方病等。到 2001 年地区乡镇卫生院完成了改造与重建，地方缺医少药的情况得到改善，这也是中国医疗扶贫的起步阶段。2002 年之后，国务院明确要求将医疗扶贫纳入扶贫计划，并且逐年加大对医疗扶贫领域的资金投入。通过定向免费培养、人才社会保障及职称评定激励等政策，为贫困地区培养实用型医疗卫生人才，并通过对口帮扶、远程医疗、社会救助活动等政策推动医疗扶贫的深入。② 2013 年以后，医疗领域的扶贫进入了深化发展阶段。自 2014 年起国家规定贫困人口必须 100% 参合，并且对于建档立卡的贫困人口，除由民政、卫生计生、残联等部门分别资助外的，其余建档立卡的贫困人口，当年度个人参合缴费由当地政府根据实际情况给予适当的资助。政府加大了在基本医疗政策、大病保险政策、医疗救助政策方面的倾斜力度，建档立卡的贫困人口经转诊后住院实际补偿比可以达到 90%。同时，进一步完善了建档立卡的贫困人口大病专项救治政策，采取建档立卡的贫困人口家庭医生签约服务、优化便民利民医疗服务等措施。③ 这体现了精准扶贫背景下医疗扶贫

---

① 田波、柳长兴：《人力资本视角下的"志智双扶"问题研究：后扶贫时代的扶贫治理》，《重庆理工大学学报》（社会科学）2020 年第 2 期，第 66~76 页。

② 蒋祎、田尧、蒲漪然、廖俊怡、袁君、洪富露、高申：《中国医疗领域健康扶贫政策的历史沿革与现状分析》，《中国农村卫生事业管理》2019 年第 2 期，第 88~92 页。

③ 陶ülkoner坤、金辉：《新型农村合作医疗制度的反贫困效应及完善策略——基于江西省的实证研究》，《中州学刊》2017 年第 7 期，第 67~72 页。

日趋全面化、精准化、个性化,医疗扶贫的成效得到了极大的提高。同时,国家加强贫困地区医疗机构建设,深化医疗机构之间的对口帮扶机制,增加医疗机构的硬件设施,并对重点人群的家庭提供医生签约服务。国家注重贫困地区的医疗人才培养和引进,完善贫困地区人才保障制度,加大资金投入力度;运用大数据建立患者医疗数据服务平台,并对重大疾病进行分类治疗,对于持卡入院的贫困人口,医疗机构提供保障,可以先诊疗后付费。

精准扶贫时期的医疗扶贫更加深化,加大了医疗扶贫领域的资金投入,增加了医疗机构,改善了医疗硬件设施,运用大数据建立了医疗信息服务平台,使得贫困人口看病更加便捷,有效解决了贫困人口因病致贫返贫的问题。

3. 社会保障扶贫

国家在"七五"计划中首次阐述了社会保障体系相关内容,主要包括社会保险、社会救济、社会福利、社会优抚等,在十六届四中全会将社会救济改为社会救助,这标志着我国正式建立社会保障体系。此后,中国社会保障制度建设缓慢,2007年7月,国务院发布《关于在全国建立农村最低生活保障制度的通知》,标志着农村最低生活保障制度正式建立。2009年,国务院颁布了《关于开展新型农村社会养老保险试点的指导意见》,决定采取个人缴费、集体补助、政府补贴等方式筹集资金,设立基础养老金和养老金个人账户。[①] 在2013年之前,我国社会保障扶贫推进缓慢,且收效甚微。2014年之后,我国加快了社会保障扶贫体系建设。2014年,发布《关于建立统一的城乡居民基本养老保险制度的意见》《社会救助暂行办法》等,提高了农村社会保障的水平以及政府补贴的标准,同时推动了农村和城镇最低生活保障、特困人员供养、医疗、教育、住房、就业、受灾人员救助、临时救助等八项社会救助形式的统一;2016年,国务院发布《关于整合城乡居民基本医疗保险制度的意见》,提出整合城镇居民基本医疗保险

---

① 刘玉安、徐琪新:《从精准扶贫看完善农村社会保障制度的紧迫性》,《东岳论丛》2020年第2期,第74~82页。

和新型农村合作医疗,建立统一的城乡居民基本医疗保险制度,保障城乡居民公平享有基本医疗保险待遇。① 完善的农村社会保障体系,不仅能保障农民基本生活和维持社会稳定,还能维持劳动力再生产。在精准扶贫阶段,中国社会保障扶贫在农村养老保险、农村医疗保险和医疗救助、农村社会救助、农村社会福利等方面有了长足的进步,但是我国的社会保障扶贫体系仍不够健全。

(三) 产业扶贫对比

所谓产业扶贫就是以市场为导向,以龙头企业为依托,利用贫困地区所特有的资源优势,逐步形成"贸工农一体化、产加销一条龙"的产业化经营体系,持续稳定地带动贫困农民脱贫致富的一种扶贫方式。② 相较于传统的产业扶贫模式,精准扶贫下的产业扶贫在模式、内容、手段、机制方面进行了改进,实现了产业扶贫从"输血"式向"造血"式的转变。

1. 产业扶贫模式的改进

随着产业扶贫理论的完善以及产业扶贫实践的推进,产业扶贫模式趋于多元化且分类方式多种多样,但至今尚无统一的标准,比较成功的有以下类型:按照扶贫产业类型划分,主要有旅游扶贫、特色种养业扶贫、资产收益扶贫、林业扶贫、光伏扶贫、生态农业扶贫等;③ 按照产业组织模式划分,主要有龙头企业带动型、基地带动型、中介组织联动型、专业合作社或大户带动型、电商平台带动型等"N+贫困户"④ 多方参与治理模式;按照产业收入性质划分,可归纳为贫困人口从事简单事务的直接带动模式、依靠工资收入的就业创收模式、参与分红的资产收益模式和以上三种模式结合的混合

---

① 《国务院关于整合城乡居民基本医疗保险制度的意见》(国发〔2016〕3号),2016年1月12日。
② 全承相、贺丽君、全永海:《产业扶贫精准化政策论析》,《湖南财政经济学院学报》2015年第1期,第118~123页。
③ 向延平、陈友莲:《我国农村精准扶贫最优选择:资产收益扶贫模式》,《内蒙古农业大学学报》(社会科学版)2016年第6期,第17~20页。
④ 胡振光、向德平:《参与式治理视角下产业扶贫的发展瓶颈及完善路径》,《学习与实践》2014年第4期,第99~107页。

带动模式等四类扶贫模式。①

长期以来,受自然条件、资源禀赋及贫困人口过度分散化等因素影响,各地根据自身特点形成了各具特色的扶贫产业模式。打破了传统产业扶贫的单一化模式,避免了传统产业扶贫中存在的"水土不服"现象,极大地提升了产业扶贫的成效。

2. 扶贫内容的改善

传统扶贫产业作为扶贫支柱产业和优势产业,带动力不强,特色不够突出,很难形成规模经济和品牌效应,同时由于缺乏高科技的支撑,产业扶贫专业化水平不高。另外扶贫产业的相关绩效考核并不精准。而在精准扶贫背景下的产业扶贫通过升级改造现有的传统产业,提升了特色产业品牌效应,使得产业发展更加规范化、科学化;实施部门绩效考核和贫困户脱贫情况考核,完善了脱贫绩效考核机制,使得扶贫更加精准。

3. 产业扶贫手段多样化

传统产业扶贫帮扶资金支持力度不够,由于贫困地区多数位于西部地区,高水平的科研技术人员十分缺乏,而贫困户对专业技能的掌握度不足;同时,贫困地区交通、信息等闭塞等造成了市场信息滞后、扶贫信息不对称和销售渠道不畅等诸多问题。自精准扶贫理念提出之后,我国加大了资金支持力度,积极打造高素质扶贫人才队伍,强化贫困户人员技能培训工作,同时,及时沟通消除信息孤岛、拓宽产品销售渠道。

4. 改进产业扶贫运作机制

传统产业扶贫模式由政府主导、龙头企业拉动,很难调动贫困户的积极性,脱贫效果不显著,难以打通脱贫攻坚的"最后一公里路"。在精准扶贫理念提出之后,产业扶贫运作机制由政府和企业为主体转变为政府、企业、村两委、贫困户多主体联动,将贫困户作为主体引入脱贫运作机制,使其变被动接受为主动参与,形成企业与贫困户的利益联结机制。政府积极转变职

---

① 朱道才、刘锦:《产业扶贫研究进展及对脱贫攻坚的启示》,《内蒙古农业大学学报》(社会科学版) 2019 年第 6 期,第 65~70 页。

能，做好规划、资金安排和监管等工作，不再大包大揽，根据地方特色做好产业规划、将产业资金安排到户，并实施精准监管。① 通过扶贫运作机制的转变，建立了有效的产业扶贫监督机制，并且使贫困户在脱贫过程中由被动参与变为主动利益联结，极大地调动了贫困户的积极性。

精准扶贫时期产业扶贫将生产要素有机结合起来，与传统产业扶贫不同，其将贫困户的土地等生产要素吸纳进来，通过精准发展产业实现稳定增收；与此同时，还与当地的特色产业紧密结合，对贫困人口进行技能培训，使其掌握劳动技能、学会实用技术。② 在改进产业扶贫作用机制之后，贫困户由间接受益者转变为直接受益者，其顺理成章地成为脱贫主体参与产业精准扶贫，与各扶贫主体共同致力于脱贫致富。贫困户在产业精准扶贫中集主体和客体于一身，成为脱贫致富的关键切入点。③ 贫困户由"要我脱贫"转变为"我要脱贫"，完成了主客体角色的转换，其脱贫致富动力增强。另外，精准扶贫模式下农户监督和反馈的积极性被调动起来，可以促进精准扶贫政策的调整以及真正实现贫困户获益。

5. 由"输血"式扶贫转向"造血"式扶贫

通过对比可以看出，产业精准扶贫相较于传统产业扶贫有了质的变化，由传统的"输血"式扶贫转向"造血"式扶贫。传统的产业扶贫没有中间环节，直接将钱打到贫困户的卡上，可以较好地体现公平，但是，没有针对这种方式的有效的资金用途监督机制；并且传统的产业扶贫不容易形成规模效应，效率很低；由于专项资金有限，分配至每一个贫困人口的资金很少，很难实现贫困人口的可持续脱贫。④ 这种产业扶贫模式被称为"输血"式扶贫。产业精准扶贫优势突出。产业精准扶贫在提高贫困人口收入水平的同时，注重贫困户自身的发展，为贫困人口提供技术培训，使贫困人口稳

---

① 刘建生、陈鑫、曹佳慧：《产业精准扶贫作用机制研究》，《中国人口·资源与环境》2017年第6期，第127~135页。
② 陈鑫：《产业精准扶贫作用机制及风险防范研究》，南昌大学学位论文，2018。
③ 庄天慧、陈光燕、蓝红星：《精准扶贫主体行为逻辑与作用机制研究》，《广西民族研究》2015年第6期，第138~146页。
④ 李荣梅：《精准扶贫背景下产业扶贫的实践模式及经验探索》，《青岛农业大学学报》（社会科学版）2016年第4期，第1~4+20页。

定持续脱贫。首先,通过精准到户实现贫困户的增收。地方扶贫产业的发展可通过流转租金收入等使贫困户获得长期稳定的收入;可通过提供更多的岗位,使贫困户有稳定的收入;① 通过产业发展和政府补贴,帮助贫困户获得一定收益。在此过程中,产业是关键,是精准扶贫的有效支撑。② 其次,通过精准到户提升贫困户的自我发展能力。③ 在产业精准扶贫模式下,将扶贫精准到户,并通过提升贫困户的自我发展能力实现脱贫。④ 贫困户通过产业技术培训能与产业扶贫紧密相连,并通过提升自身素质,实现脱贫。最后,通过产业精准扶贫实现共同富裕。贫困地区的产业快速发展,能带动地方经济发展,政府要鼓励企业参与产业精准扶贫,通过产销一体化,在促进产业快速发展的同时促进经济发展,实现贫困户的脱贫和共同富裕。⑤ 由"输血"式扶贫转向"造血"式扶贫,提升贫困户自身的发展能力,以"干中学"的模式提升其可持续脱贫的能力,从而有效避免返贫问题性生。

6. 产业扶贫由"漫灌式"转向"滴灌式"

传统的产业扶贫是基于区域大规模开发以及整村推进而展开的,因此,只停留在村级层面,这种大水漫灌、跑冒滴漏、"手榴弹炸跳蚤"的产业扶贫方式不能对贫困户采取针对性措施,大多数贫困户积极性不高,产业扶贫效果一般。⑥ 产业精准扶贫由粗放式转向精准式,大力推进"一村一品"、"一乡一业"、宜农则农、宜菜则菜、宜果则果、宜草则草、宜牧则牧、宜

---

① 杜振华:《乡村振兴战略下农村产业扶贫现状及发展对策研究》,浙江工商大学学位论文,2018。
② 马宁、郭丽华、韩学伟:《精准扶贫视域下河北省产业扶贫研究》,《合作经济与科技》2019年第15期,第36~37页。
③ 孙鲁云、谭斌:《新疆少数民族贫困户自我发展能力评价研究》,《湖北民族学院学报》(哲学社会科学版)2018年第6期,第88~95页。
④ 宁静、殷浩栋、汪三贵、刘明月:《产业扶贫对农户收入的影响机制及效果——基于乌蒙山和六盘山片区产业扶贫试点项目的准实验研究》,《中南财经政法大学学报》2019年第4期,第58~66+88+159~160页。
⑤ 杨燕曦:《产业精准扶贫作用机制研究》,《环渤海经济瞭望》2020年第9期,第25~26页。
⑥ 陈恩:《产业扶贫为什么容易失败?——基于贫困户增能的结构性困境分析》,《西北农林科技大学学报》(社会科学版)2019年第4期,第87~95页。

林则林，同时积极发展休闲农业和乡村旅游等新业态；通过产业发展激发生产经营活力、确保贫困户受益，同时注重从产业项目、支撑体系、融资方式三方面予以把握和推进；① 由此看出，产业精准扶贫通过村一级精准到达贫困户，使得扶贫对象聚力到户，切实将资源配置到一家一户，通过利益纽带与贫困户形成联结，精准识别贫困户致贫原因，因贫施策，调动贫困户的积极性，从而达到帮助其摆脱贫困的目的。

五　经验借鉴

1949 年新中国成立至 2020 年，中国用 70 余年的时间完成了全面小康社会的建设，使全国人民摆脱了绝对贫困，是人类历史上的伟大壮举。扶贫对象逐步精准集中、扶贫主体由单一走向多元、扶贫政策机制逐步脱虚向实、脱贫方式由外生输血式转向自我造血式，这形成了中国扶贫政策路径演进的基本规律。② 总结精准扶贫中人力资本扶贫与产业扶贫方面的经验对于我国扶贫工作的深化具有重要的意义。

（一）人力资本方面

1. 教育扶贫

要始终坚持以人民为中心，强化为人民服务的理念，精准教育扶贫是扶贫工作的突破口，是提高贫困群体技能、激发贫困地区经济活力的关键。首先，要持续加大对农村地区、民族地区、贫困地区的职业教育支持力度，保证人人有学上，户户有可持续脱贫的动力；其次，要重视政府、市场和社会高度统一，充分发挥不同主体的特长和优势，做到互有侧重、互相补充，让"输血"式扶贫与"造血"式扶贫有机结合，着力提高教育扶贫的针对性和

---

① 高惺惟：《基于人力资本理论的精准扶贫路径探讨》，《中国市场》2016 年第 39 期，第 91~94 页。
② 陈宝胜、石淑花：《中国扶贫政策模式变迁及其演化逻辑》，《福建行政学院学报》2017 年第 5 期，第 30~39 页。

实效性；最后，要注意教育扶贫方式的改革创新，突出教育扶贫的重点，并且在实施过程中要确保精准，不断总结经验。[①]

2. 医疗扶贫

在医疗方面，继续推进农村医疗保障制度改革，加强农村医疗资源配置，保障一定人数范围内配备与城市居民同等的医疗资源。首先，要持续加大对农村地区的医疗资金投入，合理配置医疗设备，改变农村地区医疗设备陈旧的状态；其次，要继续完善对口帮扶机制，动员社会各界的力量，为农村地区引入足够的人才，加快农村地区的医疗人才队伍建设，完善基层的医疗服务体系；最后，要继续精准识别因病致贫的对象，完善"政府主导＋市场＋社会组织/企业＋个人"的医疗保障扶贫联动机制，[②] 同时进一步完善医疗救助模式，改进定点医院的医疗质量管理机制。

3. 社会保障扶贫

目前，我国农村社会保障体系仍然不健全，应不断完善农村社会保障体系，保障农民基本生活，维持社会稳定，维持劳动力的再生产。因此，不断完善我国农村社会保障体系具有重大的现实意义。首先，在保持我国在社会保障扶贫方面取得的成就的同时广泛借鉴其他国家社会保障相关的多元化治理模式；其次，解决由我国城乡二元结构造成的社会保障制度碎片化问题，增加面向贫困人口的服务供给，增强社会保障制度与减贫机制的关联度；最后，提升服务覆盖面、增加服务供给量、加快基础设施建设和加大公共财政投入，继续扩大"一站式服务平台"的范围，促进基层社会保障的协同化治理，这有利于针对贫困人口的社会保障政策的实施，增强社会保障促发展的作用。[③]

[①] 王嘉毅、封清云、张金：《教育与精准扶贫精准脱贫》，《教育研究》2016年第7期，第12～21页。

[②] 张忠朝、袁涛：《医疗保障扶贫实施情况分析研究》，《中国医疗管理科学》2016年第4期，第10～15页。

[③] 左停、赵梦媛、金菁：《路径、机理与创新：社会保障促进精准扶贫的政策分析》，《华中农业大学学报》（社会科学版）2018年第1期，第1～12＋156页。

(二) 产业扶贫方面

第一,继续完善贫困地区基础设施,集聚生产要素,增强发展的协同性。扶贫产业的发展离不开配套的基础设施和生产要素的支撑。首先,继续完善产业发展所需要的基础设施。在满足产业发展需求和群众生产生活需要的基础上,全方位加快交通、水利、能源、物流、信息等基础设施建设,优先推进资源合理开发、旅游开发和产品销售等具有重要拉动作用的乡村特色产业路径建设,提高农村清洁能源供应水平,构建以电子商务为重点的农村信息服务和物流网络,全面提高产业发展能力。[1] 其次,要加大力度集聚产业发展所需要的资源要素,优化要素组合和资源配置,加大政策资源、市场资源和社会资源的集聚力度,公正分配、统筹整合分散于各部门的各类扶贫资源,撬动、用好市场主体、民主党派、社会团体、大专院校等社会力量,把贫困地区的自然资源和技术、人才、信息、管理等要素集聚起来,形成有利于产业发展的外部效应。[2] 最后,建立健全产业发展所需的配套体系,统筹现有产业基础和未来产业发展,注重产业链、价值链的纵向延伸和横向拓展,加强产业体系、生产体系、经营体系建设,以及政策扶持、金融支持、科技服务、人才培养、机制创新等支撑服务体系建设,推动产供销、贸工农、经教科紧密结合,促进一二三产业深度融合,构建更为完善、稳定和可持续的产业发展体系。[3]

第二,实施差异化产业扶贫政策,因地制宜地开发符合各地特色的产业,不同地区要选择合适的产业开发模式,体现各地区的文化特色,以市场为导向,以产业开发为机制,发展独具特色的产业,力争形成品牌效应,推动贫困地区经济发展。首先,要培育壮大贫困地区特色产业,坚持错位竞争、差异发展,发挥特色资源比较优势,按照"宜农则农、宜林则林、宜

---

[1] 李俊杰、吴宜财:《民族地区产业扶贫的经验教训及发展对策》,《中南民族大学学报》(人文社会科学版) 2019 年第 5 期, 第 139~143 页。
[2] 刘平:《社会治理视角下产业扶贫发展路径研究》,《洛阳理工学院学报》(社会科学版) 2018 年第 3 期, 第 49~53 页。
[3] 吕开宇、施海波、李芸、张姝:《新中国 70 年产业扶贫政策:演变路径、经验教训及前景展望》,《农业经济问题》2020 年第 2 期, 第 23~30 页。

牧则牧、宜工则工、宜商则商、宜旅则旅"原则，高质量发展特色种养业，做大做强农产品加工业，积极拓展休闲农业和乡村旅游等新业态，大力扶持民族手工业、民族特色企业发展，打造一批竞争力强、辐射力强的龙头企业、生产基地、产业园区。① 其次，极力打造高水平产品供给线，以优质、安全、绿色为导向，加强农产品标准化体系建设，力争达到"人无我有，人有我优、人优我特"农产品供应水准，同时推广运用标准化、规范化的种养技术，建立健全农产品质量安全追溯体系，实现从农田环境、投入品、生产过程到加工、市场销售的全程标准化控制，为消费者提供更加丰富、优质和适销对路的产品，增强农产品持续供给能力。最后，加强品牌建设，树立品牌意识，实施品牌战略，加大品牌培育、推介、引导力度，强化农产品原产地保护，推进绿色食品、有机食品、地理标志农产品认证或登记，注重加强农产品生产、加工、流通企业和相关合作社的信用监管，重点推出一批具有较高辨识度、美誉度和占有率的产品，打造一批特色品牌、区域公共品牌。②

第三，转换扶贫运作机制，实现由政府主导、企业牵动、多主体共同参与，把贫困户作为主体放在突出位置，同时，将贫困户的生产要素整合到产业发展中，从而形成利益联结机制，调动贫困户脱贫的积极性，只有扶贫主体利益共享、风险共担，产业扶贫才具有稳定性和持续性。贫困户作为主角，要全程参与产业扶贫。一是让有竞争力的经营主体带动贫困户发展。二是通过"三变"改革等模式，让贫困户分享到更多的发展红利。③ 在这个过程中政府要当好服务员、协调员、引导员和设计员，即管理、引导、协调、设计、监管等工作，不再直接参与产业扶贫，给予产业发展更大的自主空间。④

---

① 朱海波、聂凤英：《深度贫困地区脱贫攻坚与乡村振兴有效衔接的逻辑与路径——产业发展的视角》，《南京农业大学学报》（社会科学版）2020年第3期，第15~25页。
② 郭晓鸣、虞洪：《具有区域特色优势的产业扶贫模式创新——以四川省苍溪县为例》，《贵州社会科学》2018年第5期，第142~150页。
③ 刘成：《我国农村贫困识别和帮扶措施的耦合研究》，华中师范大学学位论文，2019。
④ 殷治琼：《产业扶贫利益联结机制问题研究》，《现代商贸工业》2020年第36期，第5~6页。

实践经验与案例研究篇

第六章
基础设施建设与中国精准扶贫

陈奥阳[*]

改革开放以来，我国扶贫开发工作取得举世瞩目的成就，尤其是党的十八大之后，精准扶贫、精准脱贫基本方略的提出和相关战略决策部署，创新了扶贫工作机制和模式，为如期实现脱贫攻坚目标任务、全面建成小康社会奠定了坚实的基础。其中，贫困地区基础设施建设作为精准扶贫战略中的重要一环，为加快扶贫开发工作提供了重要保障。本章结合我国扶贫开发工作实践和典型案例，从经济基础设施和社会基础设两方面具体阐述了不同类型基础设施对我国精准扶贫、精准脱贫工作的影响机制：一是，经济基础设施的发展建设促进了农业综合生产能力和生产效率的提高，加强了贫困地区与经济中心的互动联系，加快了更多农村劳动力向城市的转移，还有效带动了特色种养业、农村电商、乡村旅游等特色产业及新兴产业的发展，极大地拓宽了非农就业渠道、增加了家庭收入，为贫困地区群众打开了脱贫致富的大门；二是，社会基础设施的完善提高了贫困地区人口的健康、教育等人力资本水平和可持续获得收入的能力，有效增强了其脱贫信心信念和脱贫内生动力，从根本阻断了贫困代际传递的链条。

消除贫困，改善民生，实现共同富裕，是社会主义的本质要求。改革开

---

[*] 陈奥阳，中国社会科学院大学经济学院硕士研究生，研究方向：基础设施发展与包容性增长。

放以来，我国始终把消除贫困放在重要位置，扶贫开发工作取得了举世瞩目的成绩，走出了一条中国特色扶贫开发道路。尤其是党的十八大以来，党中央、国务院以习近平新时代中国特色社会主义思想为指导，坚持以人民为中心的发展思想，坚持精准扶贫、精准脱贫的基本方略，举全党全国全社会之力，积极稳步有序推进扶贫开发工作，脱贫攻坚取得决定性成就。现行标准下的农村贫困人口从2012年底的9899万减少到2019年底的551万，贫困发生率由2012年底的10.2%降至2019年底的0.6%，区域性整体贫困基本得到解决，为2020年全国人民共同实现全面小康奠定了坚实基础。

经过长期探索创新和大量的实践验证，将贫困地区基础设施发展与完善融入扶贫开发工作机制已经成为脱贫攻坚战中一项重要的战略部署。中央政府及各部委对此非常重视，多次发布文件要求加快贫困地区基础设施建设，改善贫困地区基本生产生活条件，期望以完善的基础设施为基础，为贫困地区扶贫脱贫事业注入强劲动力（见表6-1）。那么基础设施的发展究竟有哪些减贫扶贫效应？特别是在我国，基础设施的发展又是如何促进贫困地区扶贫减贫工作取得巨大成就的？本章在现有文献基础上，结合我国扶贫开发工作实践及典型案例，重点分析基础设施发展在我国扶贫开发工作中的作用机制，进而阐述其对我国精准扶贫产生的重要影响。

表6-1 各部委发布的涉及基础设施的扶贫文件和相关内容

年份	发文机构	文件	相关内容
2001	国务院	中国农村扶贫开发纲要（2001-2010年）	进一步改善贫困地区的基本生产生活条件；加强贫困乡村的基础设施建设
2011	国务院	中国农村扶贫开发纲要（2011-2020年）	主要任务：基本农田和农田水利、饮水安全、生产生活用电、交通、农村危房改造、医疗卫生
2013	教育部等	关于实施教育扶贫工程的意见	改善边境一线学校及教学点基本办学条件；完善农村义务教育薄弱学校教学用房、学生宿舍等附属设施
2014	中共中央办公厅等	关于创新机制扎实推进农村扶贫开发工作的意见	重点工作：村级道路畅通工作、饮水安全工作、农村电力保障工作、危房改造工作、贫困村信息化工作等

续表

年份	发文机构	文件	相关内容
2016	国务院	"十三五"脱贫攻坚规划	第十章第三节:加强贫困地区重大基础设施建设;第四节:加快改善贫困村生产生活条件(全面推进村级道路建设、巩固提升农村饮水安全水平、加强贫困村信息和物流设施建设等)
2018	水利部	水利扶贫行动三年(2018-2020年)实施方案	着力推进贫困地区水利基础设施建设;全面解决贫困人口饮水安全问题;不断改善贫困地区水利基础条件;持续加强贫困地区灌溉排水设施建设等
2018	卫健委等	健康扶贫三年攻坚行动实施方案	提升贫困地区基层医疗卫生机构能力;全面改善设施条件;重点改善乡镇卫生院和村卫生室设施条件等
2019	交通运输部等	关于推动"四好农村路"高质量发展的指导意见	实施"脱贫攻坚补短板工程""乡村振兴促发展工程""凝聚民心助增收工程""统筹城乡提服务工程"等
2019	水利部	2019年水利扶贫工作要点	精准掌握农村贫困人口饮水安全状况;扎实推进农村饮水安全巩固提升工程建设;加强贫困地区农田灌排设施建设等

一 基础设施发展对减贫扶贫效应的文献综述

基础设施涵盖的内容十分丰富,马克思将基础设施表述为社会生产过程中"一般的共同的生产条件",同时将基础设施资本表述为"具有铁路、建筑物、农业改良、排水设备等形式的固定资本"。[①] World Bank 在 *World Development Report* 1994: *Infrastructure for Development* 中,把基础设施划分为经济基础设施(economic infrastructure)和社会基础设施(social

---

[①] 颜维海:《马克思关于基础设施的论述及其现代意义》,《改革与开放》2016年第13期,第101~103页。

infrastructure）两大类。经济基础设施是指长期使用的工程构筑设备设施及其为经济生产和家庭所提供的服务，具体包括公共设施（如电力、通信、管道、煤气、自来水、排污、固体垃圾收集与处理等）、公共工程（如大坝、水利工程、道路等）以及其他交通部门（如铁路、港口、河道、机场和城市交通等）等三种类型。社会基础设施则主要包含文化、教育、医疗、保健等。这种对基础设施的定义及分类也是目前应用最广泛的。

基础设施促进经济增长的重要作用已经被越来越多的经济学家及政府机构所认可。贫困本质上仍是经济增长问题，因此关于基础设施发展对减少贫困所发挥的作用也一直是经济学界关注研究的热点问题，国内外学者对基础设施减少贫困的作用机制、影响路径等都进行了大量的理论研究和实证分析，绝大多数学者的研究表明基础设施发展对减少贫困具有促进作用。R. Ahmed 和 H. Mahabub 证明乡村交通运输基础的完善能够提高农业生产效率，降低农业生产成本，促进农业产出增加，从而促进农村经济增长。[1] Fan、Hazell 和 Thorat 研究了印度基础设施与农村经济增长的关系发现，基础设施特别是灌溉、道路、电力和通信等类型的基础设施投资对农业产出起到显著的推动作用。[2] Winters 等认为在农村基础设施良好的国家，农民有更多的非农就业机会，能够获得更高的收入。[3] Gibson 在对多个发展中国家的农村基础设施数据进行实证分析后认为，农村基础设施建设对农民增加收入、减少农村贫困发挥了积极的作用。[4] Jahan 等研究了基础设施对农村减贫的作用路径，认为农村居民便捷地享受医疗和教育资源将是直接作用路径，而劳动生产率的提高和更多的非农就业机会则是间接作用路径。

国内学者对中国农村地区特别是贫困地区的基础设施的研究大多也表

---

[1] R. Ahmed and H. Mahabub, *Developmental Impact of Rural Infrastructure in Bangladesh*, *Research Report 83*, Washington: International Food Policy Research Institute, 1990.

[2] Shenggen F., Peter H. and Sukhadeo T., *Government Spending, Growth and Poverty in Rural India*, California: Sage Publications Ltd., 2014.

[3] Winters P., Davis B., Carletto G., et al., "Assets, Activities and Rural Income Generation: Evidence from a Multicountry Analysis," *World Development*, 2009, 37 (9).

[4] John G., "The Effect of Infrastructure Access and Quality on Non-farm Enterprises in Rural Indonesia," *World Development*, No. 38, 2009.

明，中国农村基础设施的建设与完善在发展非农经济、促进农村居民从事非农就业、增加农民收入、减少农村贫困等方面发挥着重要作用。S. Fan、L. X. Zhang 和 X. B. Zhang 通过实证研究表明，农村道路、通信、水利、电力等基础设施的投入对减少农村贫困效果显著。[1] 骆永民和樊丽明研究了中国基础设施增收效应的空间特征，表明基础设施存在明显的空间溢出效应，能够影响相邻省份农村居民的收入增加。[2] 刘晓光等基于劳动力转移的视角研究了基础设施的城乡收入分配效应，认为基础设施可以降低转移成本，促进农村劳动力向城市转移，进而提高农村居民收入，缩小城乡差距。[3] 刘生龙等[4]、席国辉[5]均发现农村自来水设施的可获得性对农村减贫具有显著的正向效应。张勋和万光华聚焦中国农村基础设施对包容性增长的影响，发现农村基础设施的发展不仅可以提高农村居民收入、缩小城乡差距，更重要的是可以改善农村内部的收入分配。[6] 汪德华等在评估20世纪90年代的"国家贫困地区义务教育工程"的绩效时发现，该工程通过完善校舍、教学设备等基础设施，明显提高了受益儿童成年后的受教育年限，并提升了他们成年后外出务工的收入水平，但受限于本地产业发展滞后等因素，成年后留在本地的受益群体从事非农职业的概率反而降低。[7] 可见，不同类别的基础设施对扶持贫困户、减少农村贫困的作用机制不同，本章基于经济基础设施和社会基础设施两大视角，着重阐述中国农村地区尤其是贫困地区的基础设施发展对中国扶贫开发、精准扶贫等的影响机制。

---

[1] S. Fan, L. X. Zhang and X. B. Zhang, "Growth, Inequality, and Poverty in Rural China: The Role of Public Investments," IFPR Research Report 125, 2002.

[2] 骆永民、樊丽明:《中国农村基础设施增收效应的空间特征——基于空间相关性和空间异质性的实证研究》,《管理世界》2012年第5期,第71~87页。

[3] 刘晓光、张勋、方文全:《基础设施的城乡收入分配效应:基于劳动力转移的视角》,《世界经济》2015年第3期,第145~170页。

[4] 刘生龙、周绍杰:《基础设施的可获得性与中国农村居民收入增长——基于静态和动态非平衡面板的回归结果》,《中国农村经济》2011年第1期,第27~36页。

[5] 席国辉:《农村基础设施的减贫效应》,西北大学硕士学位论文,2019。

[6] 张勋、万广华:《中国的农村基础设施促进了包容性增长吗?》,《经济研究》2016年第10期,第82~96页。

[7] 汪德华、邹杰、毛中根:《"扶教育之贫"的增智和增收效应——对20世纪90年代"国家贫困地区义务教育工程"的评估》,《经济研究》2019年第9期,第155~171页。

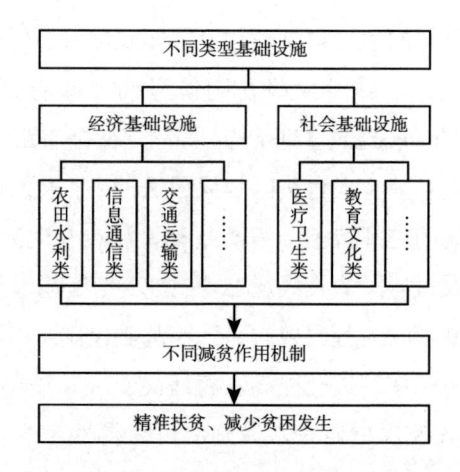

图 6-1 不同类型基础设施减贫机制不同

二 经济基础设施对精准扶贫的影响机制

党的十八大以来,为了破除制约贫困地区发展的基础设施瓶颈,党和政府加快贫困地区水利、信息、交通、电力等基础设施建设,推动城乡基础设施互联互通,为贫困地区经济发展创造了良好条件,也为打赢脱贫攻坚战提供了基础支撑。经济基础设施的发展和完善,加强了贫困地区与经济中心的联系,促进了农业综合生产能力的提高,还有效带动了特色种养业、农村电商、乡村旅游等特色产业及新兴产业的发展,极大地拓宽了就业渠道、增加了家庭收入,为贫困地区群众打开了脱贫致富的大门,把绿水青山变成金山银山。经济基础设施对精准扶贫、脱贫攻坚的影响机制具体如下。

(一) 农田水利类基础设施

1. 理论机制分析

贫困地区往往与外界联系不紧密,因此农业仍然是贫困地区的主要产业,种地是贫困人口的主要生存手段。长期以来,基础设施一直都被认为是农业发展的前提条件,其中灌溉设施直接关系到农业生产,与农作物的生产成本、产量质量息息相关，尤其是在自然条件恶劣的贫困地区显得更为重要。中国对农田水利设施的大力投入，极大地促进了贫困地区农业的发展，带动了当地农民经营性收入的增加，实现了农村减贫。农田水利类基础设施在精准扶贫中的作用具体如下。

第一，贫困地区多为自然条件恶劣、洪涝或干旱灾害频发的地区，给当地农民的农业生产带来了极大损失。农业基础设施作为一种公共产品，可以视为政府对农户私人投资的一种补贴，能够降低农户私人投资的成本。[①] 具体而言，水库、沟渠等农田水利设施的建设改善了贫困地区农业生产条件，保障了农业生产过程中的水源供给，增强了抵御自然灾害的能力，从而帮助农民减少灌溉设备、劳动力等个人要素投入，降低经营成本，提高生产效率，增加粮食产量，保证贫困家庭粮食自给能力，让贫困人口都能"吃得饱"。同时粮食产量的增加，使粮食富余成为可能，贫困家庭将富余粮食出售又可以增加农业收入，实现减贫。

第二，农田水利设施的完善提高了贫困地区农业的综合生产能力和生产效率，将当地农民从沉重烦琐的农业生产活动中解放出来，农民在田地劳作的时间大大缩减，有富余时间用于从事其他劳动。通过在本地实现非农就业或外出到经济发展好的地区务工，提高收入，减少农村贫困。

2. 典型案例分析

淠史杭灌区位于安徽省中西部大别山余脉的丘陵地带，横贯皖中，沟通江淮，是新中国成立后兴建的全国最大灌区。灌区内拥有 2.5 万里渠道、6 万多座渠系建筑物、1200 多座中小型水库以及 21 万多个塘堰，设计灌溉面积 1198 万亩，有效灌溉面积达 1060 万亩，惠及豫皖两省 2000 万人口。工程自 1959 年开始发挥效益，累计引水 1625 亿立方米，灌溉农田 4.56 亿亩，增产粮食 583.8 亿公斤，抗旱减灾效益约为 1400 多亿元。灌区优质的水源是 1330 万人的生命之源，是安徽省 1/3 的国民经济发展的用水保障，是维持灌区良好生态的源头活水，在全省经济社会发展中发挥着不可替代的巨大

---

① 曾福生、李飞：《农业基础设施对粮食生产的成本节约效应估算——基于似无相关回归方法》，《中国农村经济》2015 年第 6 期，第 4~12 页。

作用。尤其是党的十八大以来，在对滁河干渠（2017）和对淠河总干渠（2016）进行改造后，灌区内贫困地区农业生产抗旱减灾效益达870多亿元，年产粮食80亿斤，年产水稻60多亿斤，极大地促进了贫困地区农业节水增产和农民增收致富。除像淠史杭灌区这样的大型灌溉项目之外，众多小型灌区项目建设也在各地扶贫开发实践中起着积极作用，比如2016年建成的湖北省郧西县土门茶场喷灌工程，使80余名贫困人口脱贫致富；2018年建成的湖北省郧阳区月亮湖葡萄种植高效节水灌溉项目，受益贫困人口达200余名。

（二）信息通信类基础设施

1. 理论机制分析

长期以来，由于地处偏远、交通不便、经济落后等因素，贫困地区一直存在信息流通不畅、与外界联系困难等问题，这些地区信息获取难度大、渠道单一、利用率低，信息通信需求得不到有效满足，甚至很多地区获取信息仍主要靠大喇叭广播、亲朋好友之间口口相传等传统方式，这严重制约了当地的脱贫致富。改革开放以来，国家逐渐加快农村地区、边远山区的广播电视网、移动通信网络、互联网、信号基站等信息通信基础设施建设，尤其是党的十八大之后，国家大力实施网络覆盖工程，将网络设施延伸到贫困地区，促使电话、手机、电视、电脑在贫困地区的普及。目前，我国行政村通光纤、行政村通4G以及贫困村通宽带比例均已超过98%，大大改善了贫困地区信息化水平落后的状况。贫困地区的信息交流由单向传播向双向互动转变，农村居民不再是传统信息传播方式下的被动接受者，而是可以依靠网络主动搜寻查阅自己想要的信息，同时也可以在网络上发布信息，向外界传递自身的需求信息。

信息通信基础的改善缩小了城乡数字鸿沟，让更多困难群众用上了互联网，为贫困人口打开了连接世界、掌握信息、增收致富、改善生活的窗口。首先，贫困地区的农民可以通过互联网了解与农业生产有关的信息，如种植、养殖等农业技术信息，种子、农药、化肥等农业生产资料信息，气象与灾害预报防治信息，从而提高农业生产能力，提高生产经营效率，增加农作物产量；贫困地区的孩子们则可以通过互联网享受到优质的教育资源，获得更多先进的科学文化知识，提高学习质量，如正是得益于多年来贫困地区信息基础设施的不断完善，才使得当地的学生们在新冠肺炎疫情期间，仍然能够居家上课，没有落下主干课程。其次，信息通信基础设施的建设，使得当地农民能够及时了解农产品市场价格信息，解决信息不对称问题，在适当的时间出售农作物，能够提高农产品销售价格，增加家庭收入。最后，随着信息通信基础设施的完善，贫困地区的居民能够了解到更加丰富的就业信息，同时可以通过电话、手机等便捷地与家人取得联系，如此一来他们会更愿意外出务工，寻找工资水平更高的非农就业岗位，从而能够增加收入，减少贫困。

2. 典型案例分析

电信普遍服务是指任何人在任何地点都能够以负担得起的价格得到的电信服务。开展电信普遍服务是改善农村地区电信基础设施条件的重要途径，也是提升农村信息化发展水平的重大举措。2015 年，国务院办公厅印发《关于加快高速宽带网络建设推进网络提速降费的指导意见》，明确提出"持续支持农村及偏远地区宽带网络建设和运行维护，推进电信普遍服务工作"；2016 年，《"十三五"国家信息化规划》同样强调"充分发挥中央财政资金引导作用，深入开展电信普遍服务试点工作"。在国务院的统一领导下，财政部、工信部积极组织开展电信普遍服务工程试点工作，并由中国电信、移动及联通三大集团有限公司具体负责实施。

比如，在河北省政府、河北省通信管理局、保定市通信发展管理办公室的支持下，中国电信集团有限公司河北分公司积极主动地承接河北山区贫困人民的普遍服务工程，完成 146 个行政村总计覆盖 26125 户的光线宽带接入，推动 FTTH 覆盖公共服务机构 182 个，其中包括村委会 146 个、学校 16 个、医疗机构 19 个、图书馆 1 个，另外在山区新建 53 个基站，无线网络覆盖率达到 85% 以上。中国电信河北分公司提供的信息基础设施建设工程不仅让贫困山区村民用上了天翼高清电视，而且让村民更好地与外界相连，享受到远程教育、远程医疗等带来的实实在在的福利。村民通过在网络上学习新的种植技术，开发了新的产品，老师通过在线教育平台获得更丰富的教学素材，开阔了学生的视野。另外，网络给山区留守儿童与外地打工父母搭建了"沟通桥梁"，孩子每天都能与父母视频聊天，父母也可以及时了解孩子的学习生活状态。信息通信基础设施加强了孩子与父母之间的情感交流，极大地解决了山区父母外出务工创收的后顾之忧。

又如，中国移动宝鸡分公司在 705 个贫困村实施电信普遍服务光网建设和网络扶贫工程，使得 450 个贫困村具备上网条件，另外公司对已建成的 845 个行政村实施免费、降费、提供优惠资费的同时，还为村委会、卫生所、学校接入免费宽带，累计减免费用 228 万元。这样一来，扶风县、凤翔县等边缘山区的农民再也不用花费很长时间靠农用三轮车推着农产品走二三十里路去镇上出售，只需要将农产品集中到当地合作社，进行统一包装和销售即可。宝鸡市在全面实现宽带网络"校校通"的基础上，进一步加快教育信息化步伐，将优质教育资源输送到贫困乡村学校，让山沟里的孩子也能享受到优质教育资源。

（三）交通运输类基础设施

1. 理论机制分析

交通运输是扶贫开发和脱贫攻坚的基础性、先导性条件，加快实施交通扶贫脱贫攻坚，是实现精准扶贫脱贫的先手棋，是破解贫困地区经济社会发展瓶颈的关键。"要想富，先修路""道路通，百业兴"，可见道路等交通运输类基础设施在地区经济发展中扮演着重要角色。在广大农村，包括县道、乡道、村道在内的公路系统仍是最主要的运输方式，是农民群众安全便捷出行、促进农村产业发展和经济增长的重要基础，国家一直非常重视农村公路在扶贫开发工作中的作用。习近平总书记提出建好、管好、护好、运营好"四好农村路"工程，并强调"在一些贫困地区，改一条溜索、修一段公路就能给群众打开一扇脱贫致富的大门"。党的十八大以来，国家不断加快农村地区道路基础设施建设，2013~2018 年，全国新建改建农村公路超过 127.5 万公里，约 99.2% 的乡镇和 98.3% 的建制村通了沥青路、水泥路，以县城为中心、乡镇为节点、建制村为网点的农村公路交通网络初步形成，全国乡镇和建制村通客车率分别达到 99.1% 和 96.5% 以上，城乡运输一体化水平接近 80%。尤其是在贫困地区，支持改造建设了约 9.9 万公里干线公路（国家高速公路、普通国道、普通省道），新增了 5.1 万个建制村通硬化路，实现了具备条件的建制村 100% 通硬化路。同时，贫困地区具备条件的建制村通客车率逐年提升，2019 年底达到 99.1%。另外在西部边远山区实施了 309 个"溜索改桥"项目，帮助当地群众告别"溜索时代"。交通运输基础设施在扶贫开发中的作用具体如下。

第一，以往贫困地区的农村富余劳动力只能在周边乡镇打工，随着交通基础设施的完善，农村与城镇之间、边远地区与经济中心之间的通行时间大大缩短，农村居民出行越来越便利、活动范围越来越广。贫困地区交通类基础设施的建设和完善减少了流动障碍，降低了转移成本，促进了农村富余劳动力向城镇非农部门转移，提高了农村居民的工资性收入。农村劳动力不仅到周边地区打工更加方便，而且到更远的大城市务工也变得十分便利，可选择的就业机会越来越多，从而可以找到收入更高的工作，实现自身价值最大化。

第二，在我国贫困地区，农业生产经营仍然占据着十分重要的地位，农业收入仍然是贫困居民收入来源的重要组成部分。交通运输类基础设施的完善加强了农村贫困地区与外界的沟通，为一些大型的农用机械设备在贫困地区的应用和推广创造了良好的条件，改变了传统的农业生产方式，提高了农业生产效率。同时，交通运输类基础设施的建设降低了农产品的运输成本、交易成本，使得农产品的销售和交易更加方便、快捷，提高了农产品的商品化率，从而增加了农民的农业收入，减少了农村贫困。

2. 典型案例分析

西藏全区 350.6 万人口中，239.9 万人生活在农牧区，受青藏高原特殊自然条件和经济社会发展现状制约而长期处于贫困线以下的农牧民很多，因此西藏也一直是我国脱贫攻坚的主战场。党的十八大以来，交通运输部、西藏自治区政府及交通运输厅以高度的政治自觉，大力开展交通运输建设，不断完善交通运输系统，努力践行"不让一个农牧民兄弟在脱贫攻坚的道路上因交通问题掉队"的神圣使命。党的十八大以来，全区共安排实施农村公路项目 5911 个，新改建农村公路 7.09 万公里，总投资 1194.75 亿元。

2020年，在建项目全部建成后，所有具备条件的乡镇和建制村将全部通公路，通畅率将分别超过95%和76%。此外，全区467个乡镇和2014个建制村已通客车，做到了应通尽通。

在西藏交通工程建设中，交通运输部门发挥行业优势，在满足工程要求和标准的原则上，想方设法为促进农牧民群众创业、增收创造有利条件，优先吸纳当地劳动力参与建设、优先向当地群众购买砂石材料、优先使用当地的工程机械。据不完全统计，自实施脱贫攻坚以来，西藏交通建设项目共吸纳54.7万名各地农牧民务工，促进贫困群众增加劳务收入137.2亿元。另外，自治区路网质量和水平的显著提升，不仅有效解决了区内群众出行难、出行不安全的问题，而且让群众更加安全、畅通、便捷地走上了脱贫致富奔小康的道路，极大地提升了广大农牧民群众的获得感、幸福感和安全感。比如，朗县拉贡塘乡道是附近10个建制村群众前往牧场的必经之路，因年久失修出现塌方，严重影响当地群众出行。在交通部门的支持和干部群众的共同努力下，修好了60公里的道路，使2900余名群众受益。又如，阿里地区札达县达巴乡曲龙村的转场道路因象泉河上无桥梁连接而中断，该村牧民无法冬季转场。交通部门快速落实建设资金，组织人员艰苦施工，保质保量地建成了一条长922米的冬季转场道路，为当地群众便利出行、发展牧业提供了实实在在的交通保障。

（四）基础设施发展的综合效应

1. 理论机制分析

第一，农村基础设施在建设过程中会创造大量暂时性的就业机会，如农村道路、水利、电力等基础设施的建设需要施工人员，而建成之后基础设施的管理与维护则创造了较长期的就业岗位，如铁路巡查、车站卫生清洁等，这些工作岗位对劳动力素质要求不高，可以吸纳大量周边农村地区的富余劳动力，增加他们的家庭收入，从而减少贫困的发生。例如，2016年以来，单水利工程建设和管护就业岗位吸纳贫困家庭劳动力70万人次。

第二，农田水利设施的建设降低了贫困地区自然灾害的影响，提高了农业综合生产能力，增加了粮食产量。而粮食产量的增加使得贫困家庭解决了温饱问题，摆脱了对粮食种植的依赖，减少了粮食种植面积，为其他农作物的种植预留了空间。信息通信等基础设施的完善使得贫困地区的农民能够实时了解市场需求状况，并通过网络学习掌握其他农作物种植知识和技能。道路等基础设施帮助贫困地区的农民及时将农作物运输到目标地出售，因此更多的农民会选择种植收益好、利润高的油料、果蔬或经济作物，促进了农业种植结构的调整，从而提高了经营性收入，实现了减贫。

第三，随着道路、电力、信息等基础设施条件的改善，贫困地区与外界的联系日益紧密，加上廉价充足的劳动力，吸引了许多企业到农村地区投资办厂，为当地居民提供大量稳定的就业岗位。另外，基础设施的快速发展为贫困地区农村电商、休闲农业、乡村旅游等新兴产业的发展奠定了坚实的基础。农村电商让农产品通过互联网走出乡村，带动了农村特色产业发展，拓宽了贫困地区农业特色产品网上销售渠道，让贫困地区的优质农产品触达更多的消费者，从而帮助贫困人口增收脱贫。休闲农业、乡村旅游依托当地特色文化和旅游资源，开发特色文化和旅游产品，吸纳了大量闲置劳动力就地就业、参与经营，实现了生态环境保护开发、地区经济持续发展、基层群众增收脱贫等多重效益。

2. 典型案例分析

第一，新疆洛浦县纳瓦乡巴什尕帕村曾经是当地深度贫困村，由于地处偏远，村内基础设施严重不足，尤其是村内长期破损的道路主干道共计3公里，涉及村内3个小队。2018年以来自治区政府免费为当地村民提供水泥、砂石料等原材料和技术指导，大大改善了该村道路、电力等基础设施，为该村脱贫攻坚打下良好的基础。依托于不断改善的基础设施，2019年巴什尕帕村积极与新疆广汇集团对接，从广汇集团旗下汽车产业的合作伙伴中引入陕西乐车途汽车用品有限公司，在和田注册全资子公司和田西宝汽车用品有限公司，并在当地设立扶贫工厂，订单式生产汽车收纳筐、靠垫等编织品。和田西宝汽车用品有限公司则派出技术人员对村民进行培训，传授编织技术，很多村民经过学习技术越来越熟练，生产的产品也越来越好。

除了巴什尕帕村，新疆贫困地区的"水、电、路、气"及信息通信等基础设施均得到了显著改善，广汇集团也借此在多个贫困村建立了扶贫工厂，将普通农民转变为产业工人，以最直接、最有效的方式助力自治区打赢脱贫攻坚战。目前，扶贫工厂吸纳了2000余名贫困群众在家门口实现就业，当上了产业工人，人均月收入达到1500元左右，建档立卡贫困户脱贫1091户4500余人。预计扶贫项目全部达产之后，将实现2万多名贫困群众的就业脱贫，扶贫效果显著。

第二，贫困群众大多生活在交通落后、网络缺乏的边远山区，农特产品难以卖出、日常用品难以买进，直接影响了贫困群众的收入增长和生活质量。甘肃省陇南市聚焦25个特困片区，硬化通村公路11000多公里，全市行政村公路通畅率达到95%以上，投资5.9亿元加快乡村网络建设，实现了全市城区和乡镇4G网络全覆盖、试点贫困村宽带网络全覆盖，同时还积极实施"宽带进村流量补助工程"，解决了贫困群众无法上网和上不起网的问题。在此基础上，陇南市主动顺应"互联网+"发展大势，把电商扶贫作为精准扶贫的重要措施，探索形成了"一店带多户""一店带一村""一店带多村"的精准电商扶贫机制，为贫困地区群众增收脱贫创造了新路径。截至2019年底，陇南市累计开办网点1.4万家、实现电商销售总额达180多亿元、开展电商培训25万多人次、带动就业人数超过22万人，对贫困群众的人均收入贡献达到840元。陇南市显著的电商扶贫成效起到了很好的示范带动作用，据统计，全国学岭南电商扶贫示范县536个，占832个贫困县总数的64%。陇南也先后获得"电商扶贫示范市""2015中国消除贫困创新奖""2018全国十佳精准扶贫创新城市"等多项殊荣。

第三，海南琼中县红毛镇什寒村是海南海拔最高的村庄之一，森林茂密，溪流缠绕，自然风光迷人，但同时也曾经是一个极度贫困的村庄，104户522人的黎苗同胞中贫困户就有40户188人。为了切实解决什寒村贫困问题，琼中县整合各类涉农资金2000万元，加快进村道路修建，同时完善什寒村的环境卫生、村容村貌、村道户道、景观景点、文化广场、游客咨询中心等基础设施。2018年建设排水沟700米、挡土墙45米、户户通80米，进一步完善什寒村的基础设施，为发展乡村旅游奠定了良好的基础，该村先后荣获"2013年最美中国乡村""全国生态文化村"等称号。2018年什寒村接待游客12.9万人次，实现旅游收入1419.7万元，发展农家乐38家、小卖部 20 家。农民人均收入由 2009 年的不足 1000 元增至现今的 15000 元，有效带动了什寒农民群众脱贫致富。目前，什寒村贫困人口已全部脱贫，昔日的贫困小村庄蜕变为"最美中国乡村"，成为琼中生态旅游脱贫的成功典范。

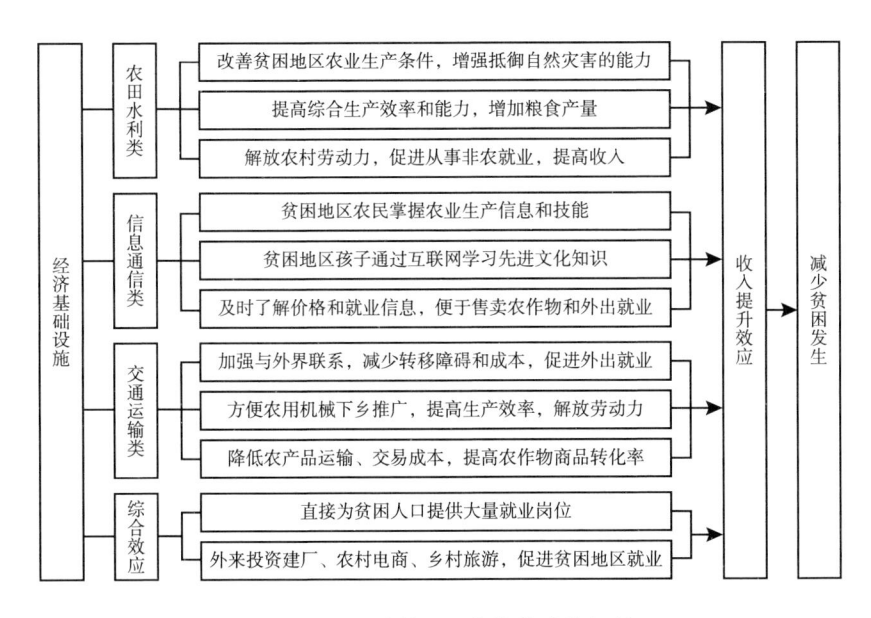

图 6-2 经济基础设施扶贫减贫机制

三 社会基础设施对精准扶贫的影响机制

贫困地区的产业发展、经济增长固然可以通过涓滴效应减少贫困人口，但这只是中国扶贫的直接经验。中国扶贫的深层经验在于中国持续地对人的发展的关注，将更多的资源投入对人的关怀和发展中，更加注重以生存权和发展权为基础的人力资本投入，即相对超前的人力资本投入。人力资本投入的核心要素是健康和教育，改革开放以来，尤其是党的十八大之后，党和政府加快贫困地区医疗卫生、文化教育等社会基础设施建设，着力提高贫困地区群众的人力资本水平。通过医疗卫生设施助力健康扶贫，降低贫困人口就医衍生成本，提高身体健康水平，增强收入获得能力，有效防止因病致贫、因病返贫现象的发生；通过文化教育设施助推教育扶贫，提高贫困地区办学条件和教育质量，提高贫困群众科技文化素质和工作就业能力，增强脱贫内生动力，从根本阻断贫困代际传递的链条。通过完善社会基础设施提高了贫困人口的人力资本水平，进而对扶贫开发、精准扶贫产生了深远影响。

（一）医疗卫生类基础设施

1. 理论机制分析

俗语常说"天怕乌云地怕荒，人怕疾病草怕霜"，疾病会对个人及家庭带来严重损失，也会对收入增加造成影响，使其陷入贫困。Nanayan 等指出，由于疾病容易降低家庭收入、增加治疗费用，并使得原本有收入的成员变成家庭负担，因此疾病成为家庭陷入贫困的根源之一。[1] 王弟海认为食物消费和营养摄入等健康资本得不到满足，将导致生产效率低下，经济陷入贫困。[2] 而对于原本生活就不富裕或者贫困的家庭来说，疾病可谓是"雪上加霜"，贫伴着病、病伴着贫，贫病交加，形成恶性循环。Jalan 和 Ravallion 对中国农村的研究发现，家庭成员的健康不佳是长期贫困，而不是暂时贫困的重要决定因素。[3] 刘国恩等对中国人口健康与个人收入和生产力的关系进行了实证研究发现，个人健康是决定中国人均收入的重要因素，而且农村人口比城市人口的健康经济回报更大。[4] 高梦滔和姚洋利用省份微观数据测算发现，大病冲击使得农户人均纯收入平均下降 5%~6%，并且这种影响是

---

[1] Nanayan, D., R. Chambers, M. K. Shah and P. Petesch, *Crying Out for Change*, Washington D. C.: World Bank, 2000.
[2] 王弟海：《健康人力资本、经济增长和贫困陷阱》，《经济研究》2012 年第 6 期，第 143~155 页。
[3] Jalan J. and Ravallion M., *Determinants of Transient and Chronic Poverty: Evidence from Rural China*, Washington D. C.: Policy Research Working Paper Series 1936, The World Bank, 1998.
[4] 刘国恩、William H. Dow、傅正泓等：《中国的健康人力资本与收入增长》，《经济学》（季刊）2004 年第 4 期，第 101~118 页。

长期的，负面影响平均要持续 15 年。[1]

可见，减少疾病影响、保持身体健康已然成为增加收入、摆脱贫困的必要条件。而众多研究表明医疗卫生设施对保障人民健康、减少贫困发生率起着积极作用。Jalan 和 Ravallion 利用印度的数据检验了自来水设施对农村儿童健康和家庭贫困的影响，结果发现，对于贫困家庭来说，自来水基础设施降低了儿童发生痢疾的概率，有助于家庭摆脱贫困。[2] 谢申祥等分析中国家庭跟踪调查（CFPS）2010 年和 2014 年的数据发现，基础设施的可获得性对农村减贫具有正向影响，尤其是农村自来水设施的可获得性对农村减贫具有显著的正向效应。[3] 席国辉的研究同样证明了自来水基础设施的可获得性能够显著减轻农村家庭陷入贫困的程度，一个家庭拥有自来水基础设施，可能会让这个家庭的贫困强度指数减少近 13.4%。[4] 党中央、国务院坚持"以人为本"的思想，高度关注贫困地区人民群众的身体健康，聚焦深度贫困地区和卫生健康服务薄弱环节，加大政策供给和投入支持力度，积极推进各医疗卫生、环境保护等基础设施及公共服务的建设，开展了安全饮水工程、农村厕所改造等一系列医疗卫生设施建设工程，使得农村的医疗卫生面貌发生了翻天覆地的变化。根据国家统计局公布的第三次全国农业普查数据（2017），[5] 在卫生处理设施方面，2016 年末，91.3% 的乡镇集中或部分集中供水，90.8% 的乡镇生活垃圾集中处理或部分集中处理。73.9% 的村生活垃圾集中处理或部分集中处理，17.4% 的村生活污水集中处理或部分集中处理，53.5% 的村完成或部分完成厕所改造。在医疗机构方面，99.9% 的乡镇有医疗卫生机构，81.9% 的村有卫生室。贫困地区不断完善的医疗卫生基础设施在中国减贫扶贫历程中发挥着重要作用，为打赢健康扶贫攻坚战奠定了坚实的基础。

---

[1] 高梦滔、姚洋：《健康风险冲击对农户收入的影响》，《经济研究》2005 年第 12 期，第 15~25 页。
[2] Jalan, J., and M. Ravallion, "Does Piped Water Reduce Diarrhea for Children in Rural India?" *Journal of Econometrics*, 2003, 112 (1).
[3] 谢申祥、刘生龙、李强：《基础设施的可获得性与农村减贫——来自中国微观数据的经验分析》，《中国农村经济》2018 年第 5 期，第 112~131 页。
[4] 席国辉：《农村基础设施的减贫效应》，西北大学硕士学位论文，2019。
[5] 国家统计局：《第三次全国农业普查主要数据公报（第三号）》，http://www.stats.gov.cn/tjsj/tjgb/nypcgb/qgnypcgb/201712/t20171215_1563589.html，2017。

第一，以县级医院为龙头、乡镇卫生院为主体、村卫生室为基础的三级医疗卫生服务网络，承担着预防保障、基本医疗、卫生监督等任务，为农民获得基本卫生服务提供保障。农民身体不适或生小病，能够及时在当地就诊，及早发现身体问题并得到救助和治疗，避免病情进一步恶化，从而实现"小病不出村、常见病不出乡、大病不出县"，减少疾病治疗费用。安全饮水工程、农村"厕所革命"等公共卫生基础设施建设极大地改善了农村贫困地区居民的卫生环境和生活条件，有效提高了贫困家庭的健康水平，减少其患病概率和看病成本，从而保障农村贫困群众的收入。比如，自来水在农村贫困地区的普及，使得当地农民能够喝上干净水、放心水，提高了他们的用水质量；农村地区的厕所改造，使得农村居民的厕所不再简陋脏乱，不仅改善了如厕环境，而且有效杀灭了粪便中的寄生虫卵、细菌等，减少霍乱、痢疾、肝炎、蛔虫病等传染病的发生，极大地保障了贫困群众的身体健康。

第二，疾病一方面会造成看病费用增加、家庭收入减少等，另一方面会剥夺患病者的可行能力，降低其获取收入的能力，不仅对当前收入形成冲击，未来收入也可能会受到持久性影响，甚至发生代际传递。"身体是革命的本钱"，没有一个健康的身体，脱贫减贫都无从谈起。贫困地区往往以农业为主，农业劳动又主要是体力活动，这使得农民收入更加依赖于个人的体力和身体健康状况。[①] 贫困地区医疗卫生设施的建设与医疗服务体系的完善，不仅降低了农村贫困人口的患病概率从而减少医疗支出，更为重要的是可以增强农村居民抵御健康风险的能力，提高身体健康水平，从而提高劳动参与，持续提升收入，实现减贫。平均而言，健康状况每上升一个等级，农村居民劳动力参与的概率就会提高 3.48 个百分点，而且这种健康状况对劳动参与的影响对老年农村居民、女性农村居民来说更为显著。[②]

第三，距离农村居民较近的乡镇卫生院、村级卫生室等医疗机构除了承担治病、检查、提供药物等基本医疗卫生服务外，还是宣传医疗健康知

---

① 刘国恩、William H. Dow、傅正泓等：《中国的健康人力资本与收入增长》，《经济学》（季刊）2004 年第 4 期，第 101~118 页。
② 刘生龙：《健康对农村居民劳动力参与的影响》，《中国农村经济》2008 年第 8 期，第 25~33 页。

识、医疗服务政策的"堡垒"。通过宣传普及医疗健康、卫生保健、紧急救援、避孕节育、膳食营养等医学知识，可以有效提高农村居民自我保健和抵御疾病的能力，让常见疾病能够在农村地区得到更好的预防和控制。另外，通过宣传国家医疗服务政策，又可以解决因地方偏远而出现的政策不知情问题，让贫困群众真切地感受到党和政府的关怀和爱护，提升其获得感和幸福感。

2. 典型案例分析

陕西省汉中市是川陕革命老区和国家秦巴山连片特困地区之一，2017年实施精准识别后，全市有建档立卡贫困人口141405户393247人，贫困发生率13.5%。其中，因病致贫、因病返贫高达23897户30184人，分别占建档立卡贫困户及贫困人口的17%和7.7%，成为全市打赢脱贫攻坚战、决胜全面小康路上的一只"拦路虎"。汉中市主要通过精准识别因病致贫人口，建立贫困瞄准的管理机制；对贫困人口实施医保倾斜政策，让贫困人口看病少花钱；改善基层医疗条件，方便贫困人口就医；在全市范围内推进"互联网+健康扶贫"试点项目，让贫困人口看病更方便；做细做实慢病签约服务管理，增强贫困人口看病就医的获得感和幸福感等措施，实现了贫困人口"看得起病、看得好病、方便看病、少生病"。其中，汉中市大力统一建设拥有集体产权的村卫生室，按照分类配置、分批计划、分步实施原则，为镇卫生院先后配置CR、DR、心电图机、彩超、生化分析仪和救护车等硬件装备，极大地改善了基层卫生医疗条件，满足了困难群众基本医疗需求，助力健康扶贫取得了显著成效。

我国西部尤其是甘肃、宁夏和陕北一带，是历史上缺水最严重的地区。干旱缺水导致生态环境恶劣，光秃秃的黄土寸草不生，土地龟裂，河流干涸，有的村长期饮用碱水、苦水和细菌严重超标的不清洁水，经常诱发肠道传染病和多种并发症。这些都对当地的妇女儿童造成了严重的伤害，严重影响到人们的生存和发展。在全国妇联、中国妇女发展基金会牵头支持下，2001年开始实施的"母亲水窖"项目，不仅使得当地妇女能够打上干净水，而且培养了她们讲卫生的良好习惯，减少了介水疾病的发生，提高了群众的健康水平和生活质量。另外，改善后的供水系统为项目村实施沼气、厕所改造、蔬菜大棚、养殖牲畜等生产发展活动提供了基础，促进了该项目的可持续发展和当地妇女增收致富。

（二）文化教育类基础设施

1. 理论机制分析

治贫先治愚，扶贫先扶智。许多家庭之所以陷入贫困、难以摆脱贫困，一方面，是因为贫困地区产业发展滞后、就业机会和致富渠道少，另一方面，是因为教育落后，不具备劳动致富所需的知识和技能，摆脱贫困信心不足、能力不够、动力不强，而后者所造成的影响往往比前者更值得重视。许多学者都对基础教育、职业教育和工作经验等人力资本因素对贫困的影响进行了分析研究。一部分学者认为基础教育是影响农户贫困的核心人力资本，如 Denison 发现个体间收入差异中通常有 60% 是由教育差异引起的；Huffman 认为教育投资能够促进农民非农就业；① 都阳研究了教育对国内贫困地区农户非农劳动力供给行为的影响，认为非农就业不仅可以提高农户收入，还可以熨平其收入波动；② 刘生龙经过实证发现教育和经验对于中国居民的收入有促进作用，这意味着如果居民教育水平提高（尤其是低收入者教育水平提高），不仅可以为他们带来巨大的经济利益，而且有助于缩小收入差距；③ 程名望等认为教育所体现出的人力资本是影响农户收入水平的关键性因素，经过实证分析发现，东部地区的基础教育对贫困户收入的边际贡献最大，而西部地区的职业教育对贫困户收入的边际贡献最大。④ 也有一部分学者认为职业教育及职业技能培训是减少农村贫困的重要途径，如卢志刚、宋顺锋的研究结果发现，农民工的职业教育回报率为 9.81%，职业培

---

① Huffman and W. E.，"Farm and Off-farm Work Decisions: The Role of Human Capital," *The Review of Economics and Statistics*，1980（62），pp. 14 – 23.
② 都阳：《教育对贫困地区农户非农劳动供给的影响研究》，《中国人口科学》1999 年第 6 期，第 3 ~ 5 页。
③ 刘生龙：《教育和经验对中国居民收入的影响——基于分位数回归和审查分位数回归的实证研究》，《数量经济技术经济研究》2008 年第 4 期，第 75 ~ 85 页。
④ 程名望、Jin Yanhong、盖庆恩等：《农村减贫：应该更关注教育还是健康？——基于收入增长和差距缩小双重视角的实证》，《经济研究》2014 年第 11 期，第 130 ~ 144 页。

训在增加外出务工的农村劳动力的收入上作用更为明显;① 王德文等也发现,简单培训、短期培训和正规培训对农村迁移劳动力再流动都有显著作用,对其收入的影响分别为 1.4%、6.6% 和 16.4%;② 黄斌等通过实证研究发现,接受职业技术培训能使低收入群体的收入水平提高 62.2%,大力发展面向农村低收入群体的职业技术培训,可以缩小农村居民收入差距。③ 因此,从长远来看,要想从根本上消除贫困,就要通过教育提高贫困人口的科技文化素质,增强其脱贫致富的本领。

在中国农村地区,教育和经验回报率是以基础设施为前提的,基础设施可以显著地提高教育和经验的回报率。④ 随着农村教育经费的投入,尤其是对贫困地区的大力倾斜,整体来看农村的教育基础设施和办学条件不断完善,农村居民在当地就可以接受良好的教育,学习到有用的知识和技能,提高自身的人力资本水平,增强自身在劳动力市场的竞争力,拥有更多更优的非农就业机会和选择,从而获得更高更稳定的收入回报,有效防止返贫,从根本上实现农村减贫,阻断贫困代际传递的链条。在基础文化教育方面,国家积极推进新建、扩建或改造贫困地区学校教学用房、学生宿舍、体育场馆、餐厅、图书馆等基本设施,加强教学仪器设备、图书和艺术教育、体育卫生器材的配备,改善贫困地区学校及教学点基本办学条件;在边远贫困地区集中办学,建设了一批标准化寄宿制学校,不仅为贫困地区中小学生提供了良好的学习、生活和成长环境,而且极大地减轻了贫困家庭生活负担,解决了贫困地区中小学生上学远、家庭教育薄弱等问题;贫困地区学校宽带网络、多媒体教学设备等教育信息化基础设施的建设,促进了偏远地区乡村小学和教学点共享优质教育资源,提高了办学质量。部分贫困家庭的学子在接

---

① 卢志刚、宋顺锋:《农民工收入微观影响因素统计分析》,《现代财经》(天津财经大学学报) 2006 年第 10 期,第 77~81 页。
② 王德文、蔡昉、张国庆:《农村迁移劳动力就业与工资决定:教育与培训的重要性》,《经济学》(季刊) 2008 年第 4 期,第 1131~1148 页。
③ 黄斌、高蒙蒙、查晨婷:《中国农村地区教育收益与收入差异》,《中国农村经济》2014 年第 11 期,第 28~38 页。
④ 张勋、万广华:《中国的农村基础设施促进了包容性增长吗?》,《经济研究》2016 年第 10 期,第 82~96 页。

受基础教育学习之后选择参加高考,通过自己的努力考上大学,到经济发展条件较好的地区继续接受高等教育,不断提高自身的科学文化素质及就业能力,从而有能力留在城镇找到一份稳定且待遇较好的工作,获取更高的收入回报。据不完全统计,全国有近950万户贫困家庭出现了第一个大学生,2015年贫困地区每100个适龄青少年能上大学的将近达到30个,更多贫困家庭学生有机会接受高质量的教育,为他们改变个人及家庭的命运、实现人生出彩创造了条件。① 除基础教育之外,国家也大力发展职业教育,建设中、高等职业技术学校,部分无法顺利升入高中、大学的贫困家庭学子和其他贫困群众通过接受先进实用的技术技能培训,掌握一技之长,增强了就业能力和致富本领,同样可以增加收入,带动家庭脱贫。另外,贫困地区往往地处偏远,信息相对闭塞,生活在那里的农村居民思想观念还比较保守,甚至有部分贫困居民得过且过、安于现状、难思进取,企图长期靠政府救济度日,给扶贫减贫工作的展开带来了困扰。而教育基础设施的建设与完善可以帮助农村居民了解先进文化和技术,转变落后保守的观念,从而推动贫困居民解放思想、增强其脱贫内生动力,实现"既要富口袋,也要富脑袋"的目标。

2. 典型案例分析

2016年1月,国务院印发《全面改善贫困地区义务教育薄弱学校基本办学条件工作专项督导办法》,决定从2016年到2019年开展"全面改薄"专项督导工作,将重点督查学校布局是否合理、是否达到底线要求等,明确了"全面改薄"的20项底线要求,如一人一桌椅、一人一床位等,要求各地限期消除不该有的现象。

以嵩明县为例,2019年嵩明县义务教育学校实施"全面改薄"项目62个,总投资约1.5亿元,建成校舍3.33万平方米、运动场2.4万平方米,采购设备数量2.98万台(件、套),大力改善了农村义务教育学校办学条件,让农村孩子"有学上""上好学"。比如嵩阳三小通过改薄项目的实施,将不足200平方米的学校食堂扩大到2000多平方米,使得1000多个孩子能

---

① 朱之文:《扎实推进教育脱贫 着力阻断贫困代际传递》,《行政管理改革》2016年第7期,第4~10页。

在干净整洁的环境下就餐。又如，杨林中学的全面改薄项目除了改造教室和食堂，还增加了学生的浴室，让学生在学校期间也可以舒舒服服地洗澡。

除了基础教育，职业教育在扶贫攻坚战中也起着关键的作用，比如湖南省湘西州就把职业教育作为脱贫的突破口。为了支持职业教育发展，湘西州陆续投入20亿元，新建5所县（市）职业学校，改扩建3所县职业学校。仅2019年，全州职业学校占地面积就较上年增加11.05万平方米，校舍建筑面积增加3.57万平方米。依托于职业学校不断完善的基础设施，湘西州的职业教育也取得了显著成效，据统计，2019年，湘西州共开展短期职业技能培训200余期、培训3.4万多人次；全州职业学校共接待8476名建档立卡贫困户子女免费接受学历教育，为建档立卡的富余劳动力开展乡村游讲解员、电商等免费职业技能培训100余期，培训学员5698人。2020年，湘西州所有县（市）全部脱贫摘帽。

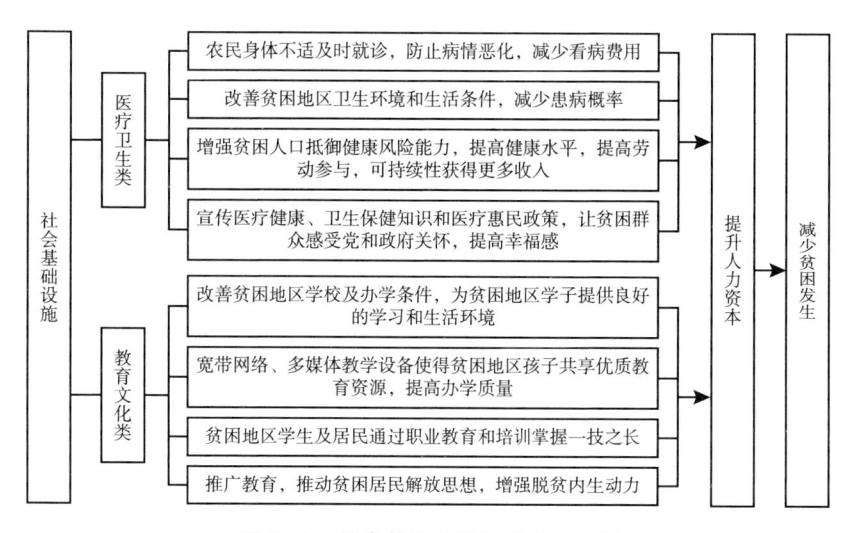

图6-3 社会基础设施扶贫减贫机制

四 结语

改革开放以来，尤其是党的十八大以来，我国扶贫开发工作取得举世瞩目的成就，其中基础设施的发展对贫困地区的减贫扶贫发挥了重要作用，为农村特别是贫困地区带去了人气、财气，也为党在基层凝聚了民心。一方面，不断完善的基础设施本身就是贫困地区脱贫的重要体现，另一方面，不同类型基础设施的发展和完善通过不同的作用机制对贫困地区精准扶贫产生了深远影响。

经济性基础设施的发展改善了贫困地区的基本生产生活条件，促进了贫困地区产业较快发展，增强了贫困地区经济活力和发展后劲，使得贫困群众就业增收渠道明显增多，自主脱贫能力稳步提高，具体表现在：①农田水利基础设施的完善，有利于增强抵御自然灾害能力，提高农业综合生产能力和生产效率，增加农作物产量，进而增加贫困居民经营性收入；②信息通信基础设施的完善，有利于缩小城乡数字鸿沟，帮助贫困地区农民了解农业生产的相关信息，掌握先进农业生产技术，提高农业生产能力，另外使得贫困地区的学子们有机会通过互联网享受到优质教育资源，提高学习质量；③交通运输类基础设施的完善，有利于加强贫困地区与经济中心的联系，降低农产品运输和交易成本，增加经营性收入，同时减少流动障碍和转移成本，扩大贫困地区群众活动范围，促进农村富余劳动力向城镇非农部门转移，提高工资性收入；④各项基础设施的建设与完善一方面直接为贫困人口提供了大量就业岗位，另一方面通过改善贫困地区基本生产生活条件，促进了特色农业、农村电商及乡村旅游等新兴产业的发展，为贫困地区经济可持续发展、群众增收脱贫注入了强劲的动力。

社会基础设施的发展和完善为贫困地区居民享受基本公共服务提供了重要的保障，切实提高了贫困人口的健康、教育等人力资本水平，有效增强了其脱贫信心和内生动力，极大地推动了贫困群众自力更生、自主脱贫，具体表现在：①医疗卫生类基础设施的完善，有利于减轻贫困地区居民的医疗费用负担，增强自我保健和抵御疾病的能力，提高身体健康水平，从而提高劳动参与，能够持续提升收入，同时基层医疗机构对国家医疗服务政策的宣传，让贫困群众真切感受到党和政府的关怀和爱护，提升其获得感、安全感、幸福感；②文化教育类基础设施的完善，有利于通过解放贫困居民落后思想和职业技能培训，使其掌握一技之长，增强致富创收本领，更重要的是，贫困

第六章 基础设施建设与中国精准扶贫

地区学校基本办学条件的改善不仅为当地孩子们提供了良好的学习、生活和成长环境，而且让更多孩子有机会通过自己的努力学习接受高等教育，提高其学历水平和综合素质，增强其在劳动市场的竞争力，从而增加了更多更优的非农就业机会和选择，使其能够获得更高更稳定的收入回报，从根本上阻断贫困代际传递的链条。

2020年是全面建成小康社会之年，虽然全面小康不是人人同样的小康，但如果农村贫困人口生活水平没有明显提高，全面小康也不能让人信服。党的十八大以来，以习近平同志为核心的党中央始终牵挂着千万农村贫困人口，并向全国人民许下"到2020年实现我国现行标准下农村贫困人口全部脱贫"的郑重承诺。当前，脱贫攻坚已进入决战决胜、全面收官的关键阶段，完善落实贫困地区基础设施发展规划、总结积累基础设施在扶贫开发中的成功经验是很有必要的，一是为打赢脱贫攻坚战、夺取全面建成小康社会奠定更加坚实的基础，二是可向世界推广中国扶贫减贫的宝贵经验、为全球减贫事业提供中国智慧和中国方案。

参考文献

颜维海：《马克思关于基础设施的论述及其现代意义》，《改革与开放》2016年第13期。

R. Ahmed and H. Mahabub, Developmental Impact of Rural Infrastructure in Bangladesh, Research Report 83, Washington: International Food Policy Research Institute, 1990.

Shenggen F., Peter H. and Sukhadeo T., Government Spending, Growth and Poverty in Rural India, California: Sage Publications Ltd., 2014.

Winters P., Davis B., Carletto G., et al., "Assets, Activities and Rural Income Generation: Evidence from a Multicountry Analysis," *World Development*, 2009, 37 (9).

John G., "The Effect of Infrastructure Access and Quality on Non-farm Enterprises in Rural Indonesia," *World Development*, No. 38, 2009.

S. Fan, L. X. Zhang and X. B. Zhang, "Growth, Inequality, and Poverty in Rural China: The Role of Public Investments," IFPR Research Report 125, 2002.

骆永民、樊丽明：《中国农村基础设施增收效应的空间特征——基于空间相关性和空间异质性的实证研究》，《管理世界》2012年第5期。

刘晓光、张勋、方文全：《基础设施的城乡收入分配效应：基于劳动力转移的视角》，《世界经济》2015年第3期。

刘生龙、周绍杰：《基础设施的可获得性与中国农村居民收入增长——基于静态和动态非平衡面板的回归结果》，《中国农村经济》2011年第1期。

席国辉：《农村基础设施的减贫效应》，西北大学硕士学位论文，2019。

张勋、万广华：《中国的农村基础设施促进了包容性增长吗？》，《经济研究》2016年第10期。

汪德华、邹杰、毛中根：《"扶教育之贫"的增智和增收效应——对20世纪90年代"国家贫困地区义务教育工程"的评估》，《经济研究》2019年第9期。

曾福生、李飞：《农业基础设施对粮食生产的成本节约效应估算——基于似无相关回归方法》，《中国农村经济》2015年第6期。

Nanayan, D., R. Chambers, M. K. Shah and P. Petesch., Crying Out for Change, Washington D. C.: World Bank, 2000.

王弟海：《健康人力资本、经济增长和贫困陷阱》，《经济研究》2012年第6期。

Jalan J. and Ravallion M., Determinants of Transient and Chronic Poverty: Evidence from Rural China, Washington D. C.: Policy Research Working Paper Series 1936, The World Bank, 1998.

刘国恩、William H. Dow、傅正泓等：《中国的健康人力资本与收入增长》，《经济学》（季刊）2004年第4期。

高梦滔、姚洋：《健康风险冲击对农户收入的影响》，《经济研究》2005年第12期。

谢申祥、刘生龙、李强：《基础设施的可获得性与农村减贫——来自中国微观数据的经验分析》，《中国农村经济》2018年第5期。

国家统计局：《第三次全国农业普查主要数据公报（第三号）》，http://www.stats.gov.cn/tjsj/tjgb/nypcgb/qgnypcgb/201712/t20171215_1563589.html，2017。

刘国恩、William H. Dow、傅正泓等：《中国的健康人力资本与收入增长》，《经济学》（季刊）2004年第4期。

刘生龙：《健康对农村居民劳动力参与的影响》，《中国农村经济》2008年第8期。

Huffman and W. E., "Farm and Off-farm Work Decisions: The Role of Human Capital," The Review of Economics and Statistics, 1980 (62).

都阳：《教育对贫困地区农户非农劳动供给的影响研究》，《中国人口科学》1999年第6期。

刘生龙：《教育和经验对中国居民收入的影响——基于分位数回归和审查分位数回归的实证研究》，《数量经济技术经济研究》2008年第4期。

程名望、Jin Yanhong、盖庆恩等：《农村减贫：应该更关注教育还是健康？——基于收入增长和差距缩小双重视角的实证》，《经济研究》2014年第11期。

卢志刚、宋顺锋：《农民工收入微观影响因素统计分析》，《现代财经》（天津财经大学学报）2006 年第 10 期。

王德文、蔡昉、张国庆：《农村迁移劳动力就业与工资决定：教育与培训的重要性》，《经济学》（季刊）2008 年第 4 期。

黄斌、高蒙蒙、查晨婷：《中国农村地区教育收益与收入差异》，《中国农村经济》2014 年第 11 期。

朱之文：《扎实推进教育脱贫　着力阻断贫困代际传递》，《行政管理改革》2016 年第 7 期。

第七章
中国产业扶贫进展与展望

李 钢 李 景[*]

产业扶贫是中国贫困人口脱贫增收和贫困地区同步小康的关键举措。在全面建成小康社会之际,产业扶贫深受学界和社会的重视。本章首先回顾了"十三五"期间产业扶贫发挥的作用:一是产业扶贫推动了贫困地区经济结构转型,带动了中国农村地区的产业结构转型;二是产业扶贫为贫困人口就业创业提供了平台,使贫困人口可以实现当地就业,不仅提高了收入也提高了幸福感;三是产业扶贫促进了农村基础生产设施的改善,改善了贫困地区的道路、农田水利等农业基础设施等;四是产业扶贫促进了扶贫企业自身发展;五是促进了贫困地区生态改善,使一些贫困地区实现了"既要金山银山,又要绿水青山"。其次,在分析产业扶贫对全面建成小康社会的贡献的基础上,对产业趋势进行了展望,认为"十四五"期间产业扶贫与乡村振兴中的产业兴旺、乡村治理相衔接,完善产业扶贫长效机制、产业扶贫促进城乡产业互动的利益联结机制,增强相对贫困人口参与分配的能力;产业扶贫与国家主体功能区的实施、区域协调发展相结合,促进高质量发展区域协同发展。最后,根据上述研究,提出了进一步促进产业扶贫发展的政策建议。

---

[*] 李钢,中国社会科学院工业经济研究所研究员,《中国经济学人》副主编,中国工业经济学会副理事长兼青年部主任,研究方向:产业经济学;李景,中国教育报刊社《中国民族教育》编辑记者,研究方向:民族经济、民族教育。

第七章 中国产业扶贫进展与展望

产业扶贫是如期打赢脱贫攻坚战的有力支撑，也是扶贫成果可持续的重要举措。截至2015年底，我国还有5630万农村建档立卡贫困人口，主要分布在832个国家扶贫开发工作重点县、集中连片特困地区县（以下统称"贫困县"）和12.8万个建档立卡贫困村，多数西部省份的贫困发生率在10%以上，民族8省区贫困发生率为12.1%[①]。全国22个扶贫任务重的省份和832个贫困县全部编制产业扶贫规划或方案，贫困地区累计实施扶贫产业项目98万多个，建成扶贫产业基地近10万个，832个贫困县已初步形成特色主导产业1060个，涵盖五大类28个特色产业，基本形成"一县一特"的产业发展格局。在理论上，以往研究对产业扶贫模式、运行机制的关注较多，在实践方面，产业扶贫研究更加关注地区个案分析以及阶段性成效与问题。本章将聚焦产业扶贫在"十三五"期间取得了哪些进展、中国产业扶贫对全面建设小康社会有何贡献、"十四五"期间产业扶贫将何去何从，对于这些问题的梳理和探索，必将为产业扶贫的实践推进提供重要借鉴。

一 "十三五"时期中国产业扶贫的主要进展与特色

2016年11月23日，《国务院关于印发"十三五"脱贫攻坚规划的通知》明确指出，农林产业扶贫、电商扶贫、资产收益扶贫、科技扶贫是产业发展脱贫的重要内容。产业扶贫是指以市场为导向，以经济效益为中心，以产业发展为杠杆的扶贫开发过程，是促进贫困地区发展、增加贫困农户收入的有效途径，是扶贫开发的战略重点和主要任务。《"十三五"脱贫攻坚规划》提出农林种养产业扶贫工程、农村一二三产业融合发展试点示范工程、贫困地区培训工程、旅游基础设施提升工程、乡村旅游产品建设工程、休闲农业和乡村旅游提升工程、森林旅游扶贫工程、乡村旅游后备箱工程、

---

① 《国务院关于印发"十三五"脱贫攻坚规划的通知》，http://www.gov.cn/zhengce/content/2016-12/02/content_5142197.htm，2016年12月2日。

乡村旅游扶贫培训宣传工程、光伏扶贫工程、水库移民脱贫工程、农村小水电扶贫工程等"十三五"期间重点实施的产业扶贫工程。在精准扶贫机制推行下产业扶贫成效明显提升，贫困地区农民可支配收入保持较快增长，2019年前三季度达到8163元，同比增长10.8%，实际增速比全国农村快1.6个百分点。[1] 目前对产业扶贫可以有两种理解，一种是窄口径的理解，即把产业扶贫理解为第一产业，通过特色农业发展扶贫；另一种是宽口径的理解，泛指通过发展产业（包括一二三产业及其互融合）来带动当地经济的发展，帮助贫困人口脱贫。本章主要是从宽口径来理解产业扶贫。"十三五"期间产业扶贫取得的进展体现在以下五个方面。

一是产业扶贫推动了贫困地区经济结构转型，带动了中国农村地区的产业结构转型。产业结构的合理化不仅能促进本地区农村减贫，还可以通过空间溢出效应促进邻近地区农村减贫；产业结构的高度化也有助于本地区和相邻地区的农村减贫。[2] 产业扶贫促进了"三区三州"深度贫困地区农业结构优化，云南省迪庆藏族自治州香格里拉市上江乡2018年桑蚕种养殖带动农户126户，加工成品蚕丝被实现经济收入400多万元，并利用废弃桑枝桑条开发食用菌栽培营养菌包，带动了以金耳、平菇、木耳等品种为主的食用菌产业快速发展，实现了蚕桑产业与食用菌产业融合发展，促进了产业结构优化。[3] 产业扶贫还促进了集中连片贫困地区的产业结构调整。集中连片特困区特色产业引领商品化发展，带动相关产业发展、产业结构调整，加快贫困地区脱贫步伐。[4] 贵州省代表性的贫困县印江苗族土家族自治县创新山地农业发展模式，积极融合现代农业发展新理念、新技术和新方法，发展立体农业，促进一二三产融合，大力发展农特色产品加工业，增加农产品附加值，

---

[1] 农业农村部：《产业扶贫取得重大进展 67%脱贫人口通过产业带动实现增收》，http://www.gov.cn/xinwen/2019-12/20/content_ 5462683.htm，2019年12月20日。
[2] 谭昶、吴海涛、黄大湖：《产业结构、空间溢出与农村减贫》，《华中农业大学学报》（社会科学版）2019年第2期，第8～17+163页。
[3] 王明月、罗勇、周自玮：《云南省产业扶贫现状及问题分析——以怒江傈僳族自治州、迪庆藏族自治州为例》，《云南农业大学学报》（社会科学）2019年第4期，第20～23页。
[4] 陈灿平：《集中连片民族特困地区的农业商品化实证研究》，《西南民族大学学报》（人文社会科学版）2015年第1期。

构建了从生产到简单加工、深加工、包装、储运、销售、服务等的现代农业产业链。①

二是产业扶贫为贫困人口就业创业提供了平台，使贫困人口可以实现当地就业，不仅收入提高了，幸福感也增强了。产业化扶贫可以极大地调动农户参与产业化经营的积极性，促进贫困地区增产增收，是一种行之有效的扶贫方式。② 产业扶贫既能吸引外出务工人员返乡，也能为老弱病残致贫人员提供再就业机会。截至2019年，全国92%的贫困户已参与产业发展。③ 武陵山区针对大部分农民采取"双向选择"措施，产业扶贫在烟叶农场和基础设施建设、特种种养、旅游观光中实现了100%带动就业，不仅解决了原来从事农业生产的村民的就业问题，也吸引了外出务工村民返乡就业，保证了扶贫事业的可持续发展。④ 民族贫困地区积极发展医药特色产业，民族八省区中医药相关产业从业人员数量稳步增长，仅城镇医药制造业从业人员就由2005年的78043人增长至2012年的105351人，新增27308个就业岗位。⑤ 河北易县部分年老、病残农民受雇于签约农户，参与食用菌特色产业的出菇采菇环节，彻底摆脱了完全靠政府救济生存的境况。⑥ 江西大力发展乡村旅游，2017年全省通过发展乡村旅游安排68万个就业岗位，助推45万名农民致富增收，带动3.3万建档立卡贫困户、10万建档立卡贫困人口实现脱贫。⑦ 2018年江西省生态护林员指标合计14000人，贫困人口参加生

---

① 黄承伟、邹英、刘杰：《产业精准扶贫：实践困境和深化路径——兼论产业精准扶贫的印江经验》，《贵州社会科学》2017年第9期，第125~131页。
② 白丽、赵邦宏：《产业化扶贫模式选择与利益联结机制研究——以河北省易县食用菌产业发展为例》，《河北学刊》2015年第4期，第158~162页。
③ 农业农村部：《产业扶贫取得重大进展 67%脱贫人口通过产业带动实现增收》，http://www.gov.cn/xinwen/2019-12/20/content_5462683.htm，2019年12月20日。
④ 张跃平、徐传武、黄喆：《大推进与产业提升：武陵山区扶贫的必由之路——以湖北省恩施州望城坡等地的扶贫实践为例》，《中南民族大学学报》（人文社会科学版）2013年第5期，第113~116页。
⑤ 马楠：《民族地区特色产业精准扶贫研究——以中药材开发产业为例》，《中南民族大学学报》（人文社会科学版）2016年第1期，第128~132页。
⑥ 白丽、赵邦宏：《产业化扶贫模式选择与利益联结机制研究——以河北省易县食用菌产业发展为例》，《河北学刊》2015年第4期，第158~162页。
⑦ 郑鹏、熊玮、关怡婕：《产业扶贫的生态风险及化解路径——来自江西的实践经验》，《生态经济》2019年第12期，第205~209页。

态管护工作，生态产业精准带动贫困人口稳定增收脱贫①。江西省龙南县杨村镇车田村开创了以包村就业扶贫车间为载体的扶贫模式，该车间利用闲置用房创办经营，由村委会主体运作，切实解决了因客观原因或主观意愿无法离乡外出务工的贫困劳动力就业问题。②

三是产业扶贫促进了农村基础生产设施的改善，改善了贫困地区的道路、农田水利等农业基础设施。基础设施落后仍然是影响贫困地区脱贫的重要因素，通过大力开展基础设施建设，能够大幅度改善贫困地区的发展环境与条件，是扶贫绩效的重要检验指标。③精准扶贫实施以来，国家对贫困地区基础设施的投入和建设，不仅提高了贫困地区人群抵御风险的能力，而且使得贫困地区自身发展的脆弱性和风险大大下降，还为贫困人口提供了更多的发展机会。④

表7-1　2013~2018年贫困地区农村基础设施和公共服务情况

单位：%

年份	2013	2014	2015	2016	2017	2018
所在自然村通公路农户比重	97.8	99.1	99.7	99.8	99.8	99.9
所在自然村能接收有线电视信号的农户比重	79.6	88.7	92.2	94.4	96.9	98.3
所在自然村主干道路硬化的农户比重	88.9	90.8	94.1	96.0	97.6	98.3
所在自然村能乘坐公共汽车比重	56.1	58.5	60.9	63.9	67.5	71.6
所在自然村通宽带的农户比重	—	—	71.8	79.8	87.4	94.4
所在自然村垃圾能集中处理的农户比重	29.9	35.2	43.3	50.9	61.4	78.9
所在自然村有卫生站的农户比重	84.4	86.8	90.4	91.4	92.2	93.2
所在自然村上幼儿园便利的农户比重	71.4	74.5	76.1	79.7	84.7	87.1
所在自然村上小学便利的农户比重	79.8	81.2	81.7	84.9	88.0	89.8

资料来源：《2019年国家统计局农村贫困检测调查》。

---

① 周丙娟、陈胜东：《林业产业生态扶贫的实践及长效运行机制研究——基于江西省的调研》，《宜春学院学报》2020年第2期，第50~57页。
② 江西省龙南县扶贫办：《通过建立扶贫车间实现就业脱贫——江西省龙南县杨村镇车田村扶贫车间案例》，http://south.iprcc.org/#/casestudies/caseDetails? id=283&fid=230，2019。
③ 陈爱雪、刘艳：《层次分析法的我国精准扶贫实施绩效评价研究》，《华侨大学学报》（哲学社会科学版）2017年第1期，第116~129页。
④ 左停、刘文婧、李博：《梯度推进与优化升级：脱贫攻坚与乡村振兴有效衔接研究》，《华中农业大学学报》（社会科学版）2019年第5期，第21~28+165页。

四是产业扶贫促进了扶贫企业自身发展。扶贫企业是产业扶贫的追踪要参与主体之一,产业扶贫企业的良好发展关乎贫困人口的脱贫稳定性。中国832个贫困县已累计培育市级以上龙头企业1.44万家,平均每个贫困县17家;发展农民合作社68.2万家,直接带动627万贫困户2198万贫困人口。[①]武陵山片区有25家"国家扶贫龙头企业",占全国的3.45%,为湘鄂渝黔三省一市71家的35.21%。[②] 近年来信丰县践行"绿水青山就是金山银山"的绿色可持续发展理念,立足资源禀赋优势,在合理的开发范围内将红壤资源转化为经济优势,大力发展脐橙产业;全民平等参与,资源收益惠及广大贫困人民,促进社会包容性发展。农夫山泉和信丰政府联手打造"中国赣南脐橙产业园",农夫山泉总投资超过10亿元,脐橙分选、榨汁及终端品灌装生产线和中国赣南脐橙产业园的投资建设,对延长信丰脐橙产业链条、加快脐橙产业绿色转型升级、带动农户增收起到了强大的保障和示范作用。由于较好地解决了利益分配问题,该项目增加了当地农户收入,帮助当地一些贫困户脱贫。农夫山泉建成了全国乃至亚洲规模最大的果品加工厂以及脐橙标准种植园,引进了国际先进的榨汁生产线和鲜果分选流水系统,建立了日处理原料5000吨的橙深加工生产线,陆续推出农夫山泉17.5°橙、常温NFC橙汁和17.5°NFC橙汁三款产品,打通了脐橙种植、加工和销售的全产业链,取得了较好的经济效益。[③]

五是促进了贫困地区生态改善,使一些贫困地区实现了"既要金山银山,又要绿水青山"。农村产业扶贫模式主要分为七种类型:特色种养、乡村休闲旅游、资产收益、电商产业、光伏产业、生态农业以及边境贸易扶贫模式。随着产业扶贫精准度和科学度的提高,其对于农业生态环境的保护和发展也产生了积极的影响,如光伏产业扶贫对生态脆弱区的间接生态保护。中国生态脆弱区多是贫困地区,生态脆弱是贫困的结果也是贫困的原因。光

---

① 国家统计局住户调查办公室:《中国农村贫困监测报告2019》,中国统计出版社,2019。
② 孙志国、刘之杨、钟儒刚、张敏、熊晚珍、黄莉敏、王树婷:《武陵山片区国家扶贫龙头企业与产业扶贫》,《陕西农业科学》2012年第6期,第198~202页。
③ 陈素梅、李钢:《贫困地区的包容性绿色增长何以可能?——基于江西省信丰脐橙产业的案例》,《企业经济》2020年第12期。

伏产业发展增加了贫困农户的资产收益途径,[①] 有效减少了生态脆弱区人口对生态的过度利用。江西省将生态产业融入扶贫攻坚的实践与探索,发展生态产业,[②] 目前已正式脱贫摘帽的 8 个县充分利用林业资源优势走出了各具特色的"林业生态产业脱贫"之路。[③] 从 1988 年开始,亿利资源集团决定改造沙漠,向贫困宣战,通过"政府政策性支持、企业产业化投资、农牧民市场化参与、生态持续化改善",探索出了一条生态治沙与精准扶贫紧密结合的新路。亿利资源集团先后建成达特拉循环经济工业园、库布其生态工业园、生态光伏基地、库布其国家沙漠公园旅游基地、200 万亩甘草等中草药基地等多个产业基地,被联合国评为"全球沙漠生态经济示范区"。

产业扶贫之所以取得多方面进展,源自精准扶贫不同传统产业,突出产业特色。新时期产业扶贫的特色体现在以下四个方面。

一是产业扶贫从传统农林种养殖向一二三产业融合转变。产业扶贫政策执行过程中产业化扶贫模式的选择决定着农户如何进入产业链条及其参与程度,扶贫产业的选择是产业扶贫成败的关键。[④] 自 20 世纪 80 年代开始,中国产业扶贫在实践探索中形成了多产业、长链条、多路径的产业选择。从产业类型来看,产业扶贫的主要发展模式有两类,一类是以传统的农林种养殖为基础的产业扶贫,另一类是以自然资源与人文资源为基础的旅游产业扶贫。[⑤] 乡村旅游具有带动贫困人口数量多、生产经营成本较低、扶贫效果较好、返贫率较低等特点,是促进农村经济增长和农业结构调整的重要渠道,也是推动农村迈向现代化进程的重要力量,乡村旅游扶贫的投入与产出比较合理,快速发展的乡村旅游业凭借着丰富的资源优势、强劲的造血功能、广

[①] 宿盟、李志红:《农村资产收益扶贫实践探讨——以光伏产业扶贫为例》,《中国高新技术企业》2016 年第 23 期,第 195~196 页。

[②] 郑鹏、熊玮、关怡婕:《产业扶贫的生态风险及化解路径——来自江西的实践经验》,《生态经济》2019 年第 12 期,第 205~209 页。

[③] 周丙娟、陈胜东:《林业产业生态扶贫的实践及长效运行机制研究——基于江西省的调研》,《宜春学院学报》2020 年第 2 期,第 50~57 页。

[④] 陈忠言:《产业扶贫典型模式的比较研究——基于云南深度贫困地区产业扶贫的实践》,《兰州学刊》2019 年第 5 期,第 161~175 页。

[⑤] 莫光辉:《精准扶贫视域下的产业扶贫实践与路径优化——精准扶贫绩效提升机制系列研究之三》,《云南大学学报》(社会科学版)2017 年第 1 期,第 102~112 页。

泛的受益人口,已经成为带动中国农村贫困人口脱贫致富的有效产业扶贫方式之一。①

二是产业扶贫模式从政府主导向多元主体参与合作转变。新型经营主体带动是产业扶贫的关键。② 产业扶贫的方式已由过去的政府主导转变为政府引导。③ 企业与非政府组织共同助力,贫困户最大限度地参与其中。④ 近年来产业扶贫领域的实践与探索,体现了我国由政府主导的扶贫开发模式向多元主体参与合作的贫困治理模式的转变。⑤ 中国各地扶贫产业中,龙头企业、专业合作社、能人、基层党组织等不同主体的相互组合促成典型的组织模式。⑥ 例如,贵州印江县在推进产业精准扶贫的过程中,将技术培训、能力培训与升级换代后的山地农业体系紧密结合,将作为市场主体的企业、作为培训主体的农业科技部门与后续产业链条和销售服务等结合起来,将技术培训嵌入产业精准扶贫过程中,增强技术培训的针对性、实用性及有效性,提升贫困户稳定脱贫、可持续发展能力。⑦ 产业精准扶贫将产业通过村庄联结到农户,将贫困户的土地、资本和劳动力等生产要素与企业、政府、经济组织有机地结合起来,各利益相关方共同参与产业发展。农户或是入股、务工或是自主发展产业,积极参与农业生产,通过政府引导、企业管理、村"两委"参与,促进贫困户参与生产过程,就产业过程中相关事项达成共识,促使贫困户提升实用技能和转变思想观念。⑧

---

① 李烨:《中国乡村旅游业扶贫效率研究》,《农村经济》2017 年第 5 期,第 72~78 页。
② 张琛、高强:《论新型农业经营主体对贫困户的脱贫作用》,《西北农林科技大学学报》(社会科学版) 2017 年第 2 期,第 73~79 页。
③ 陈忠言:《中国农村开发式扶贫机制解析——以沪滇合作为例》,《经济问题探索》2015 年第 2 期,第 90~94+125 页。
④ 胡晗、司亚飞、王立剑:《产业扶贫政策对贫困户生计策略和收入的影响——来自陕西省的经验证据》,《中国农村经济》2018 年第 1 期,第 78~89 页。
⑤ 胡振光、向德平:《参与式治理视角下产业扶贫的发展瓶颈及完善路径》,《学习与实践》2014 年第 4 期,第 99~107 页。
⑥ 陈忠言:《产业扶贫典型模式的比较研究——基于云南深度贫困地区产业扶贫的实践》,《兰州学刊》2019 年第 5 期,第 161~175 页。
⑦ 黄承伟、邹英、刘杰:《产业精准扶贫:实践困境和深化路径——兼论产业精准扶贫的印江经验》,《贵州社会科学》2017 年第 9 期,第 125~131 页。
⑧ 刘建生、陈鑫、曹佳慧:《产业精准扶贫作用机制研究》,《中国人口·资源与环境》2017 年第 6 期,第 127~135 页。

三是产业扶贫注重长效机制的建立。产业精准扶贫关注每一个贫困户的自身能力与产业需求的差异，强调贫困户在多要素参与中的重要主体，以贫困人口各自拥有的土地、劳动力要素与其他主体建立利益联系，真正建构多主体、多要素参与的长效机制。精准扶贫实施以来，产业扶贫长效机制得以发挥，首先表现在对构建产业扶贫的利益联结机制的重视。较为普遍的方式是贫困户将承包地流转给合作社、企业或大户后，自己成为有土地租金来源的家庭。① 虽然利益联结方式有待完善，缺乏以市场机制为基础的利益联结机制的灵活性，但也为贫困户能够依托自己的资源和能力与扶贫产业形成深度联结打下了基础。其次是产业扶贫过程中更注重完善的产业体系在脱贫增收中的长效作用，以纵向的产业延伸和横向的产业融合，构建更为紧密和更为稳定的产业体系。② 在把握农业供给侧结构性改革方向的基础上，将产业扶贫、农村电商、品牌化、信息化等融为一体，通过对产品信息、种植管理、市场流向整个过程的数据化和追溯，建立起一条透明化的农产品产业链，实现地域特色到市场品牌的转变，为长效产业扶贫打下基础。③

二 "十三五"期间产业扶贫对全面建成小康的贡献

2017 年 12 月，中央经济工作会议确定要打赢防范化解重大风险、精准脱贫、污染防治三大攻坚战，是化解制约全面建成小康社会重点难点问题的必然之举。④ 而产业扶贫是精准脱贫的必然之举，在消除绝对贫困、加快贫困地区发展、社会服务均等化方面推动全面建成小康社会进程。

---

① 胡守勇：《共享发展视角下产业扶贫的问题及长效机制建设》，《湖南社会科学》2018 年第 2 期，第 127~132 页。
② 郭晓鸣、虞洪：《具有区域特色优势的产业扶贫模式创新——以四川省苍溪县为例》，《贵州社会科学》2018 年第 5 期，第 142~150 页。
③ 林俐：《构建产业扶贫长效机制的思考》，《现代商业》2017 年第 32 期，第 164~165 页。
④ 郑珂：《中央经济工作会议：打赢决胜全面小康三大攻坚战》，《经济日报》2017 年 12 月 25 日。

(一) 在消除绝对贫困有利于贫困地区同步全面建成小康社会

习近平指出,没有贫困地区的小康,就没有全面建成小康社会,[1] 并多次强调,必须按时完成全部脱贫任务;2020年6月8日,习近平总书记强调,"我们都是中华民族大家庭中的一分子。脱贫、全面小康、现代化,一个民族都不能少,我们都是携手并进。这体现五千年的中华文明,也体现我们中国特色社会主义制度的优越性"。产业扶贫的增收功能明显有益于消除贫困人口的客观之困,它是消除绝对贫困的解。[2] 脱贫攻坚"五个一批"中产业扶贫涉及面最广、带动人口最多。[3] 越来越多贫困群众通过产业发展实现脱贫增收。据统计,建档立卡贫困户中,参与产业发展的贫困户占92%以上,中国已脱贫人口中,67%以上的脱贫人口主要通过发展产业和就地产业务工实现增收脱贫。[4]

(二) 贫困地区协调发展有利于区域间均衡地建成小康社会

实现区域协调发展是欠发达地区实现全面建成小康社会的政策选择[5]。集中连片特困地区是我国精准扶贫目标实现的核心区域,产业扶贫是区域扶贫的有效路径,为实现贫困区域持续脱贫的目标,政府采取以扶贫为目的的产业基础型公共品来培育优势产业[6]。连片特困地区脱贫进程的推进有利于小康社会的全面建成。据国家统计局县(市)社会经济基本情况统计,2017年14个连片特困地区生产总值49431亿元,占全国GDP的6.0%,其

---

[1] 习近平:《决胜全面建成小康社会夺取新时代中国特色社会主义伟大胜利》,《人民日报》2017年10月28日。
[2] 陈桂生、林路遥:《不平衡不充分发展视域下的精准扶贫——基于产业益贫和政策减贫的框架》,《山西大学学报》(哲学社会科学版) 2020年第1期,第84页。
[3] 农业农村部:《产业扶贫取得重大进展 67%脱贫人口通过产业带动实现增收》,http://www.gov.cn/xinwen/2019-12/20/content_5462683.htm,2019年12月20日。
[4] 国家统计局住户调查办公室:《中国农村贫困监测报告2019》,中国统计出版社,2019。
[5] 李春根、夏珺:《全面建成小康社会研究述评:理论、监测与路径》,《山东财经大学学报》2019年第2期,第114~120页。
[6] 陈聪、程李梅:《产业扶贫目标下连片贫困地区公共品有效供给研究》,《农业经济问题》2017年第10期,第44~51页。

中，第一产业增加值 10331 亿元，占全国第一产业增加值的 15.8%，第二产业增加值 18804 亿元，占全国第二产业增加值的 5.6%，第三产业增加值 20295 亿元，占全国第三产业增加值的 4.8%。公共财政收入 3225 亿元，占全国公共财政收入的 1.9%；公共财政支出 18381 亿元，占全国公共财政支出的 9.1%。党的十八大至 2018 年，连片特困地区农村贫困人口累计减少 4132 万人，平均每年减少 689 万人，贫困人口减少规模占同期全国农村贫困人口减少规模的 50.2%[1]。目前，14 个连片特困地区每年仍旧需要国家大量"输血"，才能维持经济正常运行；这些地区造血机能较弱的最直接原因是当地的产业发展不强，因而通过发展当地的产业增强造血机能是根本的出路。

（三）生态、文化产业扶贫有利于更全面地建成小康社会

坚决打赢污染防治攻坚战，是在全面小康社会建设中能够给人民群众带来最直接、最切身的获得感、满足感的一项举措。[2] 产业扶贫指导贫困地区因地制宜发展木本油料、森林旅游、种苗花卉等生态产业。作为产业扶贫的有效措施，全国油茶种植面积扩大到 6550 万亩，林下经济示范基地面积达到 2256 万亩，依托森林旅游实现增收的建档立卡贫困人口达 35 万户。中西部 22 个省份 2017 年林业产业总产值达到 3.9 万亿元。[3] 特别是深度贫困地区，是国家重点生态建设区，实施林业生态扶贫是贫困地区推进精准扶贫工作的重中之重，生态补偿扶贫、生态产业扶贫、生态搬迁综合扶贫等林业生态扶贫开发模式成为深度贫困地区精准扶贫中兼顾经济效益、生态效益和社会效益的实践与探索。[4] 产业扶贫的发展在市场经济条件下，将生态服务功能补偿路径从单一依赖"政府之手"扩大到可以通过市场机制实现生态服务功能补偿，从而为生态文明实现提供了更加坚实的经济基础。文化扶贫在

---

[1] 国家统计局住户调查办公室：《中国农村贫困监测报告 2019》，中国统计出版社，2019。
[2] 邹一南：《坚决打赢三大攻坚战 决胜全面建成小康社会》，《光明日报》2019 年 12 月 20 日。
[3] 国家统计局住户调查办公室：《中国农村贫困监测报告 2019》，中国统计出版社，2019。
[4] 朱冬亮、殷文梅：《贫困山区林业生态扶贫实践模式及比较评估》，《湖北民族学院学报》（哲学社会科学版）2019 年第 4 期，第 86～93 页。

扶贫开发中发挥着基础性、引领性作用,是用文化的力量打断或阻隔贫困的自然传递,从改变和提升贫困人口的思想观念、精神状态、生存技能等综合素质入手,增强贫困人口脱贫致富的能力。① 文化产业扶贫促使贫困家庭生产将有限的劳动时间配置到边际产出更高的文化产品生产中,并最终增加人均家庭收入和提高福利水平。② 生态与文化产业扶贫对贫困地区人民收入、文化氛围和人居环境的多重改善,为贫困地区社会服务均等化、贫困地区人的全面发展奠定了基础。

(四) 多主体参与扶贫带来的社会和谐共享有利于更高水平地建成小康社会

全面建成小康社会是我国实现社会主义现代化的一个重要阶段,社会治理现代化是社会主义现代化的一个重要方面,也是全面建成小康社会之后仍须继续努力奋斗的重要目标,扶贫治理是构建共享型社会治理的关键之举。③ 中国贫困县在落实精准扶贫政策的过程中越来越重视贫困户的参与度。参与式扶贫能促使普通农户参与农村社会管理,缓解因内卷化而产生的收入差距扩大问题,增强普通农户的分权普惠。④ 将参与式治理理念引入农村扶贫的实践,更是打破了过去以政府作为扶贫主导者的单方信息流通和决策格局,形成了政府、社会企业、农村经济合作组织及贫困农户共同治理贫困的参与机制。⑤ 各个参与主体之间分工各异,通过具体的产业扶贫利益联结机制来实现参与互动的良性循环。地方政府解决扶贫公共产品供给问题,贫困农户以入股、农产品加工等方式参与产业发展与经营,

---

① 赵迎芳:《当代中国文化扶贫存在的问题与对策》,《理论学刊》2017 年第 5 期,第 113~120 页。
② 叶林、李艳琼、方峥、余江、郭子桢:《文化产业扶贫政策的增收和减贫效应:微观机制和贵州农民画的经验》,《贵州财经大学学报》2020 年第 2 期,第 84~97 页。
③ 陈鹏:《全面建成小康社会背景下的中国社会治理变迁》,《山西师大学报》(社会科学版) 2020 年第 3 期,第 89~97 页。
④ 周常春、刘剑锋、石振杰:《贫困县农村治理"内卷化"与参与式扶贫关系研究——来自云南扶贫调查的实证》,《公共管理学报》2016 年第 1 期,第 81~91+156~157 页。
⑤ 纪丽娟、裴蓓:《参与式治理视角下的产业扶贫模式创新——基于陕西 LT 县的扶贫调研》,《陕西行政学院学报》2015 年第 3 期,第 118~121 页。

与企业、合作社建立起有机的合作互信关系,在产业发展中实现对贫困户的带动帮扶。参与主体在相互协作中,实现产业扶贫和参与治理的效益共享。

三 "十四五"期间产业扶贫发展趋势

2020年我国现行贫困标准下的贫困人口全面脱贫,但相对于全面建成小康社会后的新标准,相对贫困将长期存在,[①] 相对贫困群体将取代绝对贫困群体成为贫困群体的主体。[②] 相对贫困是长期的、主观的,不是经济权利的缺失,而是社会发展和分配不平衡的产物,表现为人们对社会权利的不断追求。要解决后扶贫时代的机会不平等问题,城乡融合发展和乡村振兴战略是重要抓手。[③] 基于对"十三五"时期产业扶贫进展、特色和对全面建成小康社会的贡献梳理,对"十四五"期间产业扶贫的初始判断如下:产业扶贫将继续巩固拓展脱贫的成果,具体关注产业扶贫与乡村振兴战略的衔接、产业利益联结机制的创新,为长期治理相对贫困奠定基础。

(一)产业扶贫与乡村振兴中的产业兴旺、乡村治理相衔接,完善产业返贫长效机制

精准扶贫时期的产业扶贫结合各贫困地区的特色探索出了多元的有效扶贫模式,实现了常态贫困人口的脱贫增收,乡村振兴战略中的"产业兴旺"将在产业扶贫攻坚成效的基础上,推动农业产业现代化发展,最终实现脱贫攻坚中的产业扶贫和乡村振兴中的"产业兴旺"的有效衔接,为动态贫困人口的发展能力提升提供长效途径。而乡村治理是实施乡村振兴战略的另一

[①] 白永秀、刘盼:《全面建成小康社会后我国城乡反贫困的特点、难点与重点》,《改革》2019年第5期,第29~37页。
[②] 叶兴庆、殷浩栋:《从消除绝对贫困到缓解相对贫困:中国减贫历程与2020年后的减贫战略》,《改革》2019年第12期,第5~15页。
[③] 孔祥智、张琛:《新中国成立以来农业农村包容性发展:基于机会平等的视角》,《中国人民大学学报》2019年第5期,第27~38页。

项重点任务,也是未来研究的热点。① 产业扶贫是地方政府、企业、合作组织和贫困户等参与主体的多元互动,与乡村治理相结合,有利于各主体间实现合理的分权分工,建立有效的沟通机制,推动乡村治理模式的创新,保证产业扶贫的可持续发展,真正解决相对贫困人口对美好生活的追求与产业资本追求利润最大化的本质属性之间的矛盾。

(二) 产业扶贫创新城乡产业互动的利益联结机制,增加相对贫困人口的参与分配的能力

相对贫困建立在比较的基础上,相对贫困的形成原因还涉及机会贫困、能力贫困、工作贫困和收入贫困。② 国际劳工组织社会和经济问题的特别顾问雷蒙德·托雷斯表示,"现在,世界上约有30%的穷人,他们只占有世界2%的收入。只有通过提高就业者的就业质量和创造新的体面的工作,才能永久改变人们不稳定的生活条件,以及改善那些贫困工薪阶层及其家人的生活水平"。"十四五"时期的产业扶贫既要遵循国家产业结构发展规律,又要兼顾城乡相对贫困人口的发展需求。产业扶贫方面,应继续实行精准识别机制,在城乡之间建立机会平等的要素市场,既要发展现代化农业,为有能力从事技术性农业生产的劳动力提供社会化服务;又要使低碳、共享经济等新模式与实体产业相融合,以便城乡从事简单化劳动的劳动力有机会向第三产业转移。因此,产业扶贫要实现协调农业、农民融入现代经济部门,引导人口靠近市场,利用县城和小城镇的产业集聚吸纳劳动力,遏制贫困的乡城转移,在实践中探索出行之有效的城乡产业利益联结机制。

(三) 产业扶贫将与国家主体功能区的实施、区域协调发展相结合,促进高质量发展区域间协同发展

各地要根据主体功能区的定位,选择适合的产业发展。空间协调是

---

① 张丽君、田一聪、时保国:《民族地区乡村振兴战略的理论回溯与研究展望——基于知识图谱的可视化分析》,《中央民族大学学报》(哲学社会科学版)2019年第2期,第5~13页。
② 严新明、朱萌:《新时代中国解决相对贫困的可行性及对策》,《改革与战略》2020年第3期,第77~85页。

"十四五"时期经济社会高质量发展的总体思路之一;① 空间协调要求各地根据比较优势,促进产业间相互融合。中美贸易摩擦加剧,以及2020年新冠肺炎疫情的暴发,使大家认识到产业链完整的重要性。促进产业向中西部转移,不仅是中国经济发展的需要、扶贫的需要,也是保证产业链安全的需要。可以预计产业扶贫在"十四五"期间对于促进中西部贫困地区的脱贫工作将起到更大的作用。

四 展望与建议

未来产业扶贫的扶贫模式和机制选择等是影响其成效的重要环节,受到中国人口结构、减贫目标和产业结构发展趋势等的影响。中国老龄化速度要远快于其他国家,到2055年中国的老年人口抚养比将超过发达国家[②]。受人口老龄化的影响,产业将逐步改变劳动密集型和重化工业发展方式,进入资本密集、技术密集和知识密集发展阶段,原来产业扶贫中土地、劳动力、资源、能源等传统要素对贫困地区经济的拉动能力下降,更多的是受到科技、人才、信息等新兴要素的影响。中国产业结构的实际变化趋势是第一产业和第二产业比重逐年下降,而第三产业比重逐年上升,第三产业持续在国民经济中占据最大份额。[③] 为适应产业结构的变化,产业扶贫将借助科技和信息的流动,使农民和农村深入产业体系。扶贫产业的选择将与国家产业链紧密衔接,以发展高质量的产业经济。中国扶贫事业的重点将由解决绝对贫困向缓解相对贫困转变,由解决农村贫困向统筹解决城乡贫困转变。[④] 产业扶贫作为

---

① 钟海燕、郑长德:《"十四五"时期民族地区经济社会发展思路研究》,《西南民族大学学报》(人文社会科学版)2020年第1期,第100~106页。
② 陆旸:《"十四五"时期经济展望》,《中国金融》2019年第10期,第74~76页。
③ 中国社会科学院宏观经济研究中心课题组、李雪松、陆旸、汪红驹、冯明、娄峰、张彬斌、李双느:《未来15年中国经济增长潜力与"十四五"时期经济社会发展主要目标及指标研究》,《中国工业经济》2020年第4期,第5~22页。
④ 张琦、孔梅:《"十四五"时期我国的减贫目标及战略重点》,《改革》2019年第11期,第117~125页。

可持续发展的手段，将与乡村振兴中城乡融合机制目标相结合，把城市相对贫困人口纳入产业扶贫的帮扶范围。合适的产业扶贫机制、利益联结机制和扶贫产业选择将有利于未来减贫任务与中国产业结构、人口结构变化相适应。

基于对产业扶贫目标和经济发展趋势的展望，下一阶段要把握产业扶贫的重点应注意以下几点。

一是产业扶贫需将城市贫困人口纳入反贫困体系，建立城乡融合的产业扶贫机制，实现产业扶贫与乡村振兴深度融合。扶贫要赋予人们均等发展权利，其中最基本的是扶贫体系要涵盖贫困人口，新时期扶贫产业要在原有的基础上注重为城市人口参与扶贫产业提供途径，防范随着年龄结构的变化，农村贫困劳动力因进城务工而转变为城市相对贫困人口。这种贫困转移将造成对贫困人口的忽略和乡村扶贫产业的参与度降低等问题。完善乡村振兴的保障制度，建立健全城乡融合发展体制机制和政策体系，产业扶贫可借助乡村振兴中小城镇向城市和乡村的过渡，完善城乡扶贫产业联系网络，为贫困人口提供就近就业机会，降低贫困人口因远距离异地转移而产生的人口老龄化致贫风险。

二是产业扶贫选择要向科技化、信息化、高质化发展。相对贫困地区的发展要与产业结构升级中第三产业的快速发展相适应，在产业扶贫中促进乡村旅游、电商等的发展，保持产业的扶贫能力，或发展针对现代化农业生产的服务业，使贫困地区同步参与国家产业结构调整。同时，要提升针对贫困人口的职业培训的实用性和精准性，根据产业发展需求，提升贫困人口相应的就业服务水平，使之参与乡村旅游、电商和现代化农机代理服务等产业发展，防止贫困人口能力与经济社会发展需求脱节。

三是增加贫困人口收入途径。为应对人口老龄化和产业升级带来的老弱人口发展能力与产业高级劳动需求的错配问题，产业扶贫需要为返贫风险大或发展能力弱的群体提供参与机会。例如鼓励弱势贫困群体以集体资产参与产业项目，实施资产收益扶贫，产业扶贫企业建立信贷委托经营机构，并在实施过程中建立所有权、经营权、收益权分权归属和扶贫项目收益差异化分配机制。将产业扶贫加入老弱病残群体开发式扶贫体系，解决弱势群体无法依靠产业就业帮扶而脱贫的问题，在福利制度兜底保障的基础上增强老弱病残贫困人口脱贫成效的长效性。

参考文献

《国务院关于印发"十三五"脱贫攻坚规划的通知》，http：//www.gov.cn/zhengce/content/2016-12/02/content_5142197.htm，2016年12月2日。

农业农村部：《产业扶贫取得重大进展 67%脱贫人口通过产业带动实现增收》，http：//www.gov.cn/xinwen/2019-12/20/content_5462683.htm，2019年12月20日。

谭昶、吴海涛、黄大湖：《产业结构、空间溢出与农村减贫》，《华中农业大学学报》（社会科学版）2019年第2期。

王明月、罗勇、周自玮：《云南省产业扶贫现状及问题分析——以怒江傈僳族自治州、迪庆藏族自治州为例》，《云南农业大学学报》（社会科学）2019年第4期。

陈灿平：《集中连片民族特困地区的农业商品化实证研究》，《西南民族大学学报》（人文社会科学版）2015年第1期。

黄承伟、邹英、刘杰：《产业精准扶贫：实践困境和深化路径——兼论产业精准扶贫的印江经验》，《贵州社会科学》2017年第9期。

白丽、赵邦宏：《产业化扶贫模式选择与利益联结机制研究》，《河北学刊》2015年第4期。

张跃平、徐传武、黄喆：《大推进与产业提升：武陵山区扶贫的必由之路——以湖北省恩施州望城坡等地的扶贫实践为例》，《中南民族大学学报》（人文社会科学版）2013年第5期。

马楠：《民族地区特色产业精准扶贫研究——以中药材开发产业为例》，《中南民族大学学报》（人文社会科学版）2016年第1期。

郑鹏、熊玮、关怡婕：《产业扶贫的生态风险及化解路径——来自江西的实践经验》，《生态经济》2019年第12期。

周丙娟、陈胜东：《林业产业生态扶贫的实践及长效运行机制研究——基于江西省的调研》，《宜春学院学报》2020年第2期。

江西省龙南县扶贫办：《通过建立扶贫车间实现就业脱贫——江西省龙南县杨村镇车田村扶贫车间案例》，http：//south.iprcc.org.cn/#/casestudies/caseDetails?id=283&fid=230，2019。

陈爱雪、刘艳：《层次分析法的我国精准扶贫实施绩效评价研究》，《华侨大学学报》（哲学社会科学版）2017年第1期。

左停、刘文婧、李博：《梯度推进与优化升级：脱贫攻坚与乡村振兴有效衔接研究》，《华中农业大学学报》（社会科学版）2019年第5期。

国家统计局住户调查办公室：《中国农村贫困监测报告2019》，中国统计出社，2019。

孙志国、刘之杨、钟儒刚、张敏、熊晚珍、黄莉敏、王树婷：《武陵山片区国家扶贫龙头企业与产业扶贫》，《陕西农业科学》2012 年第 6 期。

陈素梅、李钢：《贫困地区的包容性绿色增长何以可能？——基于江西省信丰脐橙产业的案例》，《企业经济》2020 年第 12 期。

宿盟、李志红：《农村资产收益扶贫实践探讨——以光伏产业扶贫为例》，《中国高新技术企业》2016 年第 23 期。

周丙娟、陈胜东：《林业产业生态扶贫的实践及长效运行机制研究——基于江西省的调研》，《宜春学院学报》2020 年第 2 期。

陈忠言：《产业扶贫典型模式的比较研究——基于云南深度贫困地区产业扶贫的实践》，《兰州学刊》2019 年第 5 期。

莫光辉：《精准扶贫视域下的产业扶贫实践与路径优化——精准扶贫绩效提升机制系列研究之三》，《云南大学学报》（社会科学版）2017 年第 1 期。

李烨：《中国乡村旅游业扶贫效率研究》，《农村经济》2017 年第 5 期。

张琛、高强：《论新型农业经营主体对贫困户的脱贫作用》，《西北农林科技大学学报》（社会科学版）2017 年第 2 期。

陈忠言：《中国农村开发式扶贫机制解析——以沪滇合作为例》，《经济问题探索》2015 年第 2 期。

胡晗、司亚飞、王立剑：《产业扶贫政策对贫困户生计策略和收入的影响——来自陕西省的经验证据》，《中国农村经济》2018 年第 1 期。

胡振光、向德平：《参与式治理视角下产业扶贫的发展瓶颈及完善路径》，《学习与实践》2014 年第 4 期。

陈忠言：《产业扶贫典型模式的比较研究——基于云南深度贫困地区产业扶贫的实践》，《兰州学刊》2019 年第 5 期。

刘建生、陈鑫、曹佳慧：《产业精准扶贫作用机制研究》，《中国人口·资源与环境》2017 年第 6 期。

胡守勇：《共享发展视角下产业扶贫的问题及长效机制建设》，《湖南社会科学》2018 年第 2 期。

郭晓鸣、虞洪：《具有区域特色优势的产业扶贫模式创新——以四川省苍溪县为例》，《贵州社会科学》2018 年第 5 期。

林俐：《构建产业扶贫长效机制的思考》，《现代商业》2017 年第 32 期。

郑珂：《中央经济工作会议：打赢决胜全面小康三大攻坚战》，《经济日报》2017 年 12 月 25 日。

习近平：《决胜全面建成小康社会夺取新时代中国特色社会主义伟大胜利》，《人民日报》2017 年 10 月 28 日。

陈桂生、林路遥：《不平衡不充分发展视域下的精准扶贫——基于产业益贫和政策减贫的框架》,《山西大学学报》(哲学社会科学版) 2020 年第 1 期。

李春根、夏珺:《全面建成小康社会研究述评:理论、监测与路径》,《山东财经大学学报》2019 年第 2 期。

陈聪、程李梅:《产业扶贫目标下连片贫困地区公共品有效供给研究》,《农业经济问题》2017 年第 10 期。

邹一南:《坚决打赢三大攻坚战 决胜全面建成小康社会》,《光明日报》2019 年 12 月 20 日。

朱冬亮、殷文梅:《贫困山区林业生态扶贫实践模式及比较评估》,《湖北民族学院学报》(哲学社会科学版) 2019 年第 4 期。

赵迎芳:《当代中国文化扶贫存在的问题与对策》,《理论学刊》2017 年第 5 期。

叶林、李艳琼、方峥、余江、郭子桢:《文化产业扶贫政策的增收和减贫效应:微观机制和贵州农民画的经验》,《贵州财经大学学报》2020 年第 2 期。

陈鹏:《全面建成小康社会背景下的中国社会治理变迁》,《山西师大学报》(社会科学版) 2020 年第 3 期。

周常春、刘剑锋、石振杰:《贫困县农村治理"内卷化"与参与式扶贫关系研究——来自云南扶贫调查的实证》,《公共管理学报》2016 年第 1 期。

纪丽娟、裴蓓:《参与式治理视角下的产业扶贫模式创新——基于陕西 LT 县的扶贫调研》,《陕西行政学院学报》2015 年第 3 期。

白永秀、刘盼:《全面建成小康社会后我国城乡反贫困的特点、难点与重点》,《改革》2019 年第 5 期。

叶兴庆、殷浩栋:《从消除绝对贫困到缓解相对贫困:中国减贫历程与 2020 年后的减贫战略》,《改革》2019 年第 12 期。

孔祥智、张琛:《新中国成立以来农业农村包容性发展:基于机会平等的视角》,《中国人民大学学报》2019 年第 5 期。

张丽君、田一聪、时保国:《民族地区乡村振兴战略的理论回溯与研究展望——基于知识图谱的可视化分析》,《中央民族大学学报》(哲学社会科学版) 2019 年第 2 期。

严新明、朱萌:《新时代中国解决相对贫困的可行性及对策》,《改革与战略》2020 年第 3 期。

钟海燕、郑长德:《"十四五"时期民族地区经济社会发展思路研究》,《西南民族大学学报》(人文社会科学版) 2020 年第 1 期。

陆旸:《"十四五"时期经济展望》,《中国金融》2019 年第 10 期。

中国社会科学院宏观经济研究中心课题组、李雪松、陆旸、汪红驹、冯明、娄峰、张彬斌、李双双:《未来 15 年中国经济增长潜力与"十四五"时期经济社会发展主要目标及指标研究》,《中国工业经济》2020 年第 4 期。

张琦、孔梅:《"十四五"时期我国的减贫目标及战略重点》,《改革》2019 年第 11 期。

第八章
产业发展视角下中国精准扶贫案例研究
——基于南康家具产业"产业+就业"扶贫模式的研究

秦 宇[*]

2020年，实现全面脱贫后，我国减贫工作将由消除绝对贫困向减少相对贫困和实现高质量脱贫转变。产业扶贫仍然是我国扶贫工作的重要形式，但现阶段我国扶贫产业集中于农业及旅游业，产业扶贫理论研究与成功案例相对较少，这便造成我国产业扶贫往往存在产业选择非可持续性、参与主体关系界定不清晰等问题。赣州市南康区依托家具产业，采取"产业+就业"的产业减贫模式有效化解了短期扶贫目标与地区可持续发展、贫困户短期收益与产业长期发展、贫困人口被动式脱贫与贫困地区人力资本长期提升和高质量脱贫等长期与短期利益之间的矛盾。该扶贫模式不仅给既有扶贫政策导向提供了新的思路，也为产业扶贫实践提供了可供借鉴的成功案例。

一 引言

2020年是中国决胜脱贫攻坚的关键时点，中共第十九次代表大会报

---

[*] 秦宇，中国社会科学院工业经济研究所《中国经济学人》编辑部编辑，研究方向：发展经济学、人力资本投资。

告指出,"确保到 2020 年中国现行标准下农村贫困人口实现脱贫,贫困县全部摘帽,解决区域性整体贫困"。自 2013 年我国提出精准扶贫以来,经过七年的政策落实,特别是四年多的脱贫攻坚战,在现行标准下,我国农村贫困人口从 2012 年底的 9899 万减少到 2019 年底的 551 万,贫困县从 2012 年底的 832 个减少到 2020 年初的 52 个。按照党和国家的部署,2020 年底,我国高质量实现脱贫攻坚既定目标,补齐全面建成小康社会的"突出短板"。这一历史时刻的到来也标志着长期困扰中国的绝对贫困问题得到根本解决。但贫困人口是陷贫与脱贫两种不同类型的贫困人口的动态变化过程,① 脱贫攻坚取得伟大胜利并不意味着扶贫工作的完结。未来中国减贫事业仍将面临诸多挑战,其中两项应是下一阶段减贫工作中重点涉及的领域:一是避免脱贫人口的返贫,培育贫困人口内生能力、发展贫困地区可持续脱贫产业;二是在绝对脱贫的基础上实现更高质量、更高标准脱贫,扶贫事业的重心由解决绝对贫困向缓解相对贫困转移。②③

进入新时代的中国扶贫事业要实现高质量、高标准推进,其治理理念应从脱贫攻坚向长效常态扶贫转变,精准扶贫工作应与全面建成小康社会紧密联系,④ 不仅要构建包容性的扶贫机制,提升贫困人口自身发展能力,也要因地制宜,培育贫困地区可持续性特色产业,继续把培育产业、促进产业兴旺作为贫困地区脱贫的重要抓手。⑤ 因灵活性和"造血式"扶贫特征,产业扶贫在我国精准扶贫中被广泛推广,习近平总书记强调,"发展产业是实现脱贫的根本之策。要因地制宜,把培育产业作为

---

① 叶初升、张凤华:《政府减贫行为的动态效应——中国农村减贫问题的 SVAR 模型实证分析 (1990~2008)》,《中国人口·资源与环境》2011 年第 9 期。
② 孙久文、夏添:《中国扶贫战略与 2020 年后相对贫困线划定——基于理论、政策和数据的分析》,《中国农村经济》2019 年第 10 期。
③ 范和生、武政宇:《相对贫困治理长效机制构建研究》,《中国特色社会主义研究》2020 年第 1 期。
④ 邢成举、李小云:《相对贫困与新时代贫困治理机制的构建》,《改革》2019 年第 12 期。
⑤ 范和生、武政宇:《相对贫困治理长效机制构建研究》,《中国特色社会主义研究》2020 年第 1 期。

推动脱贫攻坚的根本出路"。因为中国的贫困主要是农村的贫困,[①] 农村固有的农业人力资本水平相对较低、生产力相对落后、基础设施不完善等天然属性使得农业成为我国产业扶贫中的重点产业。相应的,我国扶贫政策也集中于促进农业发展、农业现代化建设、农村基础设施完善和农村人口收入提升等。[②] 但农业的局限性使得我国多数地区产业扶贫面临扶贫资源错配、产业自生能力不足、贫困人口增收效果不显著、返贫风险大等困境。[③][④]

综观中国扶贫历程,伴随改革开放以来的快速工业化及城市化,农民从相关的非农活动中受益良多,农民家庭收入水平提高的同时,收入来源日趋丰富,[⑤] 非农收入的提升可以分担农业生产风险带来的收入和消费波动,推动农户收入稳定提升的同时反哺农业活动,使其得以顺利开展,[⑥] 工业的发展显著缓解了我国农村地区的贫困问题。我国仍然有许多贫困地区处于农业向工业过渡或工业化发展初期阶段,工业难以支撑地区脱贫乃至形成可持续的自生发展动力,原因有三:一是我国贫困地区集中在农村,尤其是老少边穷地区,长期的二元经济体制导致这类地区的资源禀赋多为农业资源及低水平的人力资本,资本、技术欠缺,地区工业发展十分滞后,短期内难以形成体系。二是贫困地区富余劳动力素质不高,短期内难以培育出从事现代工业体系生产活动的人力资本。三是产业扶贫投资的急功近利与工业产业体系建设的长期性矛盾使得产业扶贫多为政府行为而缺乏市场动力,产业扶贫的"造血"功能无法显现。

---

① 汪三贵:《在发展中战胜贫困——对中国 30 年大规模减贫经验的总结与评价》,《管理世界》2008 年第 11 期。
② 王书斌:《国家扶贫开发政策对工业企业全要素生产率存在溢出效应吗?》,《数量经济技术经济研究》2018 年第 3 期。
③ 梁栋、吴惠芳:《农业产业扶贫的实践困境、内在机理与可行路径——基于江西林镇及所辖李村的调查》,《南京农业大学学报》(社会科学版)2019 年第 1 期。
④ 杨龙、李宝仪、赵阳、汪三贵:《农业产业扶贫的多维贫困瞄准研究》,《中国人口·资源与环境》2019 年第 2 期。
⑤ 朱玲、何伟:《工业化城市化进程中的乡村减贫 40 年》,《劳动经济研究》2018 年第 4 期。
⑥ 钟甫宁:《劳动力市场的调节是农民增收的关键——评〈农村发展与增加农民收入〉》,《中国农村经济》2007 年第 5 期。

二 产业扶贫的现存困境及工业产业扶贫的必然趋势

（一）现阶段产业扶贫模式及其困境

随着"输血式"扶贫和市场经济的深入结合，产业扶贫为贫困人口构筑了参与市场的基础，通过扶植产业推动地区经济发展逐步成为我国开发式扶贫的主导政策与实践形式，并在各贫困地区形成多种产业扶贫模式。[1] 依据扶贫产业和经营主体的所有制性质，产业扶贫模式可分为"集体"和"私营"两类。[2] 依据资金扶持对象与使用方式，产业扶贫模式主要可以分为三类：一是通过资金支持龙头企业等新型经营主体发展，带动贫困地区脱贫；二是通过资金直接支持贫困户开展生产活动；三是利用产业扶贫资金开展资产收益扶贫。[3] 其中，依据资金提供方（政府及基层党组织）、资金使用方（企业、农户）及其利益共享形式和相互关系，产业扶贫模式又可派生出多种组合模式。[4][5][6] 依据资源开发形式，产业扶贫模式可以分为环境资源产业扶贫模式、农牧优势互补发展模式、利用资源优势发展特色产业模式等。[7]

---

[1] 翟军亮、吴春梅：《农村贫困治理的范式转型与未来路径——兼议产业精准扶贫的推进路径》，《西北农林科技大学学报》（社会科学版）2019年第4期。

[2] 曾庆捷、牛乙钦：《乡村治理中的产业扶贫模式及其绩效评估》，《南开学报》（哲学社会科学版）2019年第4期。

[3] 林万龙、华中昱、徐娜：《产业扶贫的主要模式、实践困境与解决对策——基于河南、湖南、湖北、广西四省区若干贫困县的调研总结》，《经济纵横》2018年第7期。

[4] 李俊杰、吴宜财：《民族地区产业扶贫的经验教训及发展对策》，《中南民族大学学报》（人文社会科学版）2019年第5期。

[5] 陈忠言：《产业扶贫典型模式的比较研究——基于云南深度贫困地区产业扶贫的实践》，《兰州学刊》2019年第5期。

[6] 尤琳、魏日盛：《"村党支部+合作社"产业扶贫模式：运行成效、实践困境与政策建议》，《中国矿业大学学报》（社会科学版）2020年第1期。

[7] 贡保草：《论西部民族地区环境资源型产业扶贫模式的创建——以甘南藏族自治州为例》，《西北民族大学学报》（哲学社会科学版）2010年第3期。

第八章　产业发展视角下中国精准扶贫案例研究

产业扶贫模式随实践的深入和各贫困地区差异而不断丰富，但无论何种模式都需处理好以下三个关系。一是特色产业的选择。基于资源禀赋与技术能力约束，贫困地区特色脱贫产业选择集中于种植、养殖等，对产后加工、销售环节的支持不足，[①] 部分贫困地区依托农业资源、自然资源、文化特色、历史遗迹实现产业扶贫，但资本、人才不足导致现阶段我国产业扶贫总体水平偏低，[②③] 贫困户收入提升有限。[④] 目前选择产业扶贫的地区还十分有限，[⑤] 而工业化却是提升人们收入的有效途径。二是脱贫参与主体之间的关系，既包括政府如何从产业组织者、资金提供者向企业、贫困户脱贫的服务者和产业维护者转变，也包括企业如何参与产业扶贫，如何处理好与政府、贫困户及合作社之间的关系，如何有效依托扶贫政策及资金获得经济效益与扩大产业规模，从而实现促进地区产业发展，还包括贫困户如何从产业的被动接受者向产业技能的掌握者转变，如何摆脱对政府扶贫资金的依赖，成为脱贫的主动方乃至企业的经营者等。[⑥⑦] 三是平衡短期利益和长期利益之间的关系，包括三个层面的含义：一是短期扶贫目标与地区可持续发展之间的关系，[⑧] 二是贫困户短期收益与产业长期发展之间的关系，[⑨] 三是农户被动式脱贫与贫困地区人力资本长期提升与高质量脱贫的关系。

[①] 郭晓鸣、虞洪：《具有区域特色优势的产业扶贫模式创新——以四川省苍溪县为例》，《贵州社会科学》2018年第5期。

[②] 王凯、林惠、甘畅、邓楚雄：《集中连片特困区旅游扶贫效率与经济发展水平的时空耦合关系——以武陵山片区为例》，《经济地理》2020年第2期。

[③] 陈超凡、王赟：《连片特困区旅游扶贫效率评价及影响因素——来自罗霄山片区的经验证据》，《经济地理》2020年第1期。

[④] 谢双玉、李琳、冯娟、乔花芳：《贫困与非贫困户旅游扶贫政策绩效感知差异研究——以恩施为例》，《旅游学刊》2020年第2期。

[⑤] 王书斌：《国家扶贫开发政策对工业企业全要素生产率存在溢出效应吗？》，《数量经济技术经济研究》2018年第3期。

[⑥] 陆远权、蔡文波：《产业扶贫的多方协同治理研究——以重庆市X县为例》，《重庆社会科学》2020年第1期。

[⑦] 林艳丽、杨童舒：《产业精准扶贫中企业、贫困户和地方政府行为的演化博弈分析》，《东北大学学报》（社会科学版）2020年第1期。

[⑧] 黄承伟、邹英、刘杰：《产业精准扶贫：实践困境和深化路径——兼论产业精准扶贫的印江经验》，《贵州社会科学》2017年第9期。

[⑨] 刘芳、徐兴文：《西南少数民族地区产业扶贫的现实困境与提升路径——基于云南M彝村的经验》，《湖北民族学院学报》（哲学社会科学版）2019年第6期。

现阶段，我国产业扶贫在处理以上三种关系过程中面临诸多困境。首先，在产业选择中，农业产业存在附加值低、农村劳动力持续减少①、农业生产同质性高、市场竞争压力大等困境，加之农业产业抗突发风险能力弱、市场波动大，②将持久脱贫的希望寄托于农业并不符合经济规律。而由于专业人才、基础设施的供给不足，信息闭塞和环境承载力和环境资源保护压力等问题造成贫困地区旅游产品开发技术落后、水平不高，③旅游产业扶贫效果并不理想。其次，在参与主体关系方面，作为产业扶贫的主体部门，自上而下的行政化推动容易引发决策越位现象，政府越位决策往往伴随着较强的行政干预和市场弱化，导致产业发展主体之间缺乏长效性的利益联结机制，扶贫产业难以经受市场的考验且持续性差。④过强的行政推动导致产品扶贫项目出现"水土不服"和"精英俘获"现象，贫困群众从产业项目中获得的收益十分有限且难以持续。基于地方政府的主观思维，强力干预推动贫困户参与产业扶贫，本应作为扶贫产业参与主体的贫困群众主体地位被忽视，导致被动参与扶贫。⑤作为市场行为主体，营利性与扶贫公益性之间的矛盾是企业作为扶贫参与方所需要解决的，富裕的企业与贫困户之间资源博弈和利益分配机制的缺位、现代工业文化与传统农业文化形成的文化冲突以及企业建设与当地环境保护之间的矛盾是产业扶贫进程中企业与农民面临的主要问题，⑥帮扶企业容易陷入高投入资本、高管理成本与对政府资源的高度依

---

① 王书斌：《国家扶贫开发政策对工业企业全要素生产率存在溢出效应吗？》，《数量经济技术经济研究》2018年第3期。
② 郭晓鸣、虞洪：《具有区域特色优势的产业扶贫模式创新——以四川省苍溪县为例》，《贵州社会科学》2018年第5期。
③ 林移刚、杨文华：《我国乡村旅游精准扶贫困境与破解研究：基于生产要素视角》，《云南民族大学学报》（哲学社会科学版）2017年第2期。
④ 郭晓鸣、虞洪：《具有区域特色优势的产业扶贫模式创新——以四川省苍溪县为例》，《贵州社会科学》2018年第5期。
⑤ 黄承伟、邹英、刘杰：《产业精准扶贫：实践困境和深化路径——兼论产业精准扶贫的印江经验》，《贵州社会科学》2017年第9期。
⑥ 张琦：《企业参与扶贫开发的机理与动力机制研究——以陕西省"府谷现象"为例》，《中国流通经济》2011年第4期。

赖的"三高"困境。① 最后，在行政绩效考核压力和产业发展长期性的双重压力下，很多地方片面强调利用经济补偿手段达到脱贫要求，忽视产业扶贫的"造血"功能，在产业选择上主要选择投资小、见效快的"短平快"产业，主要集中于种植、养殖等生产环节，或只是产业的简单引进，忽视了产业培育和长期产业发展的规划性，无法有效推进精准扶贫与地区发展、脱贫攻坚与乡镇基层政权建设的协调发展，影响稳定脱贫、长效脱贫。② 而这种沿袭了小农特色的产业扶贫模式和地区产业规划的短视造成了产业扶贫对贫困人口的技术和能力培训收效甚微，③④ 贫困人口人力资本提升效果不明显，对产业扶贫的认同感不高。

（二）工业产业为产业扶贫提供动力

破解上述困境，提升产业扶贫绩效需要把握以下四个关键：一是产业发展选择既不能急功近利，也不可好高骛远，应基于自身特色培育具有长期、稳定发展潜能的优势产业。二是贫困人口有效参与产业发展是其提升自身人力资本水平和分享发展红利的关键所在。三是产业要素集聚并逐步形成规模效应，扶贫产业应具备吸引外部资源和有效整合本地资源的能力。四是构建产业体系，强调纵向产业延伸与横向产业融合。中国持续的工业化进程和工业体系的区域转移为破解产业扶贫困境提供了契机。1978 年改革开放以来持续 40 多年经济高速增长，农村贫困人口显著减少，工业化以及迅速的城镇化构成了中国大规模减贫的基本动力⑤，农民从农业生产向非农生产的转

---

① 刘芳、徐兴文：《西南少数民族地区产业扶贫的现实困境与提升路径——基于云南 M 彝村的经验》，《湖北民族学院学报》（哲学社会科学版）2019 年第 6 期。
② 郭晓鸣、虞洪：《具有区域特色优势的产业扶贫模式创新——以四川省苍溪县为例》，《贵州社会科学》2018 年第 5 期。
③ 黄承伟、邹英、刘杰：《产业精准扶贫：实践困境和深化路径——兼论产业精准扶贫的印江经验》，《贵州社会科学》2017 年第 9 期。
④ 陆汉文、李文君：《"有用无效"：贫困人口能力建设的结构性困境——以豫西 Y 县农村实用技术培训为例》，《贵州社会科学》2017 年第 4 期。
⑤ 李小云、于乐荣、唐丽霞：《新中国成立后 70 年的反贫困历程及减贫机制》，《中国农村经济》2019 年第 10 期。

移以及非农收入的提升不仅快速提高了农民的收入水平①,还增强了农民抵御经济波动风险的能力。② 工业化发展为农业富余劳动力的转移提供了契机,不仅拓宽了农户收入来源,更分担了农业生产风险带来的收入和消费波动,有效降低了贫困发生率。相对于外出务工人口,劳动技能的缺失和人力资本水平不高使得贫困人口更受益于本地工业化的发展,③ 而工业产品的高附加值和扶贫工业的低技能劳动需求特性使得在部分贫困地区从事工业生产的农民收入提升速度较快,表现出较其他产业更突出的减贫效应。④

事实上,作为一个人口众多且以农业为主的发展中国家,实现大规模减贫不可能完全依赖于农业的发展,⑤ 且农业产业化及现代化仅靠农民自发组织很难实现,缺乏工业运行思维和生产体系的扶贫产业难以将贫困人口纳入现代生产体系,更难以形成产业规模与集聚,生产成本高,市场风险大,⑥ 产业可持续性发展的困境难以破解。而转移就业虽能在短期内助力脱贫,却无法助推贫困地区产业发展,难以保障贫困户长期脱贫。同时外出务工引发的留守儿童、孤寡老人等社会问题反而加剧了贫困地区的贫困程度。只有推动贫困地区工业化发展,促进地区经济向更高发展阶段演进,通过高附加值的工业部门满足更多就业需求,才是真正推动贫困地区脱贫的长久之计⑦。贫困地区的产业扶贫不仅能直接通过带动贫困人口就业而提升其收入水平,更能提升贫困人口人力资本,为其自主创业与经营提供培训途径,真正实现

---

① 张凤华、叶初升:《经济增长、产业结构与农村减贫——基于省际面板数据的实证分析》,《当代财经》2011年第12期。
② Ruben, Van den Berg and Marrit, "Nonfarm Employment and Poverty Alleviation of Rural Farm Households in Honduras," *World Development*, Elsevier, 2001, Vol. 29 (3).
③ 陈菁、贺达水:《经济增长与农村扶贫绩效的区域差异》,《中国延安干部学院学报》2015年第4期。
④ 杨水根、王展:《人口抚养水平影响住房消费的溢出效应研究——基于省际面板数据的空间计量分析》,《消费经济》2019年第1期。
⑤ 于乐荣、李小云:《中国益贫经济增长的时期特征及减贫机制》,《贵州社会科学》2019年第8期。
⑥ 牛胜强:《乡村振兴背景下深度贫困地区产业扶贫困境及发展思路》,《理论月刊》2019年第10期。
⑦ 王书斌:《国家扶贫开发政策对工业企业全要素生产率存在溢出效应吗?》,《数量经济技术经济研究》2018年第3期。

第八章 产业发展视角下中国精准扶贫案例研究

"输血"式扶贫。与此同时,基于地区优势而长期培育起的产业所具备的集聚效应对于贫困地区的脱贫而言具有重要意义,产业集聚形成的规模需求既能带动当地经济发展,也可以对周边地区产生辐射效应,增加被辐射区域居民的财富,最终实现区域脱贫。[①] 当前扶贫政策也为地区实施产业扶贫提供了支撑:一方面,持续的农村建设为贫困地区产业发展提供了较高素质的人才和基础设施条件;另一方面,扶贫工作的深入也为工业企业生产要素补充和产品市场扩展创造了良好的环境。

然而,产业扶贫也面临一定的挑战,首先,短期内产业难以形成体系和规模,产业布局需要基于对区域优势清晰的认知与科学的规划。其次,产业建设需要相应资源的投入,包括人力资本、基础设施、土地、资金等。最后,产业布局与地区环境之间的平衡是地区可持续发展应重点关注的。多重因素导致了我国扶贫政策倾向于农业、旅游业及其相关产业的发展,相应的产业扶贫实践与理论研究也自发地聚焦贫困地区产业发展以及基于农业资源的产品加工、旅游资源开发及相关延展产业链。在实践中,基于区域比较优势而实现产业扶贫的案例较少,理论研究也仅是指产业对于减贫的重要意义,案例分析和理论构建不足。本章试图从产业扶贫视角,以江西赣州南康区家具产业扶贫为案例,分析贫困地区如何依托自身发展优势和产业基础,建立可持续发展产业,带动贫困人口脱贫,并形成稳定的脱贫内生动力与能力。

本研究有两方面的创新:一是研究视角的创新。现有文献集中于研究农业及旅游业发展及其扶贫经验,对于产业发展推动地区扶贫的研究相对不足,本研究从产业发展的视角切入,研究产业扶贫的有效路径与经济成效,完善了产业扶贫的理论研究体系。二是研究对象的创新。以往案例研究很少关注到贫困地区如何通过产业实现脱贫,这既是因为相关案例及经验较少,也是因为产业扶贫是当前政策倾斜的领域,本研究以江西赣州南康区家具产业扶贫为案例,介绍当地如何通过培育家具产业这一富民产业带动域内及周

[①] 张立群、陈宇宙:《以新型城镇化推进减贫研究:一个文献综述》,《社科纵横》2015 年第 10 期。

边地区贫困人口脱贫,不仅给既有扶贫政策导向提供了新的思路,也为产业扶贫实践提供了可供借鉴的成功案例。

三 南康家具产业及其扶贫成效

(一) 南康家具产业

南康是江西省赣州市辖区之一,是中国实木家具之都。由于人多地少,"男做木匠,女做裁缝"成为南康人主要谋生手段,"木匠之乡""做木匠活"是千百年来客家人的老行当并为南康留下了技艺传承和产业基础。20世纪90年代末期,南康区政府积极支持和引导当地外出务工人员返乡创业,南康区的木匠技艺传承实现了"出口转内销",人才是南康家具产业发展的基石和关键,也是南康家具产业最重要的要素市场。[①] 历经20余年的发展,南康已经成为中国最大的实木家具制造基地,家具产业集群产值于2016年突破千亿元大关,2019年产值超1800亿元,全区拥有家具企业9000余家,其中规上企业达1022家,标准化厂房达1000万平方米,带动相关从业人员50余万人,域内专业家具市场销售面积260万平方米,家具销售店面12000余间,建成营业面积和年交易额均位居全国前列,获评"全国知名品牌创建示范区""家具产品质量提升创建示范区",拥有"中国驰名商标"5个,"南康家具"品牌价值估值达100亿元。在家具产业带动下,南康现代服务业快速发展,2019年物流企业达700余家,其中规上企业达30余家。全国第八个内陆城市开放口岸"赣州港"的建成开通推动了赣州融入"一带一路"建设,南康家具从50多个国家和地区进口木材,产品销往100多个国家和地区,实现"买全球、卖全球"。电商平台及大数据的应用、家居特色小镇的高标准规划建设推动南康家具不断向产业链纵深、自主创新领域拓

---

① 朱捡发、陈旭明:《基于钻石模型视角下南康家具产业集群效应研究》,《东方企业文化》2019年第S2期。

展。依托木匠技艺传承，持续培育和壮大产业，南康家具产业探索出了"无中生有、有中生特、特在其人、人联四方"的发展路径。

（二）南康贫困状况及家具产业扶贫成效

南康全区面积 1722 平方公里，辖 16 个乡镇、2 个街道，人口 86 万，属原中央苏区县和罗霄山脉集中连片特困地区，累计建档立卡贫困户 24516 户 90652 人，其中贫困人口有 43340 人。截至 2019 年底，南康共有未脱贫在档贫困人口 1673 人，主要分为两类人群：一类是 2019 年新增贫困人口及返贫人口，另一类是农村中无劳动能力、无生活来源、无法定赡养扶养义务人或虽有法定赡养扶养义务人但无赡养扶养能力的老年人、残疾人和未成年人等由政府托底贫困人口。

南康依托家具产业这个产值超千亿元的产业优势，开展"产业+就业"扶贫，并于 2019 年 4 月 28 日实现全区脱贫摘帽。90652 人贫困人口中已有 20201 户 40843 人实现就业，其中法定劳动年龄的贫困人口就业 34887 人，法定劳动年龄外贫困人口就业 5956 人，法定劳动年龄内贫困人口就业率达到 93.3%，户均就业人数 1.66 人，全区有劳动能力且有就业意愿的"零就业贫困家庭"基本实现了动态清零，使有劳动能力的贫困人口实现了充分就业。家具产业吸纳贫困人口达 13161 人，占已就业贫困人口的 32.35%，人均工资每月可达 3000 元左右。以成熟的家具企业为后盾，南康积极推进扶贫车间建设，全区运营的扶贫车间 43 家，吸纳建档立卡贫困劳动力 330 人务工就业。

四　南康家具"产业+就业"深度融合脱贫模式

习近平总书记强调，"发展产业是实现脱贫的根本之策"。而产业扶贫不只是要将产业引进贫困地区，在贫困地区发展产业，更要重视产业的可持续性。南康依托本土技艺传承，"无中生有"地不断培育和扶持家具产业，做到注重特色、扬优成势，把千亿元家具产业作为脱贫攻坚的最大优势和最强支撑,采取"产业+就业"深度融合脱贫模式,实现了产业扶贫,通过家具产业创造的就业岗位为贫困群众提供持续的脱贫机会,不仅有效地激发了贫困群众的内生动力,更走出了一条"产业+就业"的高质量脱贫之路。

(一)家具产业有效解决南康扶贫进程中的产业选择问题

产业所依赖的要素资源与大多数贫困地区固有要素禀赋不匹配,培育地区产业多需要从无到有逐步构建,而产业尤其是产业集群的长期性使得地区构建产业体系的试错成本极高,因此,产业扶贫需要依托地区特色,从地区资源禀赋、文化传承、社会网络等维度选择具有比较优势的产业进行培育。同时,不应过度追求产业的高级化,产业的选择也应兼顾劳动力吸纳和贫困人口技能适应性。产业扶贫中,产业的发展是前提,而产业的可持续性是发展目标和扶贫的持续动力。围绕"产业"这一核心要素,政府是产业的主要规划者、引导者和推动者。依托地区禀赋优势,规划产业发展方向和长期路径,通过政府资源调配优势及政策制定权力引导和扶持产业发展,推动地区产业逐步发展壮大,带动地区经济发展,逐步培育出地区产业的自生性发展动能,为贫困人口提供稳定的就业机会,逐步构建颇具地区特色的产业体系以推动地区的高质量脱贫。企业是产业的主要投入者和参与者。企业是产业活动的主体,兼具产业发展所需技术、资金要素,具有可持续性的产业不应是地区政府持续性投入的"输血式"产业,而应依托于企业(既可以是本地成长型企业,也可以是域外引进型企业)作为产业主体,不断发展,逐步形成产业集群并带动上下游产业发展。通过参与扶贫,工业企业可以为贫困人群提供相应的就业岗位,建设工业园区和开办扶贫车间等。贫困人口是贫困地区产业发展的直接受益人。贫困人口从产业发展中获得稳定的就业机会,相较于农业,工业就业的稳定性、抗风险性和相对高收入性是贫困人口逐步摆脱贫困状态的有效推动力。

从南康的经验看,如图8-1所示,2013年开始,南康区抓住《国务院关于支持赣南等原中央苏区振兴发展的若干意见》颁布的历史机遇,出台了一系列扶持政策,多措并举打造千亿元家具产业集群,通过"搭平台、育集群、拆转建、促转型、重创新、塑品牌",推动产业转型升级、做大做强，扶持和引导家具产业发展，2019 年家具产业集群产值已达 1807 亿元，同比增长 11.9%，主营业务收入达 1714.9 亿元，同比增长 9.5%。家具产业已成为南康的富民产业、扶贫产业，为脱贫攻坚提供了强大支撑和持续动力。

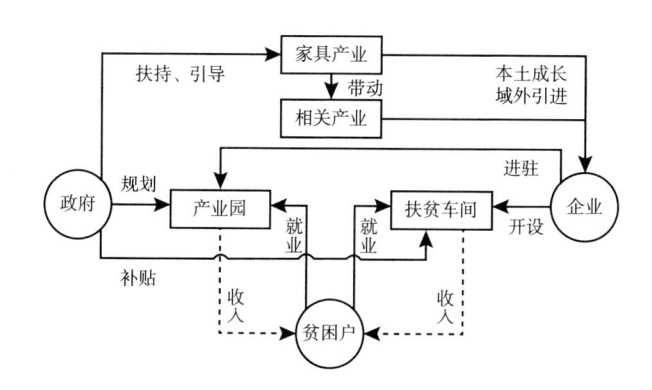

图 8-1 南康家具产业发展及扶贫机制

在家具产业带动下，南康积极规划和扶持发展现代金融、物流、商贸、电商等生产性服务业，拓宽贫困人口就业空间。其中，以家具销售为主的电商运营体通过电商产业帮助贫困户创销增收。借助"国家电子商务进农村综合示范县""全国十强国家电子商务示范基地""中国电商示范百佳县江西首位""京东南康家具线上馆"等电商平台优势，依托南康家具"买全球、卖全球"的实体产业基础与遍布全国的立体物流网络和直通全球的内陆口岸——赣州港，从 50 多个国家和地区进口木材，并将南康家具销往 100 多个国家和地区，打造南康"跨境电商产业园"。2019 年，跨境电商企业从最初的 20 家发展到 197 家，电商企业从 3810 家发展到 4932 家，电商交易额从 301 亿元增长到 506 亿元。同时，南康依托家具电商企业开展贫困户子女电商技能培训，并通过电商企业的集聚为贫困人口提供就业岗位，与电商平台合作为贫困人口提供创业辅导和支持，包括销售培训、开店辅导和产品供应链资源支持等，通过实施电商平台创业扶贫，带动当地贫困人口脱贫增收。

南康依托全区各家具产业聚集区规划建设家具产业园及易地扶贫搬迁安

置点，对搬迁贫困户进行劳动力职业技能培训和实用技术培训，提升搬迁贫困户就业创业能力，增强搬迁贫困户内生动力，并充分引荐贫困户到附近家具企业务工，有效解决贫困户易地搬迁之后的就业增收问题，做到"搬得出、稳得住、能致富"。同时，依托产业园和安置点，建设相应的公共配套设施及移民服务中心，既能助力贫困户搬迁后享受后续帮扶措施，提供就业、就医、就学便利，提升贫困人群人力资本水平，也能为搬迁贫困户提供环卫、家政、保洁等低技能扶贫岗位，帮扶低技能及弱势群体就业。鼓励有条件的家具企业在扶贫搬迁安置点周边及乡镇设立扶贫车间吸纳贫困劳动力就业，截至2019年底，南康运营扶贫车间有43家，吸纳建档立卡贫困人口330人就业。企业围绕家具生产、配套、物流三大主力行业，提供压板、上胶、拼接、搬运等岗位，有效吸引了贫困人口就业，提升了贫困户收入水平。政府按照一次性补助和吸引就业人数补助给予扶贫车间扶贫资金支持，2019年政府补贴达255.77万元。

（二）家具产业就业成为南康政府、企业、贫困户联系的纽带

围绕产业，以实现贫困人口产业就业为核心目标的扶贫逻辑是解决产业扶贫进程中各参与主体角色定位偏离和关系模糊问题的有效路径之一。围绕产业有效"就业"这一核心目标，贫困户始终作为扶贫工作的核心主体，在政府帮扶和企业融入中提升自身人力资本水平、掌握就业技能、享受优惠政策，从而实现稳定就业和高质量脱贫。工业企业是岗位的供给方和劳动力的需求方，劳动力密集型工业企业吸纳贫困人口就业的作用显著，工业生产对劳动技能的要求推动企业在吸纳就业的同时完成了对贫困人口劳动技能的培训（包括岗前培训和在岗培训），提升了贫困人口的劳动技能和生产能力，从而提升了贫困人群脱贫的内生动力与能力。对于低技能劳动者，企业也可通过提供非技能岗位的方式给予援助和帮扶。扶贫进程中，政府的功能定位主要包括：一是提供就业供需平台，帮助贫困户与企业对接；二是给予具有自主创业和外出就业意愿的贫困人口资金补贴和政策引导；三是为贫困户提供就业培训，帮助贫困人口尽快适应工业生产的技能要求和生产方式；四是提供社会公共服务及社会保障，为贫困人口提供融入工业生产体系的医疗、教育、社会保障服务。扶贫资金的使用是政府功能定位的第五个方面，也是产业扶贫进程中所需要解决的矛盾，既要解决贫困人口及企业对扶贫资金的依赖问题，又要使政府扶贫资金能够投向有需要且有意愿脱贫的贫困人口。基于此，政府的扶贫资金在使用上应以促进贫困人口"就业"为激励目标，主要包括：一是推动企业提供就业岗位和岗位培训的资金补贴，该类补贴是通过投给企业所对应的岗位而间接补贴给贫困人口，企业并非扶贫资金的最终受益人，贫困人口也无法通过"等、靠、要"形式直接获得补贴，企业获得了生产所需劳动力且并未显著增加生产成本，贫困户则在提升了生产技能和收入的同时获得了稳定的就业机会，这样既提升了企业的扶贫意愿、降低了企业公益行为的支出成本，也促进了贫困人口的就业。二是补贴具有创业及外出就业意愿的贫困户，鼓励贫困人群走出"贫困僵局"，提升自主脱贫的意愿和能力。三是为贫困人群提供社会公共服务和培训等，提升贫困人群的人力资本和生产技能，帮助其跨越产业就业壁垒。

习近平总书记强调，扶贫要同扶智、扶志结合起来，"脱贫致富终究要靠贫困群众用自己的辛勤劳动来实现"。围绕"家具产业+就业"，南康区有效地激发了贫困群众的内生动力。如图8-2所示，南康政府通过企业设岗补贴及贫困户激励补贴有效运用扶贫资金，助力贫困户消除"等、靠、要"思想，通过就业带动贫困户脱贫。设岗补贴方面，首先，南康政府通过鼓励家具生产企业设立扶贫岗招收贫困人口就业，从2017年开始，南康为企业所设各扶贫岗提供工资补贴300元/月、社保补贴50元/年（企业购买社保费用平均120元/年）。其次，鼓励企业设立扶贫车间，并根据扶贫车间所吸纳的贫困人口就业人数，每月给予场地租金及水电费补贴450元/人，同时给予扶贫车间一次性建设补助资金10万元，对地处边远、产业基础薄弱的贫困村开办的扶贫车间，再给予5万元补助。扶贫资金通过就业形式，以企业设置扶贫车间和提供扶贫岗位的方式补贴给贫困人口，有效推动了贫困人口由被动脱贫向主动脱贫的转变。与此同时，企业吸纳贫困人口就业，既解决了劳动力来源问题，也通过政府补贴降低了扶贫压力。贫困户激励补贴体制机制的设计也是基于鼓励贫困户主动就业创业，变被动脱贫为主动脱贫，激发内生动能。南康给予外出务工的贫困劳动力交通补贴，年内工作满六个月者，区内务工补贴1000元/年，区外务工补贴1500元/年。

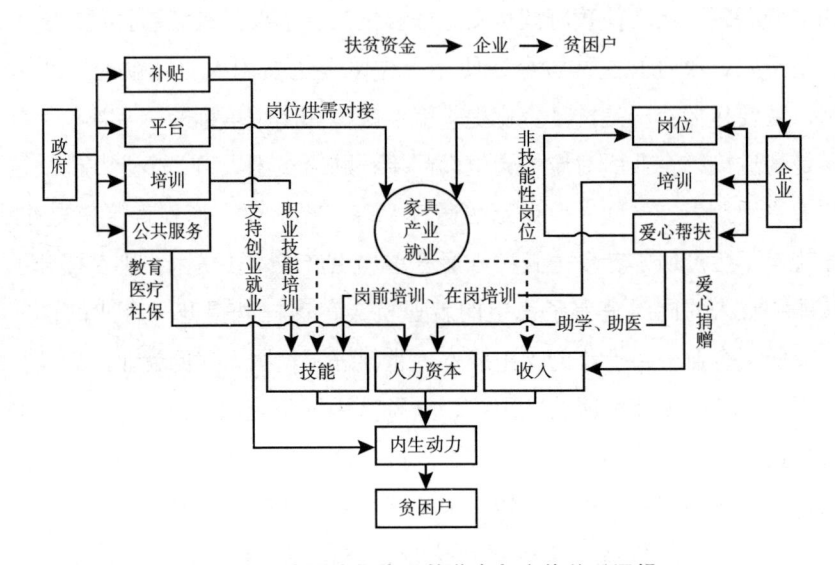

图8-2 南康家具产业扶贫参与主体关系逻辑

实现稳定、长期脱贫不仅是贫困户收入水平的提升，更要求贫困户具有一技之长，能够具有工业生产所需技能。南康政府及家具企业相继提供了多种技能培训模式，帮助贫困户提升技能水平。围绕千亿家具产业及相关配套产业链，南康政府与企业合作，开展了贫困劳动力培训意愿摸底调查，并按照意愿采取针对性的职业技能培训、岗前培训、企业在岗培训等，提高培训与就业的匹配度，提升劳动者就业水平。仅2019年，南康已完成贫困劳动力扶贫培训人数3321人。对参加规定的职业技能培训的贫困户劳动力，培训期间每天给予30元/人的生活补贴（累计不超过300元/人），取得职业资格证或培训合格证的，给予500元/人的一次性求职补贴。

南康还积极搭建就业服务平台，举办了春季就业招聘大会暨就业扶贫现场签约仪式、高校毕业生暨就业扶贫专场招聘会、现代家具产业专场招聘会等，帮助贫困人口充分就业。集中在家具重点乡镇和家具产业园区搭建产业扶贫平台，鼓励企业打造扶贫车间吸纳贫困人口就业。在家具生产、家具配套、家具物流三大主力行业上通过"设立专岗安置一批、技能培训带动一批、师傅带徒帮扶一批、交通补助引导一批、结对励志影响一批"等方式鼓励贫困人口就业。为减轻就业的贫困人口及其亲属生活压力，南康出台了相应的医疗、教育、住房保障等扶贫政策。保证贫困人口有病可医、有病能医，对贫困家庭子女各教育阶段学费减免，发放奖/助学金，提供住宿、生活费、交通、实习补助和助学贷款等，有效提升了贫困人口的人力资本水平。此外，家具企业通过设立非技能岗位带动低技能和低人力资本贫困人口就业。爱心企业、爱心人士也相继结对帮扶贫困村、贫困户和贫困学生，帮助贫困户提升"造血"能力。截至2019年10月，南康家具企业累计捐资捐物超过2200万元，帮扶贫困学生2458名，帮助贫困村发展特色产业、改善基础设施，营造了全社会支持、参与脱贫攻坚的浓厚氛围。

（三）家具产业与就业有效化解南康扶贫的长期与短期利益选择

2020年是我国脱贫攻坚的决胜之年，在目标紧、任务重的情况下，不少地区扶贫工作难免出现短期扶贫目标和长期发展利益相冲突的问题。南康的经验显示，如图8-3所示，通过发展和培育家具这个千亿元产业、优势产业，有效地解决了扶贫目标与地区可持续发展之间的矛盾，家具产业的发展带动了南康经济发展，构建了以家具产业为核心的产业体系，并且紧跟技术进步逐步实现产业升级，这一优势产业体系将是南康长期经济增长的重要动力。而家具产业的劳动密集型和低技能性特征又给产业扶贫带来了机遇，通过就业带动，家具产业的发展有效解决了贫困户就业问题，同时，依托南康家具产业集群成长起来的当地企业也积极回馈社会，帮助贫困人口脱贫。依托"家具产业+就业"，南康有效地将扶贫目标与地区长期产业规划与发展相结合，为我国其他贫困地区的产业扶贫提供了有益的借鉴。

同时，产业就业所带来的收入普遍高于农业生产收入，南康家具产业从业贫困人口月均工资可达4000元，家具关联产业如包装、物流产业可吸纳低技能劳动力就业，月均工资可达3400元，企业所雇用保洁员、安保员等公益性岗位也按照南康最低工资标准提供薪资。产业受季节性和突发性外生冲击的影响较小，相对农业、旅游业生产有更为稳定的就业保障，贫困人口收入显著提升。南康人多地少、劳动力丰富，家具产业发展所需的劳动力成

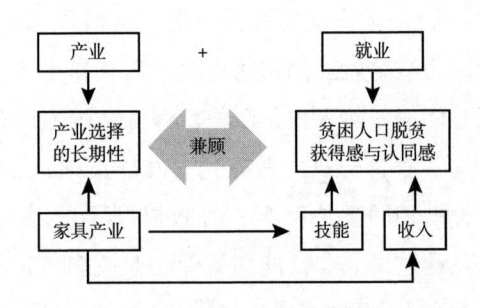

图 8-3 "产业+就业"的扶贫长效机制

本低,加之政府对于贫困人口就业予以岗位补贴和培训补助,既实现了企业扶贫的社会公益目标,也有效地保护了企业参与市场竞争的营利性目标,有效地解决了贫困户短期收益和产业长期发展之间的矛盾。

贫困人口就业需要其具备工业生产所需技能与相应的人力资本水平。南康依托家具产业链,对贫困人口开展就业培训,帮助贫困人口掌握一技之长,使得其具备了脱贫的劳动技能,而相对较高的收入水平及其带来的生活水平和生活方式的改变也增强了贫困人口的脱贫意愿,做到了扶志与扶智相结合,提升了贫困人口的获得感。政府出台的激励政策和提供的社会公共服务、企业提供的就业培训和扶贫岗位也有效解决了贫困人口的后顾之忧,提升了贫困人口的认同感。南康"家具产业+就业"的扶贫模式解决了贫困人口的被动脱贫激励困境,也提升了贫困人口的人力资本水平,降低了脱贫人口返贫的可能性,实现了高质量脱贫。

五 结论与启示

本章以南康家具产业"产业+就业"扶贫模式为例,阐述了在产业扶贫中地区产业选择、各主体及长短期利益选择等问题。通过工业体系的建立,南康有效平衡了脱贫产业与地区长期经济发展之间的利益关系,围绕贫困人口就业所制定的家具产业扶贫政策使得各参与主体定位清晰,"产业+就业"的扶贫模式有效地解决了短期扶贫目标与地区可持续发展、贫困户短期收益与产业长期发展、农户被动式脱贫和贫地区人力资本长期提升与高质量脱贫等长期与短期利益之间的矛盾。南康模式为产业扶贫提供了可供参考的成功案例。

基于上述研究结论，本章可以得出以下政策启示。

第一，因地制宜地培育特色产业，构建具有可持续性、抗风险性的扶贫产业。农业扶贫往往存在主体抗风险能力较低、扶贫参与主体关系界定不清晰、产业的地区长期经济带动能力不足等问题，使得贫困人群参与脱贫的获得感和认可度不高。因此，有条件的地区应依据自身资源禀赋，通过发展产业带动地区贫困人口脱贫。但贫困地区需要清晰定位自身工业化发展阶段和基础禀赋，不应急功近利，通过政府引导、资源汇聚、企业扶持与引进、农户培训与就业等逐步构建地区特色工业体系。同时，不应好高骛远，一味追求高端产业，构建工业体系时应注重结合自身优势与发展传承，劳动密集型产业既能有效解决贫困人口的就业问题，又能与贫困地区的工业基础相匹配，对于贫困地区的工业化起步而言往往更为适宜。

第二，让贫困人口成为脱贫主体，为其提供稳定的就业机会。就业是实现贫困人口增收最有效、最稳定的途径，而贫困人口脱贫的本质是实现增收与提质。所谓增收，即为贫困人口提供更高水平、可持续的收入来源，地区政府应为贫困人口创造就业增收的机会；所谓提质，即在贫困人口就业中提升其人力资本水平，地区政府可以通过岗前培训及与企业合作开展在岗培训的形式提升贫困人口的就业能力。提升本地区人口素质，为工业发展提供合格的劳动力队伍，有效提高贫困人口劳动技能与自生能力，增强脱贫内生动力，实现地区高质量脱贫。

第三，合理使用扶贫资金，调动各主体的积极性。贫困地区在扶贫资金使用中应避免政府主导的资金投放而形成的企业对扶贫资金的依赖和贫困户"等、靠、要"的思想。应以培育产业、激励企业、提供稳定就业、调动贫困人口的积极性为扶贫资金的使用目标。贫困地区政府应通过扶贫资金的投入推动本地工业体系建设、增加就业机会、减轻企业扶贫压力以及提升贫困人口人力资本水平。鼓励企业在接收资金的同时，增设贫困人口就业岗位、设立扶贫车间、提供就业培训，既实现企业扶贫的社会公益目标，也有效保证企业参与市场竞争的营利性目标。建立贫困人口扶贫资金鼓励机制，引导贫困人口通过资金奖励与扶持政策主动脱贫，由被动脱贫向主动脱贫转变。

参考文献

叶初升、张凤华：《政府减贫行为的动态效应——中国农村减贫问题的 SVAR 模型实证分析（1990~2008）》，《中国人口·资源与环境》2011 年第 9 期。

孙久文、夏添：《中国扶贫战略与 2020 年后相对贫困线划定——基于理论、政策和数据的分析》，《中国农村经济》2019 年第 10 期。

范和生、武政宇：《相对贫困治理长效机制构建研究》，《中国特色社会主义研究》2020 年第 1 期。

邢成举、李小云：《相对贫困与新时代贫困治理机制的构建》，《改革》2019 年第 12 期。

汪三贵：《在发展中战胜贫困——对中国 30 年大规模减贫经验的总结与评价》，《管理世界》2008 年第 11 期。

王书斌：《国家扶贫开发政策对工业企业全要素生产率存在溢出效应吗？》，《数量经济技术经济研究》2018 年第 3 期。

梁栋、吴惠芳：《农业产业扶贫的实践困境、内在机理与可行路径——基于江西林镇及所辖李村的调查》，《南京农业大学学报》（社会科学版）2019 年第 1 期。

杨龙、李宝仪、赵阳、汪三贵：《农业产业扶贫的多维贫困瞄准研究》，《中国人口·资源与环境》2019 年第 2 期。

朱玲、何伟：《工业化城市化进程中的乡村减贫 40 年》，《劳动经济研究》2018 年第 4 期。

钟甫宁：《劳动力市场的调节是农民增收的关键——评〈农村发展与增加农民收入〉》，《中国农村经济》2007 年第 5 期。

翟军亮、吴春梅：《农村贫困治理的范式转型与未来路径——兼议产业精准扶贫的推进路径》，《西北农林科技大学学报》（社会科学版）2019 年第 4 期。

曾庆捷、牛乙钦：《乡村治理中的产业扶贫模式及其绩效评估》，《南开学报》（哲学社会科学版）2019 年第 4 期。

林万龙、华中昱、徐娜：《产业扶贫的主要模式、实践困境与解决对策——基于河南、湖南、湖北、广西四省区若干贫困县的调研总结》，《经济纵横》2018 年第 7 期。

李俊杰、吴宜财：《民族地区产业扶贫的经验教训及发展对策》，《中南民族大学学报》（人文社会科学版）2019 年第 5 期。

陈忠言：《产业扶贫典型模式的比较研究——基于云南深度贫困地区产业扶贫的实

第八章 产业发展视角下中国精准扶贫案例研究

践》，《兰州学刊》2019年第5期。

尤琳、魏日盛：《"村党支部+合作社"产业扶贫模式：运行成效、实践困境与政策建议》，《中国矿业大学学报》（社会科学版）2020年第1期。

贡保草：《论西部民族地区环境资源型产业扶贫模式的创建——以甘南藏族自治州为例》，《西北民族大学学报》（哲学社会科学版）2010年第3期。

郭晓鸣、虞洪：《具有区域特色优势的产业扶贫模式创新——以四川省苍溪县为例》，《贵州社会科学》2018年第5期。

王凯、林惠、甘畅、邓楚雄：《集中连片特困区旅游扶贫效率与经济发展水平的时空耦合关系——以武陵山片区为例》，《经济地理》2020年第2期。

陈超凡、王赟：《连片特困区旅游扶贫效率评价及影响因素——来自罗霄山片区的经验证据》，《经济地理》2020年第1期。

谢双玉、李琳、冯娟、乔花芳：《贫困与非贫困户旅游扶贫政策绩效感知差异研究——以恩施为例》，《旅游学刊》2020年第2期。

陆远权、蔡文波：《产业扶贫的多方协同治理研究——以重庆市X县为例》，《重庆社会科学》2020年第1期。

林艳丽、杨童舒：《产业精准扶贫中企业、贫困户和地方政府行为的演化博弈分析》，《东北大学学报》（社会科学版）2020年第1期。

黄承伟、邹英、刘杰：《产业精准扶贫：实践困境和深化路径——兼论产业精准扶贫的印江经验》，《贵州社会科学》2017年第9期。

刘芳、徐兴文：《西南少数民族地区产业扶贫的现实困境与提升路径——基于云南M彝村的经验》，《湖北民族学院学报》（哲学社会科学版）2019年第6期。

林移刚、杨文华：《我国乡村旅游精准扶贫困境与破解研究：基于生产要素视角》，《云南民族大学学报》（哲学社会科学版）2017年第2期。

张琦：《企业参与扶贫开发的机理与动力机制研究——以陕西省"府谷现象"为例》，《中国流通经济》2011年第4期。

陆汉文、李文君：《"有用无效"：贫困人口能力建设的结构性困境——以豫西Y县农村实用技术培训为例》，《贵州社会科学》2017年第4期。

李小云、于乐荣、唐丽霞：《新中国成立后70年的反贫困历程及减贫机制》，《中国农村经济》2019年第10期。

张凤华、叶初升：《经济增长、产业结构与农村减贫——基于省际面板数据的实证分析》，《当代财经》2011年第12期。

Ruerd & Van den Berg and Marrit, "Nonfarm Employment and Poverty Alleviation of Rural Farm Households in Honduras," *World Development*, *Elsevier*, 2001, Vol. 29 (3).

陈菁、贺达水：《经济增长与农村扶贫绩效的区域差异》，《中国延安干部学院学报》2015年第4期。

杨水根、王展：《人口抚养水平影响住房消费的溢出效应研究——基于省际面板数据的空间计量分析》,《消费经济》2019年第1期。

于乐荣、李小云:《中国益贫经济增长的时期特征及减贫机制》,《贵州社会科学》2019年第8期。

牛胜强:《乡村振兴背景下深度贫困地区产业扶贫困境及发展思路》,《理论月刊》2019年第10期。

张立群、陈宇宙:《以新型城镇化推进减贫研究:一个文献综述》,《社科纵横》2015年第10期。

朱捡发、陈旭明:《基于钻石模型视角下南康家具产业集群效应研究》,《东方企业文化》2019年第S2期。

第九章
绿色发展视角下中国精准扶贫案例研究
——基于江西省信丰脐橙产业的案例

陈素梅[*]

在 2020 年中国消除绝对贫困的历史性时刻,本章以江西省信丰脐橙产业为例,阐述了贫困地区绿色脱贫的实现机制和路径,研究发现,贫困地区可以依托绿色资源实现绿色脱贫。从实现机制上,"资源—经济价值—减贫—资源再投资"的良性循环可确保可持续的绿色脱贫。从实践模式上,实现资源跨界集约化配置和确保农户与现代经营主体利益共享、风险共担是实现绿色脱贫的关键因素。就前者而言,包括科技创新引领产业绿色转型、一二三产业融合开辟增收新渠道、借助电子商务平台延伸产业布局等形式;就后者而言,表现为建立多元化利益联结机制。本研究对我国贫困地区以及其他发展中国家实现绿色脱贫具有重要的政策启示。

贫困地区往往与生态脆弱地区高度重合,贫困与生态的相互作用一直是研究贫困地区和贫困人口可持续发展的重要议题。尤其是极度贫困地区往往生态环境脆弱,一旦遭受破坏将难以修复,并进一步加剧贫困,造成环境贫困陷阱。[①] 因此,平衡经济增长和环境保护之间的关系已成为近年来发展中

---

[*] 陈素梅,中国社会科学院工业经济研究所副研究员,研究方向:环境经济学。
[①] Dasgupta, S., Deichmann U. and Meisner C., Wheeler D., "Where is the Poverty-environment Nexus? Evidence from Cambodia, Lao PDR, and Vietnam," *World Development*, 2005, 33 (4).

国家面临的共同难题。作为世界上最大的发展中国家，中国政府坚持以人民为中心的发展思想和环保优先的发展理念，明确提出创新、协调、绿色、开放、共享的发展理念。习近平总书记指出，要守住发展和生态两条底线，绿水青山就是金山银山，为贫困地区实施绿色减贫战略指明了方向。江西省信丰县作为赣南脐橙的发源地、著名的"中国脐橙之乡"，有效探索出脐橙产业高质量发展及产业脱贫攻坚新路径，成为赣南脐橙产业高质量发展的标杆，发展经验具有复制推广价值。因此，本章将江西省信丰县脐橙产业发展实践从精准扶贫与绿色发展的视角去审视，阐述其实现机制和实践路径，总结经验并深化理论，更好地助推我国绿色减贫，也为其他发展中国家减贫提供经验借鉴。

一 江西省信丰县脐橙产业实践及其减贫成效

（一）脐橙产业化实践探索历程

信丰县位于江西省赣州市南部（又称赣南），是著名的革命老区，地处南方红壤丘陵山地生态脆弱区，水土流失问题严重，长期以来，受战争创新、生态脆弱、交通条件等因素影响，经济发展落后。毁林开荒、传统的陡坡种植、矿产资源的粗放式开采等进一步加剧水土流失，矿山开放污染问题严峻，地质灾害多发频发，导致生态环境进一步退化，形成了"生态脆弱—贫困—掠夺式开发—环境退化—加剧贫困"恶性循环的"贫困陷阱"。信丰县既是国家集中连片特困地区之一，又是生态脆弱区，具有贫困和生态恶化叠加的特征。因此，信丰县要彻底摆脱贫困，首先应从缓解生态恶化问题入手，将绿色增长与减贫结合起来成为其必然的选择。

信丰县自1971年引种栽培赣南第一批脐橙以来已有近50年的发展历史，从而成为赣南脐橙的发源地。信丰县位于黄金产橙带北纬30°附近，平均日照长达1600小时以上，全年积温6000℃以上，红壤土质偏酸，含多种微量稀土元素，对果实色素、糖分、维生素C和香气含量起到了其他地区无法替代的作用，脐橙市场前景看好。为此，如图9-1所示，近年来信丰县践行了"绿水青山就是金山银山"的绿色可持续发展理念，立足资源禀赋优势，在合理的开发范围内将红壤资源转化为经济优势，大力发展脐橙产业；全民平等参与，资源收益惠及广大贫困人口，促进了社会包容性发展；同时，贫困人口环保意识增强，将绿色资源转化成经济优势可以再一次投入当地的绿色资源保护中，具体表现为：有机肥替代化肥，减少使用除草剂，推广水肥融合、大苗上山定植、杜绝毁林种果、禁止在坡度超过25°的山地以及可能导致水土流失的地方建果园等措施，改善当地土壤质量，防止水土流失，有效保证脐橙长期种植水平和产值，增强脐橙产业发展新动能，将原有的恶性循环转变为"资源—经济价值—减贫—资源再投资"的良性循环，实现绿色和减贫的有效结合。因此，信丰县围绕脐橙产业建立了使绿色资源向经济和社会价值转化的长效机制，具有内在的绿色减贫动力。

信丰县脐橙产业是以政府扶植为契机，优化资源配置，保障项目资金，争取技术支撑，通过政府、企业、合作社、农户共同参与实现农户增收、带动就业并保护生态环境的多赢。产业发展初期，受柑橘黄龙病暴发的影响，脐橙面积和产量锐减，果农种植信心受挫。于是，脐橙产业转型升级迫在眉睫。全县通过"引进来、走出去"，在疫情防控、标准果园建设、苗木安全、品牌质量保护等方面加强宣传培训，引导全民参与脐橙产业；调优脐橙品种结构，鼓励发展打药、施肥、修剪、采果等社会化专业化服务组织，规范使用"信丰脐橙"证明商品与防伪标识，从根本上提升脐橙品质，不断促进脐橙产业转型升级；先后争取了国家现代农业示范区、国家农产品（脐橙）出口安全示范区、国家现代农业（脐橙）产业园等项目政策资金支持，保障病虫害防治与生态建园资金需求；与中国工程院、华中农业大学等高等院校、科研机构签订合作协议，就苗木繁育、果园开发、病虫害监测、脐橙品种资源、市场营销等方面争取技术支持；引进龙头企业农夫山泉、绿萌科技等12家脐橙营销、深加工企业，力推"互联网+"脐橙销售，对于稳定脐橙收购价格、解决"卖果难"发挥了重要作用，加速了脐橙产业转型。目前，信丰县脐橙产业已从原来的单纯种植业转变成集种植生产、仓储物流、精深加工、旅游休闲于一体的产业集群。

（二）脐橙产业效益分析

信丰县脐橙产业是实现绿色发展视角下精准扶贫的典型案例，不仅带动了当地经济增长，还增强了社会发展的包容性，助力脱贫攻坚战，有助于实现经济、社会与环境的协调发展。

1. 减贫效应

信丰县脐橙产业高质量发展有力地促进减贫成效，提升社会包容度。减贫效应主要从贫困地区和贫困人口两个层面展开。

对于信丰县这一贫困地区而言，脐橙产业发展不仅有利于增加就业机会，促进经济个体共享经济增长成果，而且有利于增强经济增长新动能，增加政府财政收入，促进更多的财政资金流向果业发展。一方面，信丰县聘请专家教授传授柑橘黄龙病防控、标准果园建设等知识，组织人员"走出去"学习考察云南褚橙等地经验，这极大地促进了全民共同参与脐橙产业高质量发展。而种植、仓储物流、精深加工、电商等相继发展起来，优化了贫困地区产业结构，促进了多元化就业。2019年，全县脐橙种植面积21.87万亩，带动4万多农民增收致富；有精准扶贫建档立卡贫困户327户参与脐橙产业发展，其中，205户贫困户自主开发果园868.2亩，加工企业（合作社）、种果大户、定点苗圃等经营主体带动贫困户111户。另一方面，随着龙头企业农夫山泉、绿萌科技等的进驻，政府税收收入显著增加，进而有利于保障推广优质苗木、防治黄龙病、生态建园等扶持资金，更好地推进脐橙产业转型升级和高质量发展。

对于贫困人口而言，脐橙产业高质量发展有助于开发人力资源，提升农民专业技术水平，为精准扶贫提供内生动力。一方面，扶贫先扶志，广泛动员农民参与脐橙产业，帮助农民树立正确的人生观、价值观和世界观，增强自主减贫的积极性和主动性，变"输血式"扶持为"造血式"扶贫。另一方面，专业培训和技术指导使脐橙从业者具备现代农业理念，提升贫困人口自主减贫能力，脐橙产业的高质量发展让广大农户能够共享经济发展成果，有效改善生活质量。以脐橙种植农户为例，据统计，脐橙需要6年以上才能达到丰产期，每亩产4000斤，收购价格平均为3元/斤，扣除地租、肥料、农药等前期投入成本后每亩地农户年均净收入有4000~5000元,按照每户经营10亩果园计,平均农户年均收入可达4万~5万元。

2. 生态效益

脐橙产业发展注重资源效率提升和生态环境保护,增强农户环保意识,助力绿色增长。一方面,种植园土壤得到有效改良,水土流失得到有效控制。信丰县每月举办一次果业技术培训,积极推广水肥一体化、增施有机肥、管灌微滴灌、减少除草剂使用等一些先进生产技术,土壤质量明显提升。2019年,该县柑橘优势产区果园土壤有机质含量达到1.3%,提高0.34个百分点,果园增值率增长10%。大苗上山定值、生草栽培等措施起到了保肥抗旱防止水土流失的作用。另一方面,经过绿色理念灌输和生态建园培训,农户充分认识到"绿水青山"可以当饭吃,可以转换成"金山银山",环境保护观念增强。

二 脐橙产业绿色减贫的路径思考

综合信丰县脐橙产业发展的历程,可以看出绿色发展视角下精准扶贫的实现需要多种实践模式的创新。这些模式使脐橙产业的发展形成一个具备内生增长动力的系统,各自发挥着不同的功能。概括起来,这些实践模式大体分为以下两个层面:第一,受技术进步、三产融合、消费升级等因素影响,传统的脐橙种植业发展成集种植生产、仓储物流、精深加工、休闲旅游于一体的产业集群,在实现绿色增长的同时有力保证了贫困人口拥有平等参与、共享社会发展成果的机会,拓宽农民稳定增收渠道。第二,通过利益联结机制的创新,按照"利益共享、风险共担"的原则不断平衡政府、企业、合作社和农户之间的利益关系,为脐橙产业的绿色减贫提供内部动力。

(一)产业融合实现资源跨界集约化配置

产业融合是农业供给侧结构性改革的重要内容,也是促进包容型绿色增长的必然选择。传统农业具有投资大、周期长、回报慢、利润低、"靠天吃饭"等特点，面临着气象灾害、病虫等不确定性因素，难以协调生态与农业生产的关系，带动农民增收脱贫作用有限，从而产业融合脱贫势在必行。信丰县脐橙产业是典型的一二三产业融合案例，是以脐橙种植业为基本依托，通过产业联动、产业集聚、技术渗透、体制创新等方式，将资本、技术以及绿色资源要素进行跨界集约化配置，使脐橙绿色生产、加工、销售以及休闲有机整合在一起，使得农村一二三产业之间、生态与经济之间紧密相连、协同发展，最终形成经济增长、贫困人口更多地分享全产业链价值链增值收益和生态环境保护的多赢局面。归纳起来，脐橙产业融合的具体表现形式可分为：一是科技创新引领产业绿色转型，二是与二三产业融合开辟增收新渠道，三是借助电子商务平台延伸产业链。

1. 科技创新引领产业绿色转型

随着中国经济进入新常态，创新驱动已经成为中国经济增长的新引擎，技术进步是关键环节。[①] 痛定思痛，信丰在经历柑橘黄龙病暴发、脐橙产量和面积锐减之后，充分考虑资源环境承载力和生态容量，从现代化农业理念出发，以技术创新为抓手，由原来的粗放开发管理向标准化开发、生态建园转变，引导脐橙产业走上生态优先的绿色发展道路。

在技术创新引领产业绿色转型的思想指导下，信丰县政府积极与科研院校建立紧密合作关系，加快在新品种选育、病虫害防治、果业机械推广、标准园建设等方面的科研成果转化。通过组织果业从业人员专业培训、砍病树、杀木虱、种无病毒苗、推广网室假植大苗上山定值、建设生态隔离带等措施，将柑橘黄龙病稳定控制在低度流行水平。据统计，2019年，脐橙病株发生率由2013年底的29%下降到1.88%。通过优化品种结构等措施，提高产品的市场竞争力。将鲜果上市期从原来的2个月延长到7~8个月，将早、中、晚熟结构比例调整为10%、85%、5%，有效规避了恶性竞争、脐橙卖果难等问题，提高了脐橙市场竞争力以及农民收入水平。

为了进一步促进脐橙产业转型升级，信丰县运用财政补贴与社会资本促

[①] 张同斌、李金凯、高铁梅：《技术差距变动、研发资源驱动与技术进步效应》，《中国人口·资源与环境》2016年第1期。

进标准示范果园建设，提升产业生产率和经济效益的同时，在生产过程中注重生态环境的保护，降低在生产前、中、后对环境的污染程度，从而促进脐橙产业向现代化、绿色化、智能化方向发展。一方面，政府通过财政资金扶持标准化建园，提高从业人员生态环保意识，减少和限制小规模分散经营果园，完善水、电、路等基础设施，增施有机肥，提倡果园美化、绿化。据统计，近年来县财政每年统筹 5000 万元用于脐橙产业高质量发展。另一方面，引入社会资本种果，集中发挥资金雄厚、技术领先等优势，极大地提高了脐橙产业的科技含量。截至 2019 年，全国知名龙头企业农夫山泉公司已建设标准化生态果园 2500 亩，安装了世界一流的智能化管理果园 300 亩，推广水肥一体化技术和增施有机肥 2.5 万亩，改善了种植园土壤质量；江西绿萌公司依托农业部现代柑橘体系示范项目，建设了 500 亩全程机械化智能化水肥一体化高效省力、生态示范基地，其中包括 50 亩国际前沿种植技术示范科技园。

此外，以现代农业发展需求为导向，脐橙产业与物联网、大数据等新一代信息技术紧密结合在一起。信丰县政府通过招投标采购的形式，搭建了全县产业信息大数据平台，将脐橙品种资源、苗木繁育管理、果园开发种植管理、病虫害监测预警、采购处理、市场营销等信息囊括其中，已初步完成手机 App 服务功能，实现果农与专家咨询互动、脐橙产业相关信息网上查找、发布农产品交易信息等，较大程度上提升了脐橙产业的精准化和智能化水平。

2. 与二三产业融合开辟增收新渠道

"绿水青山就是金山银山"理念是将绿色资源视为一种投入的生产要素，通过体制机制创新或者商业模式创新，将绿色资源价值转化利用，实现生态环境保护和经济发展的统一。[①] 实际上，绿色资源除了本身具有的生态属性之外，还具有一定的实用属性、观赏属性以及精神属性，为农业与二三产业交叉融合、优化资源跨界配置、形成农村经济新的增长点奠定基础，也

---

① 冯丹萌、陈伟伟：《基于"两山理论"的绿色减贫理论创新与实践探索》，《安徽农业科学》2018 年第 11 期。

为增加就业岗位、增加居民收入实现减贫脱贫提供了客观条件。

就脐橙资源实用属性而言，信丰县脐橙产业链向深加工延伸，提升了脐橙产业经济效益，带动了当地居民稳定就业，增加了其经济来源。传统脐橙种植业仍以简单的自然季节性非固定务工为主，农户务工流动性大，收入来源不稳定，因此，脐橙深加工与销售环节的引入将有利于保障收入稳定。自2015年起，农夫山泉在信丰投资10亿元，建成了全国乃至亚洲规模最大的果品加工厂以及脐橙标准种植园，引进了国际先进的榨汁生产线和鲜果分选流水系统，建立了日处理原料5000吨的橙深加工生产线，陆续推出农夫山泉17.5°橙、常温NFC橙汁和17.5°NFC橙汁三款产品，打通了脐橙种植、加工和销售的全产业链。

就脐橙资源观赏属性和精神属性而言，信丰结合地理条件、生态环境、脐橙发源地、消费需求等因素，创新探索出脐橙种植与文化旅游业交叉融合的新模式，不仅增加了当地贫困人口的经济来源，还有利于赣南脐橙文化资源的输出。依托农夫山泉龙头企业的带动，信丰县建成了中国赣南脐橙产业园，2018年被正式评定为国家4A级景区。景区有"三园两馆"（现代农业品种展示园、脐橙标准化示范园、科普研究试验展示园、文化展览馆和生活体验馆），初步建成了赣南脐橙特色小镇，集脐橙文化、旅游、科研、科普、技术示范等要素于一体，初步形成了具有休闲性质的观光体验采摘脐橙模式。

3. 借助电子商务平台延伸产业链

随着"互联网+"时代的到来，传统的流通模式和交易模式不断创新，电商成为推动农村产业结构转型升级的重要途径，也是贫困地区增加农户收入、实现包容性发展的新渠道。从增长机制来看，农村电商以互联网低成本应用为基础，突破原有市场分割，模糊产业边界，缩短交易距离，成为农村经济增长的新引擎。从增收来源来看，信息的有效供给能够显著提高易腐农产品的销售价格[1]，并通过利润率和销量的提升而促进增收[2]。从辐射效应

---

[1] 许竹青、郑风田、陈洁：《"数字鸿沟"还是"信息红利"？信息的有效供给与农民的销售价格——一个微观角度的实证研究》，《经济学（季刊）》2013年第4期。

[2] 曾亿武、郭红东、金松青：《电子商务有益于农民增收吗？——来自江苏沭阳的证据》，《中国农村经济》2018年第2期。

来看，电商的兴起直接带动了销售、仓储、物流等产业快速发展，纵向延伸了产业布局，拓宽了贫困人口的就业面，进一步促进社会包容性发展。此外，电商对生态环境的破坏是极小的，也符合绿色发展的基本要求。

信丰坚持市场主导与政府推动，通过教育培训、政策扶持、完善基础设施等措施培育电商主体，搭建电商平台以及对接淘宝网、京东商城等第三方电商平台，大力整合本地农村e邮、淘宝网、顺丰快递等资源，完善电商、物流、冷链运输等配套服务，按照"网商＋服务站＋贫困户"模式，引导贫困户与电商线上线下合作，为脐橙销售打开市场，让贫困户能够共享电商发展成果。截至2019年底，全县注册登记电子商务、微商近3000家，每年50%以上的脐橙通过电商销售到全国各地。2018年，全县脐橙电商销售交易量达8500万公斤，快递量达860万件，交易额为6.29亿元。

（二）有效的利益联结机制

大部分个体农户受制于资金、技术、营销等生产要素以及生产能力的不足，自主增收能力十分有限，且难以开展规范化、生态化种植经营。因此，让小农户进入企业、合作社或家庭农场这些新型经营主体主导的产业体系，由有竞争力的经营主体带动农户绿色发展，实现可持续的绿色减贫，这是我国脱贫攻坚实践中总结的宝贵经验。但正如上文所提到的，绿色增长不一定是包容的。农户持续分享绿色发展红利的关键是建立有效的利益联结机制，即在创新的产业化组织模式作用下，现代经营主体与贫困户基于相互之间的信任和各自社会资源的异质性而发生互惠性关系取向，进而不断衍生出紧密的利益纽带关系，实现资源的合理整合和利益共享。[①] 信丰县以脐橙资源为纽带，初步探索了"龙头企业＋示范园＋农户""合作社＋基地＋农户"等绿色产业化组织模式，建立了订单生产、务工就业、土地流转、入股分红等多种联农带农利益联结机制，有效实现了农户共享产业发展成果与保护生态环境的共赢。

[①] 李世杰、刘琼、高健：《关系嵌入、利益联盟与"公司＋农户"的组织制度变迁——基于海源公司的案例分析》，《中国农村经济》2018年第2期。

1. "龙头企业+示范园+农户"组织模式

为阐明信丰脐橙产业的"龙头企业+示范园+农户"的组织模式，本研究从龙头企业、辐射带动作用、资金技术实力等方面进行考量，选用了农夫山泉和信丰政府联手打造的"中国赣南脐橙产业园"作为案例。选择此项目作为分析案例的原因是龙头企业农夫山泉在信丰总投资超过10亿元，脐橙分选、榨汁及终端品灌装生产线和中国赣南脐橙产业园的投资建设，对延长信丰脐橙产业链条、加快脐橙产业绿色转型升级、带动农户增收发挥了强大保障和引领示范作用；而中国赣南脐橙产业园是国家现代农业产业园核心区，集脐橙种植、科研、繁育、旅游、民宿、论坛等于一体，颇具代表性，具有显著的推广价值。

为减小建厂投资成本和风险，农夫山泉主动与信丰政府加强联系，获取了地方政府在土地流转、项目政策、技术、基础设施等方面的政策支持，其中包括信丰县政府争取的国家现代农业（脐橙）产业园项目资金补助。而公司凭借先进的生产技术、经营管理理念、成熟的市场网络和巨大的品牌价值助力地方政府增加税收收入、促进脱贫、辐射带动脐橙产业高质量发展等。如图9-1所示，地方政府与农夫山泉通过扶持和助力的关系取向实现了合作共赢。

对于有宜果山地的农户而言，将其土地按照30年期每亩4500元一次性流转给农夫山泉；农夫山泉开展统一规划，建立高标准脐橙种植示范园，采用生态化建园、机械化进园、智能化管园等模式，安装先进的水肥一体化生产设施以及滴管装置等基础设施，设立中美柑橘黄龙病研究中心和脐橙产业博士后工作站等，实现产学研结合；按照50~100亩为单位再分包给具有劳动力的职业果农，年均租金为300元/亩，水肥自负，统一生产管理，统一技术标准，统一进行病虫害防控，推行生态化作业、机械化作业，追求以最小的资源消耗和环境代价使脐橙产出最大化；按质按量进行收购，收购价格连续三年稳定在3元/斤以上，平均高出赣南其他县0.5元/斤。此外，农户还以务工的形式进入农夫山泉果园种植、果汁加工、民宿等行业，获取相应的工资报酬。也就是说，企业通过契约与农户确定农产品收购的品种、质量、价格等事项，并为农户提供生产资料、技术指导等服务；企业还积极招聘农户通过支付报酬以脐橙产业的发展带动其脱贫增收。据统计,农夫山泉深加工厂工人月均工资4000~5000元;2016年农夫山泉和近千户果农建立了合作关系,直接带动至少5000名果农脱贫致富,人均收益达4.8万元,高于赣南平均果农收入0.8万元。

因此,企业、农户等主要参与主体在关系取向上又进一步衍生了"品牌效应+保护价让利+地租+工资"的利益纽带,农户通过生产性收益、工资性收益、资产性收益等途径不断增加收入,同时也以实际的合作行动回馈农夫山泉,使得企业与农户的合作具有内在稳定性,确保了减贫的可持续性和绿色增长的可行性,为绿色减贫提供了机制保障。

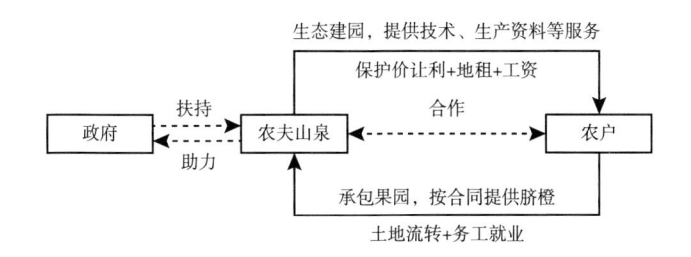

图9-1 "龙头企业+示范园+农户"组织模式多元主体的
关系取向与利益联结

注:虚线表示关系取向,实线表示利益联结。

2. "合作社+基地+农户"组织模式

发展农业社会化服务,以服务外包带动规模经营,成为全国各地所重点推广的、实现小农户与现代农业有机衔接的关键举措。① 为总结信丰脐橙"合作社+基地+农户"产业组织模式,本研究选择了信丰县安西镇橙香脐橙专业合作社(以下简称"橙香合作社")作为案例,这是由于橙香合作社通过提供专业的社会化服务,补齐了传统小农户缺乏高效生态农业生产能力的短板,不仅解决了"谁来种""怎么种""怎么销售"的问题,还延伸了脐橙产业链,将农户、合作社等利益紧密地绑定在一起,为我们研究脐橙产

---

① 穆娜娜、孔祥智:《合作社农业社会化服务功能的演变逻辑——基于仁发合作社的案例分析》,《财贸研究》2019年第8期。

业绿色减贫路径提供了很好的素材。

　　橙香合作社整合了周边农户零星荒地85亩，辐射带动农户128户。农户以前三年按每株脐橙树分别缴纳40元、50元、65元管理费的形式将土地托管给合作社，合作社提供专业的产加销一体化绿色农业社会化服务，导入绿色生产要素，注重保护生态环境，统一管理田间水肥，统一防控病虫害，统一采果，统一销售；按照市场平均价将脐橙销售收入支付给农户。此外，合作社积极探索将脐橙产业链延伸至旅游业，在旅行社积极宣传的前提下，对于合作社组织游客采摘体验所获收益超过平均价的溢价部分（即增收部分）采取"4222"模式，农户得40%，村集体、合作社、旅行社各得20%，极大地调动了各方的积极性。显然，农户以土地入股，而土地统一经营会进一步促使合作社提供农资采购、机械化绿色化作业、营销等产前产中产后服务，极大地降低生产成本，获得农业社会化服务的规模经济效益，提高产出效率。为进一步促进脐橙产业增值，合作社拓展其在产后的服务，通过产业链延伸来提高脐橙产业附加值，确保合作社及其成员稳定增收，农户的零星荒地得到高效集约利用。也就是说，如图9-2所示，橙香合作社与农户之间建立了"按股分红+旅游溢价收益+工资报酬"的利益联结机制，破解了小农户发展脐橙产业的瓶颈，实现规模化生态经营，有效确保脐橙绿色生产，同时节省人工成本，为农村劳动力在合作社务工或其他行业务工创造了条件，有助于协同推进社会包容性发展和经济绿色增长，为我国农业服务型合作社发展提供了重要的借鉴价值。

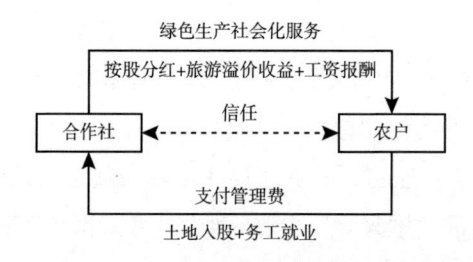

图9-2　"合作社+基地+农户"组织模式多元主体的
关系取向与利益联结

注：虚线表示关系取向，实线表示利益联结。

三 研究结论与启示

本研究以江西省信丰县脐橙产业发展实践为例,阐述了绿色发展视角下精准扶贫的作用机理和实现路径,得出以下结论:贫困地区可以依托绿色资源实现减贫脱贫与生态环境保护的双赢。通过"资源—经济价值—减贫—资源再投资"的良性循环确立长效的绿色减贫机制,具有内在的可持续发展动力。从实践模式上,信丰县以脐橙资源为依托,通过科技创新引领产业绿色转型,一二三产业融合开辟增收新渠道,借助电子商务平台延伸产业链,最终实现资源跨界集约化配置;初步探索了"龙头企业+示范园+农户""合作社+基地+贫困户"等产业组织模式,建立了订单生产、务工就业、土地流转、入股分红等多元化联农带农利益联结机制,不断平衡政府、企业、合作社和农户之间的利益关系,为脐橙产业可持续发展提供稳定的内部动力。

基于上述研究结论,本研究可以得出以下政策启示。

(一) 依托绿色资源和技术创新,因地制宜地发展特色生态农业

一些贫困地区有着较为独特的绿色资源,包括气候、温度、土地质量、光照等资源禀赋。而要生产高质量的农产品的基本条件就要有特定的资源环境。因此,贫困地区应该根据自身的绿色资源条件因地制宜,发展具有区域特色的农业,将生态资源优势转化为具有市场竞争力的生态农业,增加贫困人口收入。为确保"绿水青山就是金山银山"的可持续性,以科技创新为抓手,注重保护"绿水青山",引导农业生产向标准化、绿色化、智能化转型,有助于促进农业高质量发展,带动贫困人口脱贫致富,同时保护生态环境,从而实现更加绿色、包容性的经济增长。

(二) 注重绿色产业化推动的一二三产业融合,尤其是龙头企业的示范带动效应

由于贫困人口大部分居住在农村,生态环境破坏程度较低,其绿色资源

具有比较优势。在尽量不破坏生态环境的前提下，充分挖掘贫困地区的绿色资源，通过一二三产业融合，最大限度转化绿色资源的实用价值、观赏价值以及精神价值是实现绿色减贫的重要途径。立足贫困地区绿色资源，坚持政府扶持和市场主导相结合，将产业链向深加工、销售、休闲旅游等二三产业延伸，实现绿色产业化，促进资本、技术和劳动要素资源的跨界优化配置。值得说明的是，龙头企业往往具有雄厚的资金、先进的绿色生产技术、现代化的管理与经营理念、巨大的品牌影响力等优势，对于促进贫困地区人口增收、实现绿色减贫而言具有显著的示范带动效应。

（三）大力发展农产品电商，助力精准扶贫

地方政府要建立健全电商公共服务体系，积极培育县域电商主体，强化电商专业化培训，培养电商人才；政策扶持搭建县域电商平台以及对接淘宝网、京东商城等第三方电商平台，有效整合电商、金融、仓储、物流、冷链运输等配套服务资源；充分发挥市场主体作用，推进标准化建设、品牌培育和认证追溯，稳步促进县域电商品牌高端化；引导合作社、家庭农场、龙头企业等新型经营主体带动贫困农户参与电商，加强电商与当地产业的深度融合；引导低收入群体融入电商产业，不仅使农产品与电商对接，实现产地直销，还可以在电商相关行业务工，更多地分享电子商务发展成果。

（四）探索建立合理的利益联结机制，实现农户与现代经营主体利益共享、风险共担

这是贫困地区低收入群体能够持续分享绿色产业发展成果的关键。从信丰脐橙产业发展经验来看，"龙头企业＋示范园＋农户""合作社＋基地＋农户"等组织模式的稳定运行需要平衡好企业和农业合作社等现代经营主体与农户之间的利益关系。围绕资源绿色发展，充分发挥龙头企业的示范带动效应，加强合作社专业的社会化服务，通过订单生产、务工就业、土地流转、入股分红等模式稳定各主体之间的利益纽带关系，为持续推进绿色减贫提供机制保障。

参考文献

Dasgupta, S., Deichmann U. and Meisner C., Wheeler D., "Where is the Poverty-environment Nexus? Evidence from Cambodia, Lao PDR, and Vietnam," *World Development*, 2005, 33 (4).

张同斌、李金凯、高铁梅：《技术差距变动、研发资源驱动与技术进步效应》，《中国人口·资源与环境》2016 年第 1 期。

冯丹萌、陈伟伟：《基于"两山理论"的绿色减贫理论创新与实践探索》，《安徽农业科学》2018 年第 11 期。

许竹青、郑风田、陈洁：《"数字鸿沟"还是"信息红利"？信息的有效供给与农民的销售价格——一个微观角度的实证研究》，《经济学》（季刊）2013 年第 4 期。

曾亿武、郭红东、金松青：《电子商务有益于农民增收吗？——来自江苏沭阳的证据》，《中国农村经济》2018 年第 2 期。

李世杰、刘琼、高健：《关系嵌入、利益联盟与"公司＋农户"的组织制度变迁——基于海源公司的案例分析》，《中国农村经济》2018 年第 2 期。

穆娜娜、孔祥智：《合作社农业社会化服务功能的演变逻辑——基于仁发合作社的案例分析》，《财贸研究》2019 年第 8 期。

机制设计与理论探析篇

第十章
实现精准扶贫的机制设计

陈明明[*]

自工业革命以来，人类生活水平得到质的提高，但是仍有部分人群为贫穷所困。中国40多年的发展创造了人类历史上的脱贫奇迹，我国精准扶贫策略为全世界落后经济体摆脱贫困提供了有价值的中国方案。基于此，本章试图从权利映射和包容性增长的视角对精准扶贫机制进行阐释，研究发现：第一，包容性增长是一种助贫式增长，强调人民对发展成果的共享，能够为低收入者提供更多的发展机会；第二，人口自身发展不足与制度性障碍、新技术供给不足是阻碍包容性增长的两大因素；第三，为打破这些障碍，政府和市场应在包容性增长中合理划分边界，即在市场能够发挥作用的领域，政府逐渐退出；在市场失灵的领域，政府进行干预。

基于20世纪80年代以来发展中国家"有增长无发展"的现实困局，国际组织研究发现，发展中国家经济社会发展不平衡的根源是人们专注于经济增长的数量，而忽视经济增长的质量，致使经济增长的成果没有惠及大多数民众，贫困问题依然是各国发展所面临的巨大挑战。随着贫富差距的拉大，贫困问题日趋严重，增进贫困人口的福利、促进人民共享发展成果越来越受到各国的关注和重视。在此背景下，2007年，亚洲开发银行提出了包

---

[*] 陈明明，青岛大学商学院副教授，研究方向：西方经济学。

容性增长。包容性增长侧重于贫困人口对发展成果的共享和拥有平等的发展机会，是解决贫困问题的重要理论支撑。

随着学术界不断深入研究，现有研究关于包容性增长的内涵形成了以下共识：第一，从财富和收入分配视角来看，包容性增长是一种共同富裕式增长。包容性增长强调的不仅仅是经济增长的效率和绝对量，更重要的是经济增长的公平性。[1] 只有当社会财富分配相对公平时，社会发展才具有意义，因此主张缩小社会贫富分配差距，提高低收入人群的收入水平，让贫困人口也能够享受到经济发展成果，实现共同富裕。[2] 第二，从个体竞争机会视角来看，包容性增长是一种以竞争中性为原则的经济增长。在社会发展过程中，每个社会个体都是自由的，凭借自身比较优势自由地参与社会生产活动，不存在非自然性的强制选择，即每个社会成员享有机会均等的权利参与社会生产分工。[3] 在包容性增长过程中，社会个体能够自由参与市场竞争，不存在非市场性进入壁垒，尤其是行政手段造成的垄断，个体在市场竞争中的结果仅取决于自身的努力，与外在环境无关。[4] 第三，从经济与自然关系视角来看，包容性增长是一种人、经济、社会与自然之间关系和谐的可持续性发展。人类经济社会发展与自然发展之间是相辅相成的，人与自然是和谐共存的。经济增长是提高人类生活水平的根本途径，但是经济增长如果忽视自然资源与环境的可持续性，那么这种增长不可能长久，包容性经济增长绝非是不计后果的发展，因此包容性增长也是绿色发展。[5]

2010年10月14日《人民日报》刊文指出，包容性增长，就其内涵而言，必须强调两个方面，即"参与"和"共享"。只有在所有的社会成员，特别是贫困人口能够"参与"和"共享"时，经济增长才具有积极意义。

---

[1] Son, H. H., Kakwani, N., "Global Estimates of Pro - Poor Growth," *World Development*, 2008, 36 (6), pp. 1048 - 1066.

[2] Ali, I., Son, H. H., "Measuring Inclusive Growth," *Asian Development Review*, 2007, 24 (1), pp. 11 - 31.

[3] Ali, I., Zhuang, J., "Inequality and Inclusive Growth in Developing Asia," *Manila*, 2009, p. 22.

[4] 阿马蒂亚·森：《贫困与饥荒》，商务印书馆，2001。

[5] 向德平：《包容性增长视角下中国扶贫政策的变迁与走向》，《华中师范大学学报》（人文社会科学版）2011年第4期，第1~8页。

2012年，"里约+20"峰会在提出包容性增长的目的时强调增长、社会福利、绿色和包容性之间的平衡，存在短期和长期的社会、环境成本及效益，是有助于提高当前和未来几代人福利的增长，但社会福利总体目标存在协同作用的空间，"包容性"和"绿色"分别是指社会平等与环境可持续性[1]。2016年3月，随着联合国新的可持续发展目标的公布，许多国家开始采用以"包容性增长"为核心的新发展战略。

综上来看，包容性增长是解决贫困问题的重要手段和渠道之一，拥有丰富和全面的理论内涵和实践价值：增长过程的全民（尤其是贫困人口）平等参与是其逻辑起点，增长内容的协调可持续是其理论特征，增长成果的全民共享是其应有之义，促进收入水平提高和贫富差距缩小是其核心要义，提供就业机会和促进社会平等是其价值取向，改善环境质量和提升资源效率是其本质要求。

一 贫困的概念及本质

贫困理论关注的焦点是穷人的福利水平，是指那些消费水平低于消费标准或收入水平低于贫困线的人的生存状况。阿马蒂亚·森关于贫困的陈述则是指贫困人口与一组商品之间的关系，即贫困现象是人类关于经济品所有权的反映。[2] 要理解贫困现象，首先需要理解权利体系，并把贫困问题放在权利体系中进行分析。目前所公认的典型权利关系主要分为四种：第一种是以贸易为基础的权利，是指一个人有权拥有通过自愿交换所得到的东西；第二种是以生产为基础的权利，是指一个人有权拥有用自己的资源或在资源的基础上使用雇佣来的资源所生产出来的东西；第三种是自己劳动的权利，是指一个人有权拥有自己的劳动能力，进而拥有与自己劳动能力有关的以贸易、

---

[1] Slingerland, S., Kessler, J. J., "Study on Public Private Partnerships for Contribution to Inclusive Green Growth," PBL Netherlands Environmental Assessment Agency, Netherlands, 2015.

[2] 阿马蒂亚·森：《贫困与饥荒》，商务印书馆，2001。

生产为基础的权利；第四种是继承和转移权利，是指一个人拥有他人自愿赠与的东西。在市场经济交换中，一个人可以将自己拥有的商品转化为另一组商品，由他能获得的各种商品组合构成的集合就成了其所拥有东西的"交换权利"，而这种转换过程可以被视为一种交换权利的映射，这种映射为每一个所有权组合指定了一个交换权利集合。

如果一个人的交换权利集合中没有包含足够的财富或经济品组合，那么这个人就处于贫困状况。因此一个人避免贫困的能力依赖于其所拥有的所有权，及其所面对的交换权利映射。一个人所具有的交换权利不仅取决于其在社会经济等级结构中地位和该经济中的生产方式、生产技术、生产关系等，而且依赖于国家所提供的社会保障和就业权利，即有社会保障系统所提供的最低限度的交换权利。权利方法所重视的是每个人控制包括食物在内的商品组合的权利，并把贫困看作是未被赋予取得一个包含有足够食物消费组合权利的结果。在这种方法分析中，所关注的是通过社会现有的合法手段支配财富的能力，包括生产机会、交易机会、国家赋予的权利。

一个人之所以贫困是因为其没有支配足够财富的能力。在存在交换和生产的情况下，个人的贫富状况取决于两个要素：资源禀赋和交换权利映射。前者是由个人所拥有的土地、劳动力和其他一些资源构成，后者是为该个人所拥有的资源禀赋指定一个交换权利集合。交换权利映射取决于一个社会中法律、政治、经济和社会特征以及人民在社会中所处的地位。在传统经济学理论中，最简单的情况是，对于一组固定的相对价格，按最低成本原则，资源禀赋被用于其他商品组合；如果将生产过程引入会使得交换权利映射依赖于生产机会以及资源和产品交换的交易机会；社会保障制度也可在权利交换映射中得到体现。如果一个人处于困境，可能是由资源禀赋组合不足所引起的，也可能是由交换权利映射不良所引起的。

二　贫困与包容性增长

根据上文所讨论的贫困的概念与本质，如果想要解决贫困问题，就必须

第十章　实现精准扶贫的机制设计

从以下两个方面进行改善：一方面是个人资源禀赋状况；另一方面是个人权利交换映射。前者在很大程度上取决于个人的努力程度，后者取决于一个经济体中的生产关系或上层建筑（经济制度安排、国家力量干预等）；并且后者对前者具有很大影响，即权利交换映射会通过一系列制度安排改变个人资源禀赋状况。而包容性增长则能够为改善个人资源禀赋和权利交换映射提供很好的解决方案。

（一）包容性增长的本质与精准扶贫的关系

包容性增长是一种助贫式增长，强调的是提高穷人对发展成果的共享程度，应将社会机会向弱势群体倾斜，给低收入者提供更多的社会机会。根据包容性增长的内涵，实现包容性增长需要具备以下必要条件：平等参与和发展成果共享。生产要素是一切经济活动的基础，当一个经济系统中所有生产要素都能够平等参与市场竞争和生产活动，并且能够共同分享经济发展的成果时，这个经济系统的经济增长就是包容性增长，因此平等参与和发展成果的共享是包容性增长的必要条件之一。

机会均等是平等参与和成果共享的前提。第一，要素有机会平等参与市场竞争。根据新古典经济学理论和产业经济学理论，所有要素如果能够有机会平等参与市场竞争不仅是实现经济系统产出最大化、一般均衡的前提条件，而且是产业高级化和合理化的基础。当一个行业的利润率高于其他行业时，所有的要素都有机会从其他行业流出并进入该行业，直至各个行业利润相等。经济增长意味着具有高附加值的新兴产业代替低附加值的传统产业，这就需要所有的要素能够根据市场价格信号引导，机会均等地由传统产业退出并流向新兴产业；随着要素的自由流动和市场出清，新兴产业或包容式增长因能够获得发展所需要的要素而成长起来，传统产业或粗放式增长因要素的流出而被淘汰。第二，要素有机会平等获得经济发展的成果。所有要素机会均等地参与市场竞争有利于扩大市场规模。当市场中所有生产要素都能够拥有均等的参与市场生产的权利和机会时，市场规模也因要素卷入市场体系而不断扩大；随着市场规模的扩大，生产分工体系不断深化，生产效率也不断提高。所有的要素机会均等地根据其对最终生产产品所作出的边际贡献获得报酬，即共享经济发展成果。

在包容性增长环境中，发展的成果要普惠各个生产要素的所有者，进而消除贫困问题，这需要生产要素平等参与市场的竞争和生产。影响生产要素均等的参与和共享成果的因素分为两方面。第一，内部因素。生产要素要有能力参与市场的竞争和生产。要素分为低级要素和高级要素，低级要素往往参与市场竞争的能力有限，而高级要素参与市场竞争的能力较强。知识结构复杂、信息含量大的高级生产要素或专业性要素一般有能力参与高级、复杂、知识技术含量高的生产活动，分享的发展成果也较多；知识结构简单、信息量较少的初级生产要素往往没有能力深度参与市场生产活动，仅仅是用于简单传统生产活动。第二，外部因素。要素能够自由地进出和退出。根据新古典经济学理论和产业经济学理论，要素的自由流动不仅是实现经济系统产出最大化、一般均衡的前提条件，而且是产业高级化和合理化的基础。当一个行业的利润率高于其他行业时，要素则会从其他行业流出并进入该行业，直至各个行业利润相等，所有的要素以自身的边际生产力参与经济系统的生产活动，并由市场评价系统来获得边际报酬。

（二）阻碍包容性增长的瓶颈

贫困问题基本上都涉及农村、农业、农民"三农"现象。如果要使得农民脱贫致富就必须改善其当前的资源禀赋和权利交换映射。传统农业中的资本收益率极低，农村、农民所依靠的生产要素是昂贵的经济增长源泉，因此解决贫困问题、实现脱贫的关键在于改变现有的生产要素，引进新的生产要素作为贫困人口实现收入增长的源泉。所谓新的要素即新的人力资本、新的技术、新的产业、新的市场需求。现实中，正是生产要素的缺乏影响了贫困人口资源禀赋，缩减了权利交换映射的范围，进而导致包容性增长无法发挥精准扶贫的作用，包括贫困人口自身发展不足与制度性障碍、新技术供给不足。

1. 自身发展不足与制度性障碍阻碍了包容性增长的步伐

自身能力发展不足与制度性障碍会造成要素丧失平等参与市场竞争和获得经济发展成果的机会和能力，形成要素参与壁垒，进而制约包容性增长。

第十章 实现精准扶贫的机制设计

第一，自身能力发展不足与制度性障碍形成的要素平等参与壁垒通过限制市场规模、抑制技术创新而阻碍包容性增长。要素平等参与壁垒使得部分要素无法参与市场经济系统，既不利于要素配置效率的提高，也不利于市场规模的扩大，进而无法使得市场分工体系深化和细化，技术创新也就丧失了动力源泉，资源的利用效率和产出效率持续低下，环境得不到改善，最终绿色增长也无从谈起。第二，自身能力发展不足与制度性障碍形成的要素平等参与壁垒阻碍了要素由初级向高级变迁，无法为包容性增长提供所需要的高级要素。当市场发生变化时，要素市场的快速出清可以将要素结构重新组合，形成新的要素集聚，在集聚的过程中不同要素之间信息的交流、合作与分工，不仅能够通过不同要素间的互补性降低新生产活动成本，而且能够产生新的知识，形成较强的知识外溢效应，即初级要素能够通过对高级要素的模仿与学习，提高初级要素的质量、增加初级要素结构的复杂程度，进而能够促进要素结构的升级；而要素平等参与竞争的壁垒减缓了要素重新整合的进程和要素集聚的过程，新的知识和初级要素向高级要素升级的时间也随之延长，最终延缓了包容性增长。第三，自身能力发展不足与制度性障碍形成的要素平等参与竞争的壁垒延迟了落后产能的淘汰与高附加值新兴产业的培育和发展。当高附加值的新兴产业出现并与传统低附加值产业并存时，要素通过快速的自由流动在传统产业和新兴产业之间实现重新配置：逐利性使得生产要素迅速从传统产业退出，避免落后产能过剩，并进入新兴产业，让高附加值的新兴产业能够在短时间内获得足够的资源进行发展，最终实现包容性增长的转换；但是要素平等参与竞争的壁垒使得生产要素无法通过市场调节机制快速地从传统产业退出进入新兴产业，包容式增长的培育受到限制。

在新古典经济学中，要素市场是完全开放的，要素可以自由流动且享有平等参与市场竞争的权利；但该假设与现实情况严重脱节，在现实中并不是所有的生产要素都是自由流动和享有平等参与机会的，其原因在于自身能力发展不足和制度性障碍。其中，自身能力发展不足可分为可修复性自身发展能力不足和不可修复性自身发展能力不足，制度性障碍主要表现为行政垄断和保护主义。可修复性自身发展能力不足是指经济主体还没有获得充足发展，但是如果获得良好的发展机会，该类经济主体依然能够发展壮大，该类经济体诸如成长初期的中小企业、交通设施不发达的偏远地区、未丧失劳动能力的失业者;不可修复性自身发展能力不足是指经济主体即使在获得发展机会条件下也完全丧失了充足的发展能力,这类经济主体诸如老弱病残。行政垄断和保护主义等制度性障碍的存在是因为部分经济主体为了获得垄断地位,寻求政府通过行政手段设置进入壁垒或授予垄断特权,使得其他经济主体和要素无法获得参与竞争的平等机会,在获取要素中受到歧视。

要素平等参与竞争的壁垒主要有以下特征:第一,农业部门与工业部门之间的要素平等参与竞争的壁垒。包容性增长要求生产要素由低生产率部门流向高生产率部门,农业部门生产率低下且存在大量剩余劳动力,新兴高级工业部门生产率高且需要相应的不同要素进行支撑(不仅需要高级要素,而且需要一定的初级要素进行辅助),而在农业部门与工业部门要素流动具有较强的黏性,这一方面使得高生产率的新兴工业部门因得不到相应的要素支撑而难以发展,另一方面由于农业部门要素不仅无法通过城市化和工业化实现升级,而且因存在大量剩余劳动力而无法进行规模化经营,先进的工业部门难以通过对农业部门的改造而提高生产效率。第二,落后地区与发达地区之间的要素平等参与竞争的壁垒。地方政府为了保护和维持当地利益(增加当地就业、保护当地企业等)通过行政手段限制外地要素进入本地市场或本地要素流向外地,[①] 这种区域间的要素分割使得要素在面对全国范围经济活动变化时难以实现区域间的市场出清,带来了区域间要素平等参与竞争的壁垒。地区间的要素平等参与竞争的壁垒体现在,一方面区域间要素平等参与竞争的壁垒不利于形成新兴产业所需要的集聚效应,另一方面发达地区的先进产业难以通过向落后地区转移提升其生产效率,落后地区的生产要素同时因无法和发达地区生产要素的交流而失去升级的机会。第三,传统产业与新兴产业之间要素平等参与竞争的壁垒。由于传统行业往往是一个地区或国家主导产业,在国民经济中占有举足轻重的地位,具有低附加值、稳定性强的特点,而新兴产业处于发展期或萌芽期时还未初具规模,对国民经济

---

① 银温泉、才婉茹:《我国地方市场分割的成因和治理》,《经济研究》2001 年第 6 期,第 3 ~ 12 页。

影响较小，具有高附加值、不确定性较大等特点，因此在大部分要素所有者属于风险规避型的条件下，生产要素难以快速退出传统产业而流入新兴产业，不易实现行业间的市场出清，传统产业也无法通过新兴产业发展进行改造和优化。第四，不同所有制之间要素平等参与竞争的壁垒。要素平等参与竞争的壁垒还表现在要素在不同所有制主体间流动具有时滞性：相对于私有制企业来说，国有企业可以借助于国家信誉获得更多的资源，但是现有文献研究发现，国有企业的创新效率低于私有企业，因此要素在国有企业与私有企业间难以快速实现市场出清。

2. 新的农业产业技术和高级产业技术供给不足也是阻碍包容性增长的重要因素之一

技术与制度的路径依赖通过阻碍技术创新抑制包容性增长，进而减缓精准扶贫的进程。技术通过以下几个路径来抑制经济系统中的创新活动。第一，比较优势陷阱和路径锁定抑制新知识的创造。Lundvall认为，创新源泉来源于外部资源，即拥有不同知识体系的专业技术人员之间的交流和融合通常能够创造挑战和颠覆已有技术轨道的新知识，而比较优势陷阱和路径锁定会固化原有要素的配置，难以使拥有不同知识结构的要素进行重新组合，进而使得新知识难以创造出来，不利于创新活动。[①] 第二，比较优势陷阱和路径锁定使得创新活动或包容式增长的培育得不到充足的要素资源。在生产资源总量一定的情况下，原有的生产活动占据了经济系统中的大部分生产性资源，而比较优势陷阱和路径锁定抑制了要素从旧有的生产活动中退出并进入创新活动中支持包容式增长，使得新兴产业的发展得不到充足的要素资源，进而强化比较优势陷阱。第三，随着经济的发展，传统产业逐渐进入规模报酬递减阶段，生产要素所获得的报酬减少，而比较优势陷阱和路径锁定将会固化这种趋势，使得生产要素无法为提高自身质量水平而投资，进而无法为创新驱动提供高级要素支撑。第四，比较优势陷阱与路径锁定因无法为生产要素创造新的生产用途而强化要素流动黏性。在比较优势陷阱下，经济系统

---

① Lundvall, B. A., "National Systems of Innovation: Toward a Theory of Innovation and Interactive Learning," *The Learning Economy and the Economics of Hope*, London: Anthem Press, 2016.

因缺乏创新而迟迟无法形成新的产业或新的生产活动，因此也就无法为生产要素创造新的替代性生产用途，只能继续从事原有的生产性活动，使得要素市场面对经济结构变化时难以快速实现出清。第五，比较优势陷阱和路径锁定容易导致形成专用性的生产要素，使得要素得不到升级。比较优势陷阱和路径锁定易于形成资源依赖型产业链、重工业偏向型产业结构和既定的体制环境，使得人力资本存在不同类型和不同程度的专用性，而既定的专用性人力资本导致了劳动力在搜寻匹配新的岗位时遇到了很大困难，以致在转岗再就业过程中表现出明显的人力资本黏性和人力资本失灵，[①] 进而强化了要素流动黏性。

技术发展路径依赖是由布莱恩·阿瑟提出的，他认为一种技术一旦被首先利用起来，往往具有报酬递增和自我强化的机制，这种机制使得它迅速蔓延并直至统治整个市场，在这种情况下，即使有某种比它更先进的同类技术出现，也很难获得容身之地；[②] 而制度路径依赖是由道格拉斯·诺斯把将技术发展路径依赖借用于制度变迁，是指人们一旦选择了某个体制，由于规模经济、学习效应、协调效应、适应性预期以及既得利益约束等因素的存在，该体制将沿着既定的方向不断自我强化。[③] 路径锁定形成的原因有以下几点：第一，分工锁定。在传统比较优势理论框架下，由于丰富的劳动、资源等初级要素禀赋是后发国家的比较优势，后发国家只能集中在初级产品、劳动密集型的加工制造业，在国际分工与贸易中处于从属地位，而且要素禀赋和技术水平都是外生给定的，使得后发国家比较优势的转换和升级根本无从谈起。[④] 第二，人力资本积累不足。面对发达国家成熟的先进技术和自身技术落后，后发国家可以利用后发优势，对发达国家技术进行模仿追赶，以低成本和最快的速度取得技术进步，但对发达国家技术的模仿需要以人力资本积累为基础，后发国家因缺乏人力资本积

---

① 赖德胜、孟大虎：《专用性人力资本、劳动力转移与区域经济发展》，《中国人口科学》2006年第1期，第60～68页。
② 布莱恩·阿瑟：《技术的本质》，曹东溟、王健译，浙江人民出版社，2014。
③ 道格拉斯·C. 诺思：《经济史中的结构与变迁》，上海三联书店，1991。
④ Olofin, S., "Trade and Competitiveness of African Economies in the 21st Century," *African Development Review*, 2002, 14 (2), pp. 298-321.

累而无法进行模仿赶超。第三，模仿陷阱。虽然后发国家可以通过模仿先进国家的技术实现经济发展及追赶，但是由于发达国家对前沿技术的垄断与后发国的技术模仿和学习总是有限度的，后发国家只能永远处于从属地位，陷入"引进—模仿—引进—再模仿"陷阱。基于此，比较优势陷阱倾向于导致技术创新失败，而技术创新是包容性增长的必要条件之一，因此比较优势陷阱阻碍了包容性增长的转换。第四，发展惯性与沉没成本。诺斯认为，在具有不同的历史和结果的不完全反馈下，行为者将具有不同的主观主义模型，因而会作出不同的政策选择，所以，不同历史条件下形成的行为者的主观抉择，既是各种制度模式存在差异的重要因素，也是不良制度或经济贫困国家能够长期存在的原因之一。一种制度形成后，会形成某个既得利益集团，它们对现在的制度有强烈的要求，只有巩固和强化现有制度才能保障其继续获得利益，即使新制度对全局来说更有效率。

三　实现精准扶贫的机制设计

引进新的要素能够有效改善贫困人口群体的资源禀赋和权利交换映射，而引进新要素就意味着一方面需要新要素的供给者，另一方面需要新要素的需求者。新要素的供给者一般是非营利性质的机构，如国家政府资助的科研院所、国家经济制度的安排；新要素的需求者一般是贫困人口，而贫困人口需要依靠自身和外部的改造，如贫困人口自己或国家对其进行人力资本投资。而包容性增长所实现的就是通过打破和改变以往的贫困人口的资源禀赋和权利交换映射来提高其自身收入，并最终摆脱贫困。实现包容性增长就是要在市场能够发挥作用的领域，政府逐渐退出；在市场失灵的领域，政府进行干预。

（一）精准扶贫中的政府干预理论基础

正是因为存在要素平等参与竞争的壁垒，贫困人口等生产要素无法平等参与市场竞争，也无法获得相应的回报，因此政府干预对包容性增长来说是必要的。第一，由于部分经济主体或在发展初期往往面临着恶劣的生产环境，或已经丧失自身发展建设能力，市场没有能力、没有办法解决这些问题，无法实现包容性增长，此时需要政府介入对可修复性自身能力发展不足或不可修复性自身能力发展不足的经济主体进行干预。但是这些发展中国家农业发展的状况在大多数经济学家看来令人费解。土地生产效率差异无法解释世界上一些长期以来便有人类居住的地方的人为什么会非常贫困，通过对高收入国家和低收入国家经济发展进行比较后发现，耕地等资源的经济重要性下降，而人力资本的经济重要性上升，因此改进人福利的关键因素不是空间、能源和土地，而是人的知识、技能。第二，行政干预与歧视性制度安排是导致贫困人口劳动要素无法平等参与市场竞争的重要因素，因此政府需要对这些制度安排和行政干预进行纠正。行业行政垄断、地区市场分割、要素流动受限等都是因特定的制度安排所导致，这使得部分要素无法与获得特权的要素一起平等参与市场竞争，被排除在市场之外，要么从事效率低下的其他生产活动，要么被闲置，造成资源浪费，导致经济系统的非包容性。第三，对于要素个体来说，信息获取与更新的成本巨大，而政府由于自身所处的有利地位，能够拥有比要素所有者更多信息的优势，因此政府可以利用这种信息优势干预要素市场的需求与供给，使要素市场在面对经济系统变化时能够快速出清，加快包容性增长进程。第四，由于信息不完全和沉没成本导致的贫困劳动要素平等参与竞争的壁垒的存在，经济系统中的要素市场会存在多重均衡，并且这些不同的均衡状态存在优劣之分，市场机制的力量只能够保证市场要素达到某一均衡而不能保证在最有利于包容性增长机制的状态达到均衡，此时就需要政府通过政策干预将要素市场从一劣均衡调整到另一优均衡，以此促进包容性增长。第五，面对市场中众多具有差异性的贫困劳动要素，市场机制没有能力协调各要素所有者对要素流动的选择行为为包容性增长机制提供最优要素支持，而政府可以通过行政手段对要素流动进行协调。

（二）政府和市场在包容性增长实现精准扶贫中的合理边界

针对贫困人口自身发展能力不足这一瓶颈，应以政府为主、市场为辅。

第十章 实现精准扶贫的机制设计

土地本身并不是使人贫穷的主要因素，人的能力和素质是决定贫富的关键。换句话说，旨在提高人口质量的投资能够有助于经济繁荣和增加穷人的福利。所以，针对那些具有可修复性发展能力不足特点的生产要素，政府可以通过财政政策进行干预，如实施超前人力资本投资、对再就业人员进行技能培训、扶持中小企业发展等，弥补市场在要素升级过程中的失灵，加快对具有较强外部性特征的要素投资和升级过程，使经济系统中具有可修复性发展能力不足的生产要素趋于高级化，使其有能力和条件参与市场的竞争和生产，以此共享发展成果。政府通过行政手段保证经济系统中具有不可修复性发展能力不足的经济主体也能够分享经济发展的成果，抑制贫富收入差距过大。

针对制约包容性增长的制度性障碍，应以市场为主、政府为辅。以中性竞争原则和市场一体化建设为中心，打破行政垄断和保护主义，让生产要素自由流动，使其获得平等参与市场竞争的权利。不同性质的生产要素因所包含的信息量（数量、质量、结构等）不同而导致其边际生产力不同，因此需要充分发挥市场价格信号对要素配置的作用，让生产要素根据稀缺性的价格信号合理流动，将经济系统中所有不同的要素合理配置到能够获得与其边际产出相等报酬的用途上，或者将不同要素配置到最有利于包容性增长机制的地方。

针对传统产业（尤其是传统农业）新技术供给不足，政府与市场应根据不同的技术类型发挥不同的作用。就技术追赶的模仿创新而言，经过不断试错和市场检验后，发达国家在某个领域中的前沿创新已获得突破和成功，排除了会失败的技术创新目标和路径，并实现了创新成果的市场化和产业化，这使得该领域中的先进技术得以实现的路径、方法、结果以及市场前景均已明确。由于发展中国家的工业化尚未完成，技术水平与经济发达国家差距较大，落后国家需要利用后发优势对发达国家已有的绿色先进技术进行模仿创新；鉴于发达国家先进技术的路径和目标明确，后发国家对发达国家先进技术的模仿创新的结果具有可预见性。就前沿技术突破的自主创新而言，从人类经济发展实践可知，前沿技术创新能否成功和新产业能否成为未来发展的主导产业都是不可预见的。前沿技术创新是一个充满一系列不确定性的过程，而不是一个单独的不确定性；不确定性使得我们没有办法确定前沿技术突破的路径和目标，只能在不断试错中行进；① 与此同时，前沿技术创新具有前期投入大、规模经济等特点。综上所述，前沿技术创新的结果具有不可预见性及前期投入大的特征。

　　政府与市场如何相互作用才能在传统产业，尤其是传统农业中引入新的技术创新，进而帮助贫困人口脱贫。第一，在前沿农业生产技术自主创新过程中应以市场为主、政府为辅。前沿技术自主创新具有不可预知性，只能在试错中进行，并且需要大量的高级、稀缺性资源作为支撑，需要企业家凭借自身特有的判断力和想象力捕捉出现的机会，将为寻找收益而自由流动的、分散于市场的、载有不同信息的高级要素组织、整合起来，形成特定的、合理的知识分工体系，进行试错性创新，并通过市场竞争决定谁成功谁失败，成功的前沿技术创新被别人模仿，在市场上不断扩散，为企业家带来利润，失败的前沿技术创新则被市场淘汰。与此同时，前沿技术创新需要投入大量的前期资本，沉没成本大。因此，在前沿技术自主创新中，市场要充分发挥配置资源的决定性作用，同时政府要发挥引导资源支持前沿技术培育的辅助作用。第二，在追赶先进农业生产技术模仿创新过程中应以政府为主、市场为辅。对于发达国家的已有先进农业生产技术，由于先行创新者已经明确了实现路径和结果，对该技术进行模仿创新具有可预见性；与此同时，后发国家对发达国家先进技术的模仿存在效率问题。基于此，在先进技术的模仿创新方面，相对于市场配置资源的盲目性、时滞性、自发性等缺点，政府配置资源具有目的性、计划性、组织性等比较优势，利用配置资源的优势集中力量有计划、有目的地去选择一批具有一定优势的技术模仿创新活动进行重点扶持，此时政府应扩大开放，对发达国家已有的先进技术追赶是有效的，即政府要发挥主导作用，并引入市场机制提高模仿创新效率；在对充分竞争领域中先进技术的模仿创新方面，在政府提供的良好环境条件下，市场可以更有效率地配置资源，具有配置资源的比较优势。因此市场应发挥主导作用，政府发挥辅助作用。

---

① 张维迎：《产业政策是与非》，《商业观察》2016年第11期，第12～13页。

第十一章
中国全面脱贫因素的量化分析

展 望[*]

为探索中国减贫成功的原因，本章使用2000~2018年省级面板数据，量化分析了各因素的减贫贡献，结果显示：中国减贫成功离不开经济社会发展、政府扶贫干预与党领导下的减贫战略调整。①经济社会发展是主要原因，经济发展成果惠及贫困人口，城镇化等社会转型则为穷人提供脱贫机遇。②政府扶贫干预是必要原因，经济社会发展并非总对穷人有利，政府适时适度的扶贫干预形成必要补位，促成了经济社会发展与减贫进程的耦合。③党领导下的减贫战略调整是重要原因，面对贫困形势的演变，党审时度势做出精准扶贫战略部署，显著提高了减贫效率，体现了渐进与动态的贫困治理方案，彰显了制度优势。但也应看到，现阶段中国减贫仍存在相关问题，使后2020时代减贫面临挑战，如长效减贫机制尚未真正确立，区域差异显著要求贫困治理的因地施策等。为此，应进一步释放经济社会发展的减贫动能；探索长效减贫机制，激活市场功能，培育内生脱贫能力；注重贫困治理的因地施策；坚持党的领导，持续推进并及时调整精准扶贫战略。

---

[*] 展望，中央财经大学经济学院博士研究生，研究方向：国民经济管理、人力资本。

一　引言

新世纪后，中国进入发展新纪元，减贫进程加速推进。在解决温饱的基础上，党以消灭贫困为奋斗目标，以全面小康为宏伟蓝图，领导中国减贫相继走过整村推进扶贫开发（2000~2012年）与精准扶贫（2013~2021年）两大阶段，贫困瞄准机制愈加精准，国家主导意志日益凸显，贫困治理水平逐步提升，面临日趋增大的减贫难度，减贫速度只增不减，创造了减贫奇迹。截至2019年底，中国农村贫困人口只剩551万，贫困发生率只有0.6%，2021年全面脱贫的目标实现。要知道，1978年中国贫困发生率高达97.5%，至2019年累计减贫人口近7.7亿，贡献了全球减贫人口的七成以上，如此成就可谓伟大。但也应清楚地看到，即使在全脱贫的后2020时代，贫困治理仍面临诸多挑战。首先，脆弱性脱贫使返贫危机四伏，相对贫困问题日益突出。生存型（收入）贫困基本解决，发展型（能力和权利）贫困依然存在。其次，长效减贫机制仍未真正确立。社会、政府与市场三种协同机制中市场机制的作用有限，"等、靠、要"心态的滋生与人力资本的匮乏使贫困户内生脱贫动力不足。最后，经济社会诸多新形势也无形地增加了贫困治理难度。人口老龄化与农村空心化加剧了老幼人口返贫风险，区域发展不均衡使得落后地区人才严重流失，产业升级加剧了贫困人口失业风险等。

虽然中国减贫在后脱贫时代仍面临诸多挑战，但其现阶段所取得的成就仍是不可否认的，尤其是党在带领人民反贫困的过程中摸索出的一条既符合贫困治理一般规律，又紧密结合中国国情的减贫之路，[①] 就经验分享的普遍性来说，其主要呈现三大特征。第一，经济社会发展与减贫进程相耦合是基本特征。贫困伴随经济社会发展而逐步被消除，消除贫困又推动了经济社会发展，二者相辅相成，统一于国家发展战略中。第二，国家党政一体的扶贫干

---

① 黄承伟、袁泉：《全面建成小康社会：习近平扶贫论述与中国特色减贫道路》，《China Economist》2020年第1期，第2~23页。

第十一章 中国全面脱贫因素的量化分析

预是制度保障。上述耦合绝非必然，它离不开国家适时适度的扶贫干预。党政一体的政治体制下，党作为领导者，负责减贫战略的顶层设计；政府作为实际主导者，负责减贫资源的合理分配与减贫手段的有效运用。二者分工明确，共同引领减贫事业。第三，渐进主义与动态回应是最佳解决方案。中国减贫是持续回应不同阶段贫困状况的理性化过程，是不断选取特定目标并开展针对性实践的过程，是"持续性国家行为"[1]。其对目标的追求不是一蹴而就，对方案的选择更不是一成不变，而是通过发展和反思找到了一种渐进的、动态的解决方案。

由此可见，一方面中国减贫在后脱贫时代仍面临诸多挑战，另一方面现阶段的诸多经验又具备国际适用性。因此，梳理中国减贫进程，分析其取得成就的原因，不仅有助于完善贫困治理体系以应对诸多新挑战，还可以为世界减贫事业贡献中国智慧和中国方案。正因如此，一批学者或定性或定量或全面或聚焦地研究中国减贫，企图找到中国破解贫困问题的密码。

中国减贫是多因素共同作用的系统性工程，探索其成功的原因也需对减贫历程进行全面梳理，定量分析囿于数据限制往往难以实现，故较多学者开展定性分析。杨宜勇等认为中国扶贫经历了计划经济扶贫与社会主义市场经济扶贫两大阶段，政府扶贫干预是减贫的关键，2000年后两个十年扶贫开发纲要的颁布更是加快了贫困地区减贫进程。[2] 李小云等把中国减贫历程划分为广义性扶贫实践、发展性扶贫实践与精准扶贫攻坚新实践三大阶段，经济社会发展是重要的减贫动力，尤其是农业发展与城镇化进程。[3] 汪三贵把改革开放后中国减贫的阶段性目标划分为体制改革、解决温饱、巩固温饱与全面小康，中国共产党领导减贫、实现全面小康的坚强政治意愿和强大组织

---

[1] 胡鞍钢主编《国情报告（第十一卷·2008年）》，党建读物出版社、社会科学文献出版社，2012。

[2] 杨宜勇、吴香雪：《中国扶贫问题的过去、现在和未来》，《中国人口科学》2016年第5期，第2～12+126页。

[3] 李小云、于乐荣、齐顾波：《2000～2008年中国经济增长对贫困减少的作用：一个全国和分区域的实证分析》，《中国农村经济》2010年第4期，第4～11页。

动员能力是减贫的坚实制度保障。① 黄承伟等认为新时代习近平扶贫思想的精髓是以精准扶贫方略为核心的扶贫论述,适应了脱贫攻坚新形势,全方位提高了贫困治理水平,引领减贫事业迈向全面小康新征程,由此可见,针对贫困形势的适应性调整也是减贫的必要方案。②

  与定性分析注重全面梳理不同,定量分析聚焦某一类或某几类因素。20世纪80年代,华盛顿共识将经济增长的"涓滴效应"视为减贫基础,③ 随后大量文献对此展开分析。作为发展中大国,中国减贫自然离不开经济增长的推动,李小云等利用2000~2008年分省份数据估算出经济增长的减贫弹性系数为1.09,虽低于80年代的水平但总体依然显著,且农业部门系数明显高于二三产业,④ Ravallion 和 Chen 等的研究也得出相似结论。⑤ 除经济增长外,教育投入也是重要的减贫因素,宏观来看教育转化为人力资本是经济增长的必要条件,微观来看教育可以提升贫困人口的个人可行能力,⑥ 弥补权利和机会的缺乏。⑦ 教育财政经费是教育投入的主要表现,彭妮娅利用2002~2016年省级数据实证检验教育投入的减贫效应,发现其对农民收入的弹性系数远高于其他因素,且贫困地区系数远高于中高收入地区。⑧ 除以上两个因素外,贫困还与社会、政府以及市场层面诸多因素有关,例如社会层面的

---

① 汪三贵:《中国40年大规模减贫:推动力量与制度基础》,《中国人民大学学报》2018年第6期,第1~11页。
② 黄承伟、袁泉:《全面建成小康社会:习近平扶贫论述与中国特色减贫道路》,《China Economist》2020年第1期,第2~23页。
③ Dollar D., Kraay A., "Growth is Good for the Poor," *Journal of Economic Growth*, 2002, 7 (3), pp. 195-225.
④ 李小云、于乐荣、齐顾波:《2000~2008年中国经济增长对贫困减少的作用:一个全国和分区域的实证分析》,《中国农村经济》2010年第4期,第4~11页。
⑤ Ravallion M., Chen S. H., and Sangraula P., "Dollar a Day Revisited," *World Bank Economic Review*, 2009, 23 (2), pp. 163-184.
⑥ Omoniyi M. B. I., "The Role of Education in Poverty Alleviation and Economic Development: A Theoretical Perspective and Counselling Implications," *British Journal of Arts & Social Sciences*, 2013, 15 (11), pp. 176-185.
⑦ Sen A., *Develoment as Freedom*, Oxford-University Press, 1999.
⑧ 彭妮娅:《教育扶贫成效如何?——基于全国省级面板数据的实证研究》,《清华大学教育研究》2019年第4期,第90~97页。

第十一章　中国全面脱贫因素的量化分析

收入分配[①]、城镇化[②]与产业升级[③]，政府层面的社保支出[④]与财政分权[⑤]，市场层面的土地流转[⑥]与普惠金融[⑦]等，学者对以上因素的减贫效应进行了实证检验。

综上，现有文献对中国减贫成功的原因分析可以分为定性与定量两类：定性分析注重全面梳理，归纳出的原因更为系统，如政府扶贫干预、经济社会发展与党的领导等；定量分析则聚焦某一类或某几类因素，并实证检验这些因素的减贫效应，如经济增长与教育投入等。因此，定性分析虽然全面系统但缺乏数据支撑，定量分析虽有数据基础但又过于聚焦，而且它们均缺乏分时期和分地区相结合的分析视角，而这正是中国减贫的阶段性分析和分地区比较所必需的。为此，本研究利用2000~2018年省级数据对新世纪中国减贫历程展开分时期和分地区的系统性实证分析，借鉴定量分析常见因素，以经济增长和教育投入为主要解释变量，并且控制社会、政府与市场层面变量，全面量化分解各因素的减贫贡献，不仅将定性分析与定量分析的优点相结合，还弥补了两者在分析视角上的不足。此外，借鉴经济增长核算思想，把可控因素贡献率之外的残差定义为效率的贡献，涵盖那些影响减贫却又无法量化的因素，如党的领导、制度优势、贫困治理体系等，使量化分解结果更为全面，这也是本研究的创新之处。

[①] 赵锦春、范从来：《收入不平等、金融包容性与益贫式增长》，《世界经济研究》2020年第8期，第101~116+137页。
[②] 解垩：《城镇化与中国农村减贫》，《经济科学》2020年第3期，第5~16页。
[③] 杨飞、范从来：《产业智能化是否有利于中国益贫式发展？》，《经济研究》2020年第5期，第150~165页。
[④] 岳希明、种聪：《我国社会保障支出的收入分配和减贫效应研究——基于全面建成小康社会的视角》，《China Economist》2020年第4期，第100~131页。
[⑤] 魏晓博、曹巍、刘小凤、王静、乾乃夫：《财政分权的多维减贫效应研究》，http://kns.cnki.net/kcms/detail/43.1126.K.20200922.0950.002.html，2021年2月22日。
[⑥] 周京奎、王文波、龚明远、黄征学：《农地流转、职业分层与减贫效应》，《经济研究》2020年第6期，第155~171页。
[⑦] 顾宁、张甜：《普惠金融发展与农村减贫：门槛、空间溢出与渠道效应》，《农业技术经济》2019年第10期，第74~91页。

二 模型、变量与方法

(一) 模型

减贫研究的因变量 Y 需直观反映贫困状况,故选用"贫困发生率"指标。鉴于经济增长和教育投入的重要减贫作用,选它们作为主要解释变量,并控制其他可能影响减贫的变量,最终计量模型如下:

$$Y_{it} = \alpha + \sum_{j=1}^{m}\beta_j EG_{ij} + \sum_{k=1}^{n}\theta_k EI_{ik} + \sum_{l=1}^{p}\gamma_l Z_{il} + \mu_i + \psi_t + \varepsilon_{it}$$

上述模型中,下标 i 代表第 i 个省区市,下标 t 代表第 t 年。因变量 Y_{it} 是指第 i 个省区市第 t 年的贫困发生率,EG 和 EI 分别是经济增长和教育投入系列变量,每一系列变量各自又包含 m 个和 n 个子变量,系数 β_j 和 θ_k 分别衡量了它们的减贫效应。Z 是一系列控制变量(详见下文),μ_i 和 ψ_t 分别代表省份固定效应以及年份固定效应,这种双重固定效应模型有助于消除部分内生性。[1]

(二) 变量

1. 因变量

贫困发生率[2]:由贫困线以下人数除以总人数而得,是贫困状况的直观

---

[1] 陈云松、范晓光:《社会资本的劳动力市场效应估算——关于内生性问题的文献回溯和研究策略》,《社会学研究》2011 年第 1 期,第 167～195 + 245 页;杨均华、刘璨:《精准扶贫背景下农户脱贫的决定因素与反贫困策略》,《数量经济技术经济研究》2019 年第 7 期,第 3～21 页。

[2] 世界银行曾做过统计,即使不包含农民工,中国九成以上的贫困人口仍然集中在农村(参见世界银行《从贫困地区到贫困人群:中国扶贫议程的演进》,2009 年 3 月),故农村的贫困状况很大程度上就能反映中国的贫困状况,本研究中的"贫困发生率"是指"农村贫困发生率",有部分文献采取了相同的做法(李小云、于乐荣、唐丽霞:《新中国成立后 70 年的反贫困历程及减贫机制》,《中国农村经济》2019 年第 10 期,第 2～18 页)。

反映。根据所用贫困线的不同可进一步分为"绝对贫困发生率"和"相对贫困发生率"。本研究选用"绝对贫困发生率",即处在绝对贫困线以下人口占总人口的比例。"绝对贫困线"是一条根据既定生活标准划定的线,以货币计量,其变化仅来自物价波动。中国曾三次调整①绝对贫困线,本研究采用最新现行标准——人均2300元/年(2010年不变价格计)。在省级面板数据中,各省贫困线还会因物价波动和生活成本差异而有差别,故需借助各省份历年居民消费价格指数对全国贫困线进行调整;② 正因如此,统计各省份历年"贫困发生率"也变得复杂,《中国统计年鉴》以及各省份统计年鉴均未收录。2010年贫困线变更后的分省份数据在历年《中国农村贫困监测报告》中有所收录(2019版收录2010~2018年的数据),但新线下2010年前的数据并未被统计,只能根据相关年份的微观调查数据逐年回推。国家统计局每年在组织住户调查后会公布收入分组数据,但它并不是原始微观数据,无法据此计算贫困发生率。③ 为获得贫困发生率,学者通过某些方法对收入分组数据进行了微观还原,④ 方法介绍详见下文。

2. 解释变量

(1) 经济增长变量

国富则民强,国贫则民弱,经济增长的"涓滴效应"对减贫的作用无

---

① 1978年生存标准线(100元)、2008年温饱标准线(1196元)以及现行2010年低收入标准线(2300元)。
② 张凤华、叶初升:《经济增长、产业结构与农村减贫——基于省际面板数据的实证分析》,《当代财经》2011年第12期,第14~21页。
③ 正因如此,有些文献使用低保线代替贫困线,使用低保人口代替贫困人口(肖挺:《地区贫困、创新潜力与经济增长——基于中国省级面板数据的分析》,《财经研究》2016年第2期,第16~26+84页;许春淑、闫殊:《城乡义务教育均等化减贫效应及地区差异——基于30个省级动态面板数据GMM方法的实证研究》,《经济问题》2017年第9期,第6~12页),但低保线经常提升,个别年份甚至会出现大幅提高,从而导致贫困人口不降反增的情形,故此种处理方式有待商榷。
④ Shorrocks A., Wan G., "Ungrouping Income Distributions: Synthesising Samples for Inequality and Poverty Analysis," Wider Working Paper Series, 2008; Wan G., Sebastian I., "Poverty in Asia and the Pacific: An Update," Asian Development Bank Economics Working Paper, 2011; 汪晨、万广华、吴万宗:《中国减贫战略转型及其面临的挑战》,《中国工业经济》2020年第1期,第5~23页。

疑是基础性的，分为直接和间接两种：直接效应源自经济发展为穷人提供更多增收和就业机会，间接效应则指经济发展给予政府更多扶贫能力和资源。① 农业和非农业发展体现了直接减贫效应，间接效应则主要体现为政府利用扶贫基金开展农村基础建设与优化公共服务，整体性提升贫困人口发展能力。基于此，本研究首先构造"经济增长"变量来综合测度经济增长水平，然后针对直接效应（农业和非农）和间接效应（政府基建）分别构造3个分项变量"农业发展"、"非农就业"以及"基础设施"。它们具体的指标构建分别为人均GDP增长率（%）、人均农用机械总动力（千万/人）、人均工资性收入/人均可支配收入（%）②、人均拥有"铁路+公路"里程的增长率（%）。

（2）教育投入变量

扶贫先扶智，治贫先治愚，教育投入的减贫效应也不容忽视，它有利于培育内生脱贫动力，从根源上减贫并防止返贫。以教育层级划分，具备减贫效应的支出主要有三类：①义务教育：在教育体系中的先导性地位使其成为教育扶贫的奠基工程；②职业教育：学习周期短、就业挂钩性强的特点使其在教育扶贫中独具优势；③高等教育：对贫困代际传递的突破使其成为教育脱贫的重要力量。基于此，本研究首先构造"教育投入"变量来综合测度教育投入水平，然后针对三个层级的教育经费分别构造3个分项变量"义务教育"、"职业教育"以及"高等教育"。它们具体的指标构建分别为教育经费支出③/GDP（%）、农村（小+初）生均教育经费支出增长率（%）、中职（专）教育经费支出增长率（%）、高等教育奖助学金/高等教育经费支出（%）。

---

① 汪三贵：《中国40年大规模减贫：推动力量与制度基础》，《中国人民大学学报》2018年第6期，第1~11页。
② 所有百分比数据均乘以"100%"，例如"非农就业=人均工资性收入/人均可支配收入×100%"。
③ 《中国教育经费统计年鉴》对各级各类教育机构的教育经费支出分"中央"和"地方"两级进行统计，本研究在构造变量（义务教育、职业教育、高等教育）时均选择地方级支出数据，这是因为地方级支出更倾向于惠及本地学生，尤其是在高等教育奖助学金的支出上，地方级支出主要拨给地方高校，而这类高校的主要招生对象就是本地考生。

3. 控制变量

作为综合性社会问题，贫困还会受到社会、政府与市场层面因素的影响，因此有必要控制相应变量。①社会结构：社会层面主要表现为各种结构性因素的影响，包括收入分配结构中的收入差距、城乡结构中的城镇化水平以及经济结构中的产业结构等。为此，本研究构造"城乡收入差距"、"城镇化率"以及"产业结构"三个变量来量化社会结构性因素。它们具体的指标构建分别为泰尔指数①、城镇常住人口数/常住人口总数（%）、产业结构高级化指数②（%）。②政府财政：社会结构并非总对穷人有利，政府扶贫干预尤为必要，它主要通过财政手段实现，最直观的体现就是利用社保支出兜底贫困人口；但是，政府社保支出意愿还受财政分权影响。为此，本研究构造"社会保障"与"财政分权"两个变量来量化政府财政的扶贫干预。它们具体的指标构建分别为人均社会保障支出③（元）、人均地方财政支出/人均中央财政支出④（倍）。③市场制度：机会缺失是贫穷本质，这种缺失很大程度上来自市场制度不健全，农村地区市场经济发育迟缓，土地、住房与金融市场的制度不健全尤为明显，阻碍农民获得多元化财产性收入。为此，本研究构造"财产性收入"变量来量化市场制度因素，具体指标选取为农村居民人均财产性收入（元）。

4. 数据

本研究变量构造所用指标均来自"中经网统计数据库"以及各种统计年鉴，其中经济增长、农业发展、基础设施、城乡收入差距、城镇化率、产业结构的指标来自"中经网统计数据库"，非农就业的指标来自《中国劳动统计

---

① 韩晓宇：《普惠金融的减贫效应——基于中国省级面板数据的实证分析》，《金融评论》2017年第2期，第69~82+125~126页。

② 付凌晖：《我国产业结构高级化与经济增长关系的实证研究》，《统计研究》2010年第8期，第79~81页。

③ 此处社保支出指的是公共财政支出中的部分，在2005年以前具体包括"抚恤和社会福利救济费、行政事业单位离退休经费以及社会保障补助支出"，2005年以后则统一归并为"社会保障和就业支出"。

④ 张克中、冯俊诚、鲁元平：《财政分权有利于贫困减少吗？——来自分税制改革后的省际证据》，《数量经济技术经济研究》2010年第12期，第3~15页。

年鉴》，教育投入系列变量的指标来自《中国教育经费统计年鉴》，社会保障和财产性收入的指标来自《中国统计年鉴》，财政分权的指标来自《中国财政年鉴》，因变量贫困率的指标构建则用到了各省份统计年鉴中的收入分组数据。

最终，本研究构造出 2000 ~ 2018 年涵盖 27 个省份①的省级平衡面板数据。

（三）方法

收入过低是贫困的直接外在表现，因此微观收入数据最适于研究贫困问题。目前常用的微观数据有 UHS、CGSS、CHIP 及 CFPS 等，它们虽包含翔实收入信息，但时间跨度较短，在研究贫困这种长期问题时难免捉襟见肘。与之相比，各省份统计年鉴中的收入分组数据不仅连续性强，而且代表性强，非常适用于贫困研究。但收入分组数据并不是微观数据本身，只是它的一种加工汇总，还需对其进行微观还原；世行提供的 POVCAL 软件可用于还原但存在严重缺陷，② 故未被本文使用。根据不同类型收入分组数据的特征，选用了相应还原方法：对"五等分型"分组数据，③ 使用 Shorrocks 和 Wan 提出的两步迭代法，对"区间型"分组数据，④ 使用高旅端等⑤提出的基于 EM 算法⑥的参数估计法。假定两类收入分组数据的原始

---

① 天津、山东、吉林以及宁夏收入分组数据缺失，无法计算"贫困发生率"，因而舍弃。剩余 27 个省份中，海南、贵州、西藏、四川 2000 ~ 2009 年数据缺失，黑龙江 2000 ~ 2006 年数据缺失，其余 22 个省份包含 19 年的数据。
② Shorrocks A., Wan G., "Ungrouping Income Distributions: Synthesising Samples for Inequality and Poverty Analysis," Wider Working Paper Series, 2008; Reddy S. G., Minoiu C., "Development Aid and Economic Growth: A Positive Long-run Relation," Social Science Electronic Publishing, 2006.
③ "五等分型"数据是根据收入高低对样本进行五等分排列，并给出各组的平均收入水平；"区间型"数据是将收入由低到高划分为若干区间，并给出各区间的样本比例。
④ Shorrocks A., Wan G., "Ungrouping Income Distributions: Synthesising Samples for Inequality and Poverty Analysis," Wider Working Paper Series, 2008.
⑤ 高旅端、陈志：《区间型数据下 4 种分布的参数估计》，《北京工业大学学报》2002 年第 2 期，第 224 ~ 228 页。
⑥ Dempster A., "Maximum-likelihood from Incomplete Data Via the EM Algorithm," J. Royal Stat. Soc., 1977.

分布均为对数正态分布,[1] 那么,对于两步迭代法,具体还原步骤为:①利用分组数据得到标准差 σ 并生成原始样本 L~N (1, σ);[2] ②通过两步迭代调整使得迭代后样本与分组数据的信息一致（各等分区间内均值相同）。对于 EM 算法,具体还原步骤为:①利用分组数据并通过 EM 算法求解分布参数（均值 μ 和方差 σ);[3] ②利用求解参数生成微观样本 L~N (μ, σ)。

三　量化分析

(一) 描述性统计

在量化分析前对历年全国及分地区的贫困率和减贫率[4]进行描述性统计,以期初步了解各地贫困发生和治理状况,统计结果如表 11-1、图 11-1 和图 11-2 所示。

1. 贫困率

纵向分析:如表 11-1 和图 11-1 所示,全国和分地区的贫困率均呈现逐年下降趋势,至 2018 年已下降到极低水平,说明我国减贫事业稳步推进,成果显著。

横向比较:如图 11-1 所示,东、中、西三地区贫困率依次降低,即各地发展阶段不同,所面临的贫困状况就不同:发展水平越高,贫困程度越轻。

---

[1] Gibrat 指出,收入分布可以很好地由对数正态分布拟合,此后,Shorrocks 和 Wan 以及张萌旭等分别使用 WIID 数据库和中国住户调查数据对其进行了验证。Gibrat R. Les, Inegalites Economiques, Paris: Librairie du Recueil Sirey, 1931; Shorrocks A. and Wan G. H., "Ungrouping Income Distributions: Synthesising Samples for Inequality and Poverty Analysis," Wider Working Paper, 2008, (16), pp. 5-25; 张萌旭、陈建东、蒲明:《城镇居民收入分布函数的研究》,《数量经济技术经济研究》2013 年第 4 期,第 57-71 页。

[2] 样本收入为相对值,即绝对收入与平均收入之比,故均值为 1; 标准差 $\sigma = E\left[\Phi^{-1}(p_k) - \Phi^{-1}(L_k)\right]$,其中 p_k 和 L_k 分别代表前 k 个收入组的累计人口比和累计收入比。

[3] 给定初始参数值 θ_p 后,对 p=0, 1, 2…… 分别执行:E 步:计算 $Q(\theta|\theta_p)$; M 步:通过极大化 $Q(\theta|\theta_p)$ 来迭代求解 θ_{p+1},直至满足一定条件时停止。

[4] 减贫率 = (上年贫困率 - 本年贫困率)/上年贫困率 × 100%。

2. 减贫率

纵向分析：如表11-1和图11-2所示，全国及分地区的减贫率均整体呈现增加趋势，说明我国各地减贫治理能力稳步提升；2013年实施精准扶贫战略后，减负率增加趋势更明显。

横向比较：东部减贫率高于中西部，这一是因为东部经济发展和社会结构对减贫更有利，二是说明东部的减贫治理能力较强。

表11-1 中国分地区贫困率和减贫率（2000~2018年）

单位：%

年份	全国 贫困率	全国 减贫率	东部 贫困率	东部 减贫率	中部 贫困率	中部 减贫率	西部 贫困率	西部 减贫率
2000~2012年								
2000	43.12		20.57		47.11		62.68	
2001	41.30	5.53	19.38	7.62	43.48	7.74	61.59	1.77
2002	39.35	5.19	18.14	6.29	41.09	5.47	59.27	3.88
2003	37.03	7.53	16.76	10.99	38.62	5.87	56.09	5.31
2004	33.16	13.04	14.57	17.45	34.75	10.65	50.55	10.43
2005	29.47	15.10	12.11	22.67	29.98	13.19	46.45	8.98
2006	26.58	10.29	10.68	11.73	26.40	11.27	42.61	8.12
2007	23.20	13.95	9.39	15.75	22.63	13.46	37.50	12.52
2008	21.53	13.02	7.89	26.35	21.06	6.64	35.57	5.28
2009	19.81	12.40	6.89	22.05	19.69	6.34	32.85	8.04
2010	20.26	15.94	7.50	26.99	17.31	11.92	32.57	8.40
2011	15.38	26.17	4.92	30.80	13.23	23.92	25.30	24.23
2012	12.34	19.47	3.90	20.32	10.83	18.08	20.22	19.74
平均	27.89	13.14	11.75	18.25	28.17	11.21	43.33	9.73
2013~2018年								
2013	10.16	19.45	3.38	23.53	8.97	17.02	16.45	18.03
2014	8.63	17.30	2.73	24.88	7.67	14.58	14.07	14.21
2015	6.89	27.17	1.89	48.14	6.30	17.52	11.35	19.95
2016	5.27	27.97	1.36	42.72	5.00	20.93	8.64	25.74
2017	3.72	33.62	0.87	49.26	3.50	30.04	6.20	30.22
2018	2.03	46.45	0.39	50.65	1.86	46.78	3.49	45.09
平均	6.12	28.66	1.77	39.86	5.55	24.48	10.03	25.54

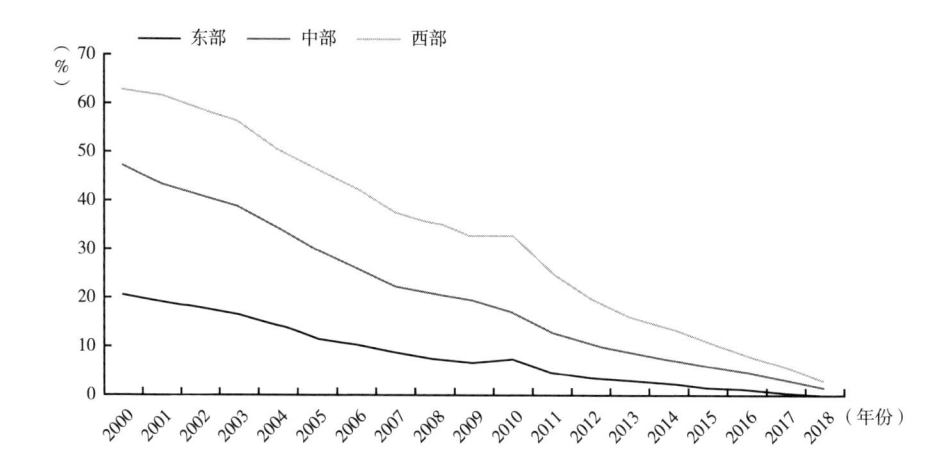

图 11-1 分地区贫困率

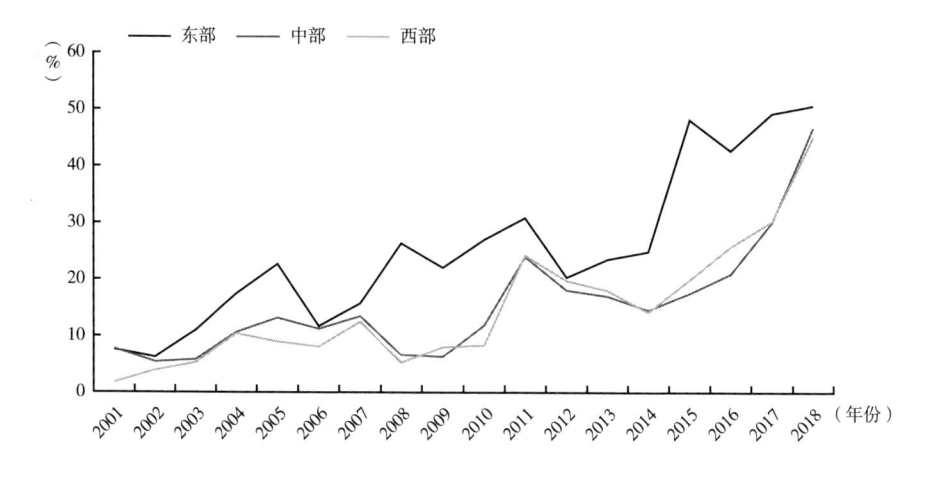

图 11-2 分地区减贫率

（二）回归估计

基于上文的计量模型，使用省级面板数据进行回归分析，结果如表 11-2 所示。在表 11-2 中，前两列为基准估计结果，控制了"经济增长"与"教育投入"综合变量；后两列为机制分析结果，控制了"经济增长"与"教育投入"分项变量。2013 年开始实施精准扶贫战略,[①] 以此为界前后两个时期的扶贫模式与减贫机制明显不同,故进行了两时期分样本回归。为使结果稳健,回归采用 xtscc 命令[②]获取"异方差—序列相关—截面相关"稳健型标准误[③]。

表 11-2 减贫的回归分析——基于双向固定效应模型的估计

变量	基准结果 2000~2012 年	基准结果 2013~2018 年	机制分析 2000~2012 年	机制分析 2013~2018 年
经济增长	-0.454** (-2.74)	0.268 (1.23)		
农业发展			-5.632*** (-4.06)	0.486 (1.57)
非农就业			-0.122* (-2.03)	-0.015 (-0.25)
基础设施			-0.035** (-2.27)	-0.040 (-1.07)
教育投入	-0.742 (-1.69)	-1.317*** (-11.09)		
义务教育			-0.077*** (-3.64)	0.040 (1.27)
职业教育			0.012** (2.52)	0.003 (0.25)
高等教育			-0.213 (-0.56)	-0.172** (-2.97)
控制变量				
城乡收入差距	68.961 (1.70)	39.209 (1.62)	108.043* (2.09)	54.068 (0.85)

---

① 2013 年 11 月,习近平总书记根据贫困现状和脱贫攻坚的需要首次提出精准扶贫,中共中央办公厅、国务院办公厅随后印发《关于创新机制扎实推进农村扶贫开发工作的意见》,明确以建立精准扶贫工作机制为核心,在全国农村实施精准扶贫。
② Hoechle D., "Robust Standard Errors for Panel Regressions with Cross-Sectional Dependence," *The Stata Journal*, 2007 (7), pp. 281-312.
③ Driscoll J. C., Kraay A. C., "Consistent Covariance Matrix Estimation with Spatially Dependent Panel Data," *Review of Economics and Statistics*, 1998 (80), pp. 549-560.

续表

变量	基准结果 2000~2012年	基准结果 2013~2018年	机制分析 2000~2012年	机制分析 2013~2018年
城镇化率	-0.772*** (-5.17)	-1.334*** (-14.46)	-0.734*** (-3.66)	-1.353*** (-6.96)
产业结构	-8.756** (-2.36)	12.126*** (5.00)	-5.407 (-1.55)	9.610*** (4.91)
社会保障	-0.006** (-2.28)	-0.002 (-1.71)	-0.008** (-2.71)	-0.002* (-2.24)
财政分权	0.247 (0.71)	0.703*** (4.80)	0.640* (1.82)	1.107*** (8.14)
财产性收入	0.018*** (5.41)	-0.001 (-0.78)	0.013*** (4.07)	-0.000 (-0.16)
时间	Yes	Yes	Yes	Yes
常数项	109.707*** (4.80)	0.846 (0.04)	90.363** (2.98)	9.453 (0.44)
样本量	304	162	304	162
组内 R^2	0.907	0.844	0.913	0.829

注:"*""**""***"分别表示在10%、5%、1%的显著水平下显著。

1. 基准估计

由表11-2前两列可知,"经济增长"的系数只在前期(2000~2012年)显著为负,即该期经济呈现利贫性增长,"涓滴效应"得以发挥;到后期(2013~2018年)减贫难度增大且经济增速下滑,"涓滴效应"趋于消失。[①] "教育投入"的系数后期才开始显著为负且绝对值大于"经济增长",说明教育培育的内生脱贫动力对减贫更有效,但这也是基于长期过程,而在短期内很难见效。控制变量的回归结果与机制分析基本一致,故在机制分析部分展开。

2. 机制分析

基准估计显示,经济增长只在前期利贫而教育投入只在后期利贫,换言

---

① 国际经验表明,贫困人口总量下降到总人口比重10%以下的时候,一般性的经济增长对减贫的涓滴效应将逐渐消失。Banerjee A. V., Duflo E., "Inequality and Growth: What Can the Data Say?" *Journal of Economic Growth*, 2003, 8 (3), pp. 267-299。

之,"涓滴效应"逐渐式微而人力资本效应逐步显现。为厘清作用路径,以分项变量代替综合变量进行机制分析,其中经济增长的分项变量为"农业发展""非农就业""基础设施",前两个是直接路径,第三个是间接路径;教育投入的分项变量为"义务教育""职业教育""高等教育",分别反映了不同层级的教育投入。

第3列中,"农业发展""非农就业""基础设施"的系数分别在1%、10%、5%的水平下显著,可见2000~2012年,经济增长发挥了全面减贫效应,以农业发展最为显著。教育投入的三个变量中,"义务教育"和"职业教育"的系数分别在1%和5%的水平下显著,但符号一负一正,二者作用相抵,这也是"教育投入"综合变量系数不显著的原因。由此可见,该期免费"普九"和"两免一补"等农村义务教育保障机制减轻了贫困生家庭负担。稍显意外,该期增加职教投入非但未能促进减贫反而有所加剧,这侧面说明该期职教的办学质量低、问题多。控制变量中,"城乡收入差距"的系数显著为正,即城乡收入差距拉大[①]对减贫不利,但显著性只有10%,代表其影响有限,侧面说明在城乡差距方面诸如公共服务不均等也可能对减贫不利。"城镇化率"的系数显著为负,因为它可以促进城乡劳动力转移与实现公共服务均等化,为农民提供更多增收机会从而有利于减贫。"社会保障"的系数显著为负,说明政府社保支出直接对贫困人口实现兜底。"财政分权"的系数显著为正,说明地方政府在支出结构上极易重基建而轻社会服务。"财产性收入"的系数显著为正,对减贫不利,说明农民财产性收入的结构不合理,征地补偿等被动性收入占比过大,房屋租赁与金融理财等主动性收入占比不足,侧面反映出农村土地、金融等市场制度不健全。

---

① 收入不平等不仅表现在城乡之间差距不断扩大,同时还表现为城(乡)内部不平等的加剧。此处的泰尔指数只衡量了第一种即城乡差距。城乡内部差距需要计算基尼系数,碍于数据限制无法通过计算得到,而且基尼系数对中间阶级的收入变动非常敏感,对两端变动并不敏感,而贫富差距主要体现在高收入和低收入阶层的变化。泰尔指数对收入两端的变动较为敏感,恰能很好地解决上述缺陷,所以此处选择"泰尔指数"来衡量收入差距(韩晓宇:《普惠金融的减贫效应——基于中国省级面板数据的实证分析》,《金融评论》2017年第2期,第69~82+125~126页)。

第4列中,经济增长的三个分项变量均不再显著,说明经济增速放缓和结构转型导致该期(2013~2018年)"涓滴效应"趋于消失。"教育投入"的三个分项变量中,"义务教育"的系数不再显著,说明"两基"[①]任务全面实现后义务教育的边际减贫效应业已消失。"职业教育"的系数从显著为正变为不再显著,不再对减贫不利,说明该期职教发展取得了长足进步。"高等教育"的系数显著为负,说明该期高校奖助体系减少了贫困生"因学致贫"和"因贫弃学"问题,有助其突破贫困代际传递。实际上,该期进入高校接受奖助的贫困生大多受益于上期义务教育普及,这也体现了教育投入的长期性和延续性。控制变量中,"城乡收入差距"的系数不再显著,说明日益缩小的城乡收入差距已不再对减贫造成明显的不利影响,与之相反,农村内部收入差距逐步扩大并将成为阻碍减贫的不利因素。"城镇化率"的系数依然显著为负且绝对值变大,即减贫效应更大,这说明新型城镇化战略[②]推动下的县域和中小城镇建设弥补了传统城镇化无法惠及深度贫困地区的劣势[③],更适应贫困人口分布的新特点[④]。"产业结构"的系数显著为正,对减贫不利,说明经济增长转向创新驱动后贫困人口的人力资本储备难以适应新要求。"社会保障"系数的显著性降低且绝对值减小,说明依靠社保兜底的贫困人口越来越少,因而其减贫效应下降。"财政分权"的系数显著性升高且绝对值增大,即更加不利于减贫,说明地方政府扶贫动机不足,需中央政府加强顶层设计,落实"中央统筹、省负总责、市县抓落实"的扶贫管理体制。

---

① "两基"是基本实施九年义务教育和基本扫除青壮年文盲的简称。
② 党的十八届三中全会后,中央第一次召开了推进新型城镇化的专门会议,并出台了《国家新型城镇化规划(2014-2020年)》。2014年全国两会政府工作报告进一步指出,"要健全城乡发展一体化体制机制,坚持走以人为本、四化同步、优化布局、生态文明、传承文化的新型城镇化道路,遵循发展规律,积极稳妥推进,着力提升质量",这标志着我国进入新型城镇化阶段(2013年至今)。
③ 张立群:《城镇化对减贫的作用》,《中国国情国力》2015年第9期,第71~73页。
④ 黄承伟、袁泉:《全面建成小康社会:习近平扶贫论述与中国特色减贫道路》,《China Economist》2020年第1期,第2~23页。

(三) 量化分解

1. 分解思路

在上文中通过面板回归估计各变量的系数后，借鉴经济增长核算[①]思想，可将贫困率的变化值进行分解，思路如下：

假设 Y_{t-1} 和 Y_t 是分别某省份在第 $t-1$ 年和第 t 年的贫困发生率，则有：

$$Y_t = \alpha + \sum_{j=1}^{m} \beta_j EG_{tj} + \sum_{k=1}^{n} \theta_k EI_{tk} + \sum_{l=1}^{p} \gamma_l Z_{tl} + \varepsilon_t$$

$$Y_{t-1} = \alpha + \sum_{j=1}^{m} \beta_j EG_{(t-1)j} + \sum_{k=1}^{n} \theta_k EI_{(t-1)k} + \sum_{l=1}^{p} \gamma_l Z_{(t-1)l} + \varepsilon_{t-1}$$

若第 $t-1$ 年到第 t 年贫困发生率的变化为 ΔY_t，则有：

$$\Delta Y_t = Y_t - Y_{t-1} = \sum_{j=1}^{m} \beta_j \Delta EG_{tj} + \sum_{k=1}^{n} \theta_k \Delta EI_{tk} + \sum_{l=1}^{p} \gamma_l \Delta Z_{tl} + \varepsilon_t$$

即 Y 的变化值可以分解为各变量（须系数显著）与残差变化值的加权形式，权重为变量系数。类似经济增长核算用索洛余值计算 TFP，此处的残差表征了减贫治理效率，残差变化即效率变化。

最终，各要素的减贫贡献率可计算得出。例如，经济增长的贡献率 $CR_{EG} = \dfrac{\sum_{j=1}^{m} \beta_j \Delta EG_{tj}}{\Delta Y_t}$，效率的贡献率 $CR_\varepsilon = \dfrac{\Delta \varepsilon_t}{\Delta Y_t}$。表 11-3 汇报了量化分解结果。

2. 分解结果

（1）全国分析

2000～2012 年：经济增长的贡献为 28.99%，其中农业发展贡献最大，达到 22.17%；教育投入的贡献只有 2.13%。社会结构和政府财政的贡献较大，分别达到 70.12% 和 39.57%，各自又以城镇化（62.4%）和社会保障（52.78%）

[①] 根据经济增长核算理论，经济增长率 $\dfrac{\Delta Y}{Y} = \alpha \dfrac{\Delta K}{K} + \beta \dfrac{\Delta L}{L} + \dfrac{\Delta A}{A}$，其中 α 和 β 分别是资本和劳动份额。

为贡献主体。可见,经济与社会结构总共贡献了99.11%,加上政府财政贡献的39.57%,总计达到138.68%,它们是该期减贫的主体力量。但是,市场制度和财政分权对该期减贫不利,负贡献分别达到-39.56%和-13.21%。所有可控因素的贡献为101.25%,残差即效率的贡献为-1.25%。

2013~2018年:经济增长的"涓滴效应"消失;教育投入的贡献仍维持在2%左右,主要来自高等教育(2.04%)。社会结构和政府财政的贡献分别达到66.61%和15.8%,贡献主体依然是城镇化(109.56%)和社会保障(33.86%),但与上期相比,前者贡献有所上升而后者贡献略有下降。与上期一样,该期社会结构(66.61%)与政府财政(15.8%)累计贡献82.41%,依然是减贫的主体力量。此外,效率的贡献也有明显提升,达到了15.55%。与上期不同的是,该期市场制度不再阻碍减贫,产业结构(-42.95%)取而代之成为减贫的不利因素。

小结:量化前后两期各因素的减贫贡献可以归纳出全国减贫成功的原因:首先,以农业发展和城镇化为代表的经济社会发展是减贫成功的主要原因,即贫困是伴随经济社会的发展而逐步被消除,与党的主张相符。其次,以社会保障为主的政府财政支出是减贫成功的必要原因,是政府开展兜底式扶贫干预的重要体现。最后,以精准扶贫为代表的减贫战略调整是贫困治理效率提升的重要原因,体现了党的领导与制度优势。除得出以上原因外,量化分解也发现了现阶段减贫中存在的问题:首先,教育投入对减贫的贡献有限,并未真正培育出内生脱贫动力。其次,市场制度未能对减贫形成贡献,社会、政府与市场"三位一体"的协同减贫机制仍未形成。最后,产业升级对贫困人口的人力资本积累提出新要求,使减贫面临新挑战。

(2) 分地区分析

通过对东中西部开展分地区分析可以发现其减贫进程既存在共同点,又具备各自特点,其中共同点基本与全国性分析中的发现一致:以城镇化为主的经济社会发展、以社保支出为主的政府扶贫干预、以精准扶贫为代表的减贫战略调整是各地区减贫成功的原因;教育脱贫成效有限、市场扶贫机制尚未确立、产业升级对贫困人口不利则是各地区减贫面临的共同问题。

除了这些共同点外,各地区各自特点更加值得关注,因为其是区域差异的直观表现,也是后续减贫事业因地施策的依据所在。

东部:经济增长的"涓滴效应"率先消失,社会结构和政府财政的减贫贡献都较大,其中城镇化和社会保障支出的贡献明显高于中西部,这说明东部经济社会发展阶段明显超前。但是,前期市场制度对东部减贫造成了较大负面影响,这与该期东部过快的城市扩张中不合理的土地征用及补偿制度有关;① 后期财政分权对减贫的负贡献较大,这是由于该期东部各省份减贫目标趋于实现,相比日益减小的减贫压力,缓解经济增长压力是当务之急。

中部:前期中部减贫在很大程度上受益于经济增长,这主要得益于该期经济增速最快。② 但中部教育投入的减贫贡献始终为负,说明中部教育脱贫成效不明显,这或许与义务教育的"中部塌陷"有关。③ 此外,中部减贫效率也始终最低,与李小云等④的发现一致,说明中部的贫困治理体系存在诸多问题,贫困治理能力亟待提升。

西部:前期西部减贫也在较大程度上受益于经济增长,但是与东部和中部相比,西部社会结构尤其是城镇化的减贫贡献明显落后,反映了西部社会

---

① 该结果与东部地区过快的城镇化进程以及社保制度设计有关。该时期,在农村金融市场尚不健全、住房制度尚不完善的情况下,农民的财产性收入主要来源于征地补偿以及土地转让,在城镇化迅速推进的东部地区尤为如此。城市向周边扩张征用了农民的土地,造成了一批失地农民,他们领取的一次性征地补偿只能解决短期生存需求,但失地却夺去了他们最基本的生活来源(王作安:《中国城市近郊失地农民生存问题研究》,经济科学出版社,2007;温铁军:《征地与农村治理问题》,《华中科技大学学报》(社会科学版)2009年第1期,第7~9页)。除了生产功能外,土地还具备社会保障功能,温铁军指出,"人地关系越是紧张,土地的社会保障功能越是大于其生产功能",农民失地后成为游离于城市和农村之间的"非农非城"边缘人,同时被农村和城市的社保体系排除在外,严重影响了生计的可持续性(杨磊:《资源、支持与适应:失地农民市民化的影响因素研究——基于多样本的扎根理论分析》,《华中科技大学学报》(社会科学版)2009年第2期,第126~133页)。因此,失地使农民家庭遭到经济和社会的双重剥夺,极易陷入贫困境地(阿马蒂亚·森、詹姆斯·福斯特:《论经济不平等》,中国人民大学出版社,2015)。
② 利用31个省份的数据计算可得,2000~2012年,中部各省份人均GDP的平均增速为11.53%,高于东部(10.33%)和西部(11.43%)。
③ 尚伟伟、陆莎、李廷洲:《我国义务教育发展的"中部塌陷":问题表征、影响因素与政策思路》,《北京大学教育评论》2020年第2期,第172~186+192页。
④ 李小云、于乐荣、齐顾波:《2000~2008年中国经济增长对贫困减少的作用:一个全国和分区域的实证分析》,《中国农村经济》2010年第4期,第4~11页。

发展水平和城镇化进程的滞后。此外，后期财政分权在一定程度上促进了西部减贫，说明全面脱贫目标下西部各省份的减贫压力最大。

表 11-3 减贫的量化分析——基于回归结果的量化分解

变量		2000~2012 年				2013~2018 年			
		全国	东部	中部	西部	全国	东部	中部	西部
经济增长	农业发展	22.17	6.18	41.70	22.83	—			
	非农就业	6.77	7.00	8.42	5.52				
	基础设施	0.05	-13.55	11.78	3.71				
	合计	28.99	-0.37	61.90	32.06				
教育投入	义务教育	-1.64	-4.39	-5.93	3.34	—			
	职业教育	3.77	8.73	1.68	1.05				
	高等教育	—				2.04	1.06	-0.56	4.42
	合计	2.13	4.34	-4.25	4.39	2.04	1.06	-0.56	4.42
控制变量	社会结构	城乡收入差距	7.72	25.80	-2.66	-0.46	—			
		城镇化率	62.40	80.42	66.24	45.21	109.56	141.35	119.79	79.93
		产业结构	—				-42.95	-64.90	-46.81	-24.53
		累计	70.12	106.22	63.58	44.75	66.61	76.45	72.98	55.40
	政府财政	社会保障	52.78	89.60	30.51	36.83	33.86	64.29	25.65	16.95
		财政分权	-13.21	-14.26	-9.04	-15.00	-18.06	-69.99	1.22	7.43
		累计	39.57	75.34	21.47	21.83	15.80	-5.7	26.87	24.38
	市场制度	财产性收入	-39.56	-104.54	-11.93	-3.98	—			
		累计	-39.56	-104.54	-11.93	-3.98				
	合计		70.13	77.02	73.12	62.60	82.41	70.75	99.85	79.78
总计		101.25	80.99	130.77	99.05	84.45	71.81	99.29	84.20
剩余（效率）		-1.25	19.01	-30.77	0.97	15.55	28.19	0.71	15.80

四 结论与政策建议

（一）结论

短短几十年中国实现几亿人全脱贫，铸就了减贫奇迹，吸引诸多学者展开研究，探索其背后奥秘。以这些研究为基础，本章利用 2000~2018 年省级面板数据展开系统分析，量化各因素减贫贡献，探索中国减贫成功的原因，基本发现如下。

（1）经济社会发展是中国减贫成功的主要原因。高速的经济增长尤其是农业发展惠及广大贫困人口，持续推进的城镇化促进了城乡劳动力转移与基本公共服务均等化，为贫困人口提供了更多增收机会和信息。随着贫困形势的演变，经济增长的"涓滴效应"趋于消失，城镇化的减贫效应日益凸显。

（2）政府扶贫干预是中国减贫成功的必要原因。经济社会发展并非总对穷人有利，政府适时适度的扶贫干预会在必要时候形成补位，促进经济社会发展与减贫进程的耦合；财政性社保支出是最常见的扶贫干预手段，通过直接救助贫困人口从而实现对贫困的兜底。但也应看到，财政分权始终对减贫不利，说明地方政府减贫动机有限，需中央统筹并加强减贫事业的顶层设计。

（3）党做出的精准扶贫战略调整是中国减贫成功的重要原因。贫困形势的不断演变要求减贫战略的动态调整，党作为减贫事业的领导者总能审时度势地做出正确的战略判断和调整，找到了一种渐进主义的动态贫困治理方案。在实施精准扶贫战略后，中国的贫困治理能力全方位提升，面临日益增大的贫困治理难度，减贫效率不降反升，足见其意义重大。

一言以蔽之，贫困问题是在党的坚强领导和审时度势的战略部署下，伴随经济社会发展过程并结合必要的政府扶贫干预而逐步得以解决的。这也正契合上文对中国减贫特征的总结：经济社会发展与减贫进程相耦合、党政一体的国家扶贫干预、渐进主义与动态回应的解决方案。

此外，上文分析了未来中国减贫面临的挑战，量化结果证明这些担忧不无道理。首先，长效减贫机制尚未真正确立，社会、政府与市场三种协同机制中，市场作用尚未发挥；教育投入贡献有限，仍未有效提升贫困人口的内生脱贫能力。其次，产业升级等社会新形势也对贫困人口提出了新要求，对减贫形成新挑战。最后，区域不均衡与区域差异显著也对减贫提出了新要求，东中西各地区减贫进程不同，贫困治理各具特点，未来的贫困治理应注意因地施策。

（二）政策建议

以上结论和发现对进一步完善贫困治理体系，有效应对未来减贫挑战具备重要启示意义，为此，提出以下政策建议。

1. 进一步释放经济社会发展的减贫动能

首先，缩小收入差距，提高经济增长益贫性。量化分析发现农村内部收入差距逐步取代城乡收入差距成为减贫不利因素，必须通过活跃农村商品经济、改革农村土地和税收制度等措施予以有效应对。其次，适应贫困人口分布新形势，坚持走新型城镇化道路。注重城镇益贫发展，在连片特困地区推进县域和中小城镇建设，实现城乡联结，打通城镇化引领减贫的"最后一公里"。最后，打造产业扶贫体系，规避产业升级不利影响。通过电商技术和普惠金融等措施扶持一批特色项目，充分发挥贫困地区资源优势。

2. 探索长效减贫机制

首先，激活市场机制的减贫功能。大扶贫格局要求社会、政府与市场三种机制的协同，集中式贫困治理中资源调配通过行政机制实现，但常态化贫困治理必须依靠市场机制，激活贫困地区资源禀赋，使其快速对接市场需求。其次，坚持教育脱贫，培育贫困人口内生脱贫能力。加强国民教育体系顶层设计，分层级采取对应策略：义务教育注重实现城乡均等化，职业教育注重打通就业渠道，高等教育注重提高奖助金使用效率。

3. 注重贫困治理的因地施策

中国幅员辽阔，各地发展阶段不同，贫困形势和减贫治理中的问题也各不相同。例如，东部地区城市扩张中土地征用等不合理制度安排阻碍农民财产性增收，中部地区教育脱贫成效较差、贫困治理效率较低，西部地区城镇化滞后使其减贫成效不明显。针对各地区的主要问题，应因地施策开展减贫治理：东部应加快土地、住房与金融等财产制度改革，增加农民财产收入，优化农民财产性收入结构；中部应优化教育脱贫政策与贫困治理体系；西部应加快推进新型城镇化，偏远地区尤其要以新型城镇化带动减贫。

4. 坚持党的领导，持续推进并及时调整精准扶贫战略

精准扶贫战略有效提高了贫困治理水平，但也存在一些问题，如尚未形成多元减贫格局，企业和社会组织参与减贫的动力不足；产业扶贫项目呈现"短平快"趋势，"面子工程"居多；指标主义导致基层组织疲于迎检，出现形式主义。此外，现阶段减贫战略主要针对绝对贫困且以收入为标准，但未来相对贫困将占据主流，发展型会取代生存型贫困。以上问题都是党在未来的减贫战略设计中必须加以解决的。

参考文献

陈云松、范晓光：《社会资本的劳动力市场效应估算——关于内生性问题的文献回溯和研究策略》，《社会学研究》2011年第1期。

高旅端、陈志：《区间型数据下4种分布的参数估计》，《北京工业大学学报》2002年第2期。

顾宁、张甜：《普惠金融发展与农村减贫：门槛、空间溢出与渠道效应》，《农业技术经济》2019年第10期。

胡鞍钢主编《国情报告（第十一卷·2008年）》，党建读物出版社、社会科学文献出版社，2012。

黄承伟、袁泉：《全面建成小康社会：习近平扶贫论述与中国特色减贫道路》，《China Economist》2020年第1期。

李小云、于乐荣、齐顾波：《2000~2008年中国经济增长对贫困减少的作用：一个全国和分区域的实证分析》，《中国农村经济》2010年第4期。

李小云、于乐荣、唐丽霞：《新中国成立后70年的反贫困历程及减贫机制》，《中国农村经济》2019年第10期。

彭妮娅：《教育扶贫成效如何？——基于全国省级面板数据的实证研究》，《清华大学教育研究》2019年第4期。

尚伟伟、陆莎、李廷洲：《我国义务教育发展的"中部塌陷"：问题表征、影响因素与政策思路》，《北京大学教育评论》2020年第2期。

汪三贵：《中国40年大规模减贫：推动力量与制度基础》，《中国人民大学学报》2018年第6期。

汪晨、万广华、吴万宗：《中国减贫战略转型及其面临的挑战》，《中国工业经济》2020年第1期。

第十一章 中国全面脱贫因素的量化分析

魏晓博、曹巍、刘小凤、王静、施乃夫：《财政分权的多维减贫效应研究》，http：//kns.cnki.net/kcms/detail/43.1126.K.20200922.0950.002.html，2021年2月22日。

解垩：《城镇化与中国农村减贫》，《经济科学》2020年第3期。

杨宜勇、吴香雪：《中国扶贫问题的过去、现在和未来》，《中国人口科学》2016年第5期。

杨均华、刘璨：《精准扶贫背景下农户脱贫的决定因素与反贫困策略》，《数量经济技术经济研究》2019年第7期。

杨飞、范从来：《产业智能化是否有利于中国益贫式发展？》，《经济研究》2020年第5期。

岳希明、种聪：《我国社会保障支出的收入分配和减贫效应研究——基于全面建成小康社会的视角》，《China Economist》2020年第4期。

张凤华、叶初升：《经济增长、产业结构与农村减贫——基于省际面板数据的实证分析》，《当代财经》2011年第12期。

张立群：《城镇化对减贫的作用》，《中国国情国力》2015年第9期。

赵锦春、范从来：《收入不平等、金融包容性与益贫式增长》，《世界经济研究》2020年第8期。

周京奎、王文波、龚明远、黄征学：《农地流转、职业分层与减贫效应》，《经济研究》2020年第6期。

Banerjee A. V., Duflo E., "Inequality and Growth: What Can the Data Say?" *Journal of Economic Growth*, 2003, 8 (3).

Dempster A., "Maximum-likelihood from Incomplete Data Via the EM Algorithm," J. Royal Stat. Soc, 1977.

Driscoll J. C., Kraay A. C., "Consistent Covariance Matrix Estimation with Spatially Dependent Panel Data," *Review of Economics and Statistics*, 1998 (80).

Dollar D., Kraay A., "Growth is Good for the Poor," *Journal of Economic Growth*, 2002, 7 (3).

Hoechle D., "Robust Standard Errors for Panel Regressions with Cross-Sectional Dependence," *The Stata Journal*, 2007 (7).

Omoniyi M. B. I., "The Role of Education in Poverty Alleviation and Economic Development: A Theoretical Perspective and Counselling Implications," *British Journal of Arts & Social Sciences*, 2013, 15 (11).

Reddy S. G., Minoiu C., "Development Aid and Economic Growth: A Positive Long-run Relation," Social Science Electronic Publishing, 2006.

Ravallion M., Chen S. H., and Sangraula P., "Dollar a Day Revisited," *World Bank Economic Review*, 2009, 23 (2).

Sen A., "Develoment as Freedom," Oxford-University Press, 1999.

Shorrocks A., Wan G., "Ungrouping Income Distributions: Synthesising Samples for Inequality and Poverty Analysis," Wider Working Paper Series, 2008.

Wan G., Sebastian I., "Poverty in Asia and the Pacific: An Update," Asian Development Bank Economics Working Paper, 2011.

第十二章
精准扶贫成功的深层理论原因初探

秦 宇[*]

本章通过构建相对指标,将中国与世界各国的人力资本相对超前投入程度进行比较,得出中国人力资本相对超前投入程度的真实评判。利用经人均GDP调整后的预期寿命及预期受教育年限构建相对指标,即人力资本相对超前投入(HCRAI)指数,以及通过质量改善后的人本(HI)指数,以测量一国的人力资本相对超前投入的程度,研究发现:2014年中国HCRAI指数排名远高于人均GDP排名,也远高于美国HCRAI指数排名,表明中国更加注重人力资本投入;跨国的数据分析也表明,HCRAI指数可以在很大程度上解释一国经济的长期增长率,这也表明我国前后两个30年发展的连贯性。HI指数显示,在考虑质量因素后,中国人力资本相对超前投入保持了持续的高水平,也反映出中国对于广大民众人本的持续关怀,这是中国2020年实现绝对脱贫的深层次因素。本章通过相对指标替代现有绝对指标,测度国家对人本关怀的程度,更好地体现"公平"的概念。通过跨国比较及长期的演变为我们理解中国精准扶贫和实现绝对脱贫提供了新的视角;中国持续的更加以人为本、更加包容的可持续发展理念,为中国取得精准扶贫伟大成就提供了经济增长动力和人力资本积累的内生动力。

---

[*] 秦宇,中国社会科学院工业经济研究所《中国经济学人》编辑部编辑,研究方向:发展经济学、人力资本投资。

一 引言

自2013年我国提出精准扶贫以来，经过七年的努力，特别是四年多的脱贫攻坚战，在现行标准下，我国农村贫困人口从2012年底的9899万减少到2019年底的551万，贫困县从2012年底的832个减少到2020年初的52个。按照党和国家的部署，2020年底，我国高质量实现脱贫攻坚既定目标，补齐了全面建成小康社会的突出短板。这一历史时刻的到来也标志着长期困扰中国的绝对贫困问题得到根本解决。经济增长是解决贫困的根本路径，中国能够实现绝对脱贫，源于保持了40年的高速及中高速增长。而从深层次原因分析，中国能够在不足70年的时间内从积贫积弱的落后国家发展为世界第二大经济体，则源于我国长期对人的发展的关注。而当下我国得以实现经济发展平稳转型，推动经济结构升级与我国适时地提出"以人为本"的发展理念不无关系。所谓对人的关注，就是在特定发展阶段下，将更多的资源投向对人的关怀和发展，即更加注重以生存权和发展权为基础的人力资本投入。而中国领先于世界的经济快速发展源于其相对超前的人力资本投入。

所谓"相对超前的人力资本投入"，即超越该国发展阶段所应有的人力资本投入水平。[①] 要实现相对超前的人力资本投入，要求社会发展成果惠及更广泛的民众，要求在承认社会成员对社会贡献存在差距的前提下，充分满足弱势群体成员的基本需求，从而使得绝大多数社会成员可以公正地享有生存权和发展权这两大基本权利。换句话说，就是将更大比重的有限资源投向人力资本发展，体现为社会对最广泛民众的更多关怀。

人力资本在经济增长理论中始终占有重要地位，新经济增长理论认为人

[①] 本研究所提出"人力资本相对超前投入"为相对概念，所谓"相对超前"，即就该国所处经济发展阶段的国家平均水平而言，其人力资本投入相对较高。同理，如果该国人力资本投入水平低于其所处经济发展阶段的国家平均水平，则投入是滞后的。具体概念界定及测算将在本章第二部分做具体阐述。

第十二章 精准扶贫成功的深层理论原因初探

力资本投入是经济增长的核心要素,[1] 而人力资本投入的核心要素是健康和教育,其中健康作为人类发展权的保证尤为重要,良好的健康可以保证知识和技术的积累,更多的教育投入,促成收入的增加和就业率提升,推动经济增长。[2] 世界银行1997年的相关报告指出,世界各国中,除了石油资源极其丰富的中东国家外,大多数国家60%以上的社会财富是基于人力资本。由此可见,重视对人力资本的投入,即更加关注人民的发展,是保持经济持续增长的重要因素。[3] Goldin 和 Katz 更是将20世纪称为人力资本投资的世纪,认为人力资本投入是经济增长的最主要贡献因素之一,而美国之所以脱颖而出,引领20世纪全球经济,也得益于其20世纪之初的人力资本投入政策。[4]

作为重要的经济增长推动因素,对人力资本投入的重视与否成为国家间经济增长差异形成的重要原因。但遗憾的是,现行的人力资本测算方法未能涵盖对于人力资本投入重视程度的相对概念,无论是基于收入法、成本法测算的人力资本水平还是以平均教育年限、非文盲率等指标作为代理变量而表示的人力资本水平都只是存量的概念。绝对值的呈现难以反映出对人力资本投入的重视程度,即难以体现出对人的关怀概念。由此,更多的关于人的关怀的评价体系被越来越广泛地应用于国家发展评价中。由 SGI(可持续治理指标)项目公布的 The Bertelsmann Stiftung on Social Justice(BS)数据库[5]是

---

[1] 可参考 Solow R. M. , "A Contribution to the Theory of Economic Growth," *The Quarterly Journal of Economics*, Vol. 70, 1956, pp. 65 - 94; Jr, Robert E. Lucas, "On the Mechanics of Economic Development," *Journal of Monetary Economics*, Vol. 22, 1988, pp. 3 - 42; Romer, Paul M. , "Increasing Returns and Long-Run Growth," *Journal of Political Economy*, Vol. 94, 1986, pp. 1002 - 1037; Aghion, Philippe, and P. Howitt, "A Model of Growth Through Creative Destruction," *Econometrica*, Vol. 60, 1992, pp. 323 - 351; Acemoglu, Daron, and S. Johnson, "Disease and Development: The Effect of Life Expectancy on Economic Growth," *Social Science Electronic Publishing*, Vol. 115, 2007, pp. 925 - 985。

[2] Ngwen Ngangue and Kouty Manfred, "The Impact of Life Expectancy on Economic Growth in Developing Countries," *Asian Economic and Financial Review*, 2015, pp. 653 - 660。

[3] 李海峥、梁赟玲、Barbara Fraumeni、刘智强、王小军:《中国人力资本测度与指数构建》,《经济研究》2010年第8期,第42~54页。

[4] C. Goldin and L. F. Katz, "The Race Between Education and Technology: The Evolution of U. S. Educational Wage Differentials, 1890 to 2005," Social Science Electronic Publishing, 2009.

[5] SGI 数据库:http://www.sgi-network.org。

国际上广泛使用的衡量一国对人关怀程度的评价体系,该指标体系选取五个维度(预防贫困、教育公平、劳动市场包容性、社会凝聚力和公平、代际公平)衡量各国对人的关怀程度,并计算相应得分。现有跨国比较文献多依赖于该指标对各国人类发展程度进行测算。[1] Helmy 对 Bertelsmann 数据进行了提炼与修改,测算了 40 个发展中国家的公平系数,虽然其将数据进行了标准化处理,同时选取比例数据(单位多为%),但并未考虑该国的发展水平(没有与该国 GDP 相联系),故而仍然是绝对指标。[2] Pasquale Tridico 在分析新型转型经济体的经济增长问题时,考虑到不均衡因素,将不均衡用教育(Literacy)、公共投资(Public Expenditure)和健康(Life Expectancy)来衡量。[3] 与 Pasquale Tridico 的研究相似,联合国发展计划署的人类发展指标(HDI)是另一被广泛采纳的衡量一国人类发展水平的国际指标,由健康长寿(出生时预期寿命)、知识(成人识字率与毛入学率分别占 2/3 和 1/3 权重)、体面生活(人均 GDP)三项指标各占 1/3 权重构成。虽然该指标考虑到国家发展程度(人均 GDP),但是将国家发展程度作为一个维度加权而构成人类发展指数,仍然是将各次级指标绝对数值加权而构成的绝对指标。[4] 遗憾的是,在衡量一国人口发展水平时,现有指标都选用了绝对数值进行衡量。而这种衡量体系并不能真正体现该国对人力资本投入的重视程度,更难以说是对人的发展的关注水平,反而更像是人力资本投入绝对值的代理变量。这样的测量方法存在一定偏差:绝对指标更利于发达经济体的评价,由于长期的经济积累和社会体制建设,发达国家人口的受教育程度和人

---

[1] 可参考 Kauder, B. and N. Potrafke, "Globalization and Social Justice in OECD Countries," *Review of World Economics*, Vol. 151, 2015, pp. 353 – 376; Merkel. Wolfgang and Heiko Giebler, "Measuring Social Justice and Sustainable Governance in the OECD," Academy of Sciences of the Czech Republic, 2009, pp. 187 – 215; Bertelsmann Stiftung, "Social Justice in the OECD-how Do Member States Compare? Sustainable Gvernance Indicators 2011," 2011, Available at: www. sgi - network. org.

[2] Helmy, "An Approach to Quantifying Social Justice in Selected Developing Countries," *International Journal of Development Issues*, Vol. 12, 2013, pp. 67 – 84.

[3] Pasquale Tridico, "Growth, Inequality and Poverty in Emerging and Transition Economies," *Transition Studies Review*, Vol. 16, 2010, pp. 979 – 1001.

[4] 可参见历年《人类发展报告》。

口寿命指标显然要比发展时间较短的欠发达地区好,但这并不表明欠发达地区就一定不重视人文关怀,也不能表明欠发达地区较发达地区不重视人力资本投入。[①] 现行测算体系与本研究所提人力资本相对超前投入的概念具有显著差异,本研究关注的是国家对于人力资本投入的重视程度,而不仅仅是人力资本积累的绝对数值。人力资本相对超前投入是一个相对指标,而人力资本却未能很好地涵盖这一概念。如果欠发达经济体将其有限的资源更多地投向人力资本,则可以认为该国更加注重人力资本投资,如果这一重视程度超过其经济发展阶段人力资本投资所应有的平均水平,则认为该国的人力资本投资是超前的。

可见,人力资本投入超前与否是一个与本国的国情高度相关的概念,并非一国人口寿命越长、受教育年限越多,其就一定重视人力资本投入,而应与该国的发展阶段相结合;可以说最能衡量一国是否坚持超前的人力资本投入的是该国对普通大众人文关怀所做的努力程度,这也正符合了中国传统智慧"百善孝为先,论心不论迹,论迹寒门无孝子"。通俗地说,所切蛋糕的比例,而不是所切蛋糕块的大小能更好地衡量一国人力资本超前投入程度,[②] 国家将更多的精力投入对人的关怀,则较其他国家而言,该国具有更多的社会公平感和对人的关注程度,也就有了相对超前的人力资本投入。

因此,本研究试图构建相对指标,将中国与世界各国的人力资本相对超前投入程度进行比较,得出中国人力资本投入程度的真实评判。一是分析中国是否有跨越"中等收入陷阱"、保持经济持续稳定增长的动力;二是考察中国是否真如西方国家所指责的那样,对于人的关注不够,不重视人的发展;三是从历史的角度看随着发展策略的改变,中国人力资本相对超前投入的变化,为我国"以人为本"的发展策略提供参考,作为转型发展阶段新动力的思考。

---

① 本研究的"一国"不仅包括一国政府,也包括该国的民众及企业等各类社会组织。
② 值得说明的是,本研究所讨论的绝对指标和相对指标区别不在于是否将国家发展程度指标纳入指数构建,而在于是否将指数构建所包含的指标用国家发展程度(如人均 GDP)进行处理调整,从而合成为可以用于不同发展阶段国家间发展理念比较的指数并在同一发展阶段条件下进行比较,即相对指标是衡量国家在特定发展阶段时对人力资本投入的相对重视程度(比例值);而绝对指标是衡量一个国家在某一时点发展过程中的人力资本积累(绝对值)所达到的水平,本研究将在第二部分对相对指标的构建做具体阐释。

二 人力资本相对超前投入指数

基于上述考虑，本研究试图构建新的指标体系，基于经济发展水平，从对人力资本重视程度和对人的关怀角度测量一个国家的人力资本投入相对超前水平。

（一）健康、教育是人力资本投入的两个基本要素

自1990年起联合国发展计划署开始发布人类发展报告，从第一份关注人类发展选择权开始，每年都会有一个突出的主题，至1997年，《人类发展报告》（以下简称《报告》）始终将注意力放在贫困问题上，这里的贫困不仅是收入低，而是广义的贫困，包括人权不被尊重，基本生活条件（水、食品、空气等）不被保障，医疗、教育等生存发展要求不被重视。1998年，《报告》在对消费权的关注中，着重讨论了基础教育、医疗保障、住房就业等的最低消费，进而对人权发展的影响。[①] 从2000年关注人权，到2001年关注科技进步对人类生活的影响，到2002年关注深化民主，[②] 再到2013年放眼全球，关注多元世界的共同进步，《报告》承袭了前期的一个重要成果，即经济增长并非人类进步的全部，不是衡量一国进步与发展的唯一指标，而应该将关注重心投向对教育、健康、生存技能等方面的扶贫和对人权及自由的提升，以保证人类持续进步，而这也是世界均衡发展（共同富裕）的保证。2014年《报告》关注人类生存的脆弱性，尤其是贫困人群的脆弱性，对人类生存空间、生活保证、生命周期、工作压力、社会抗逆力等方面的脆弱性进行了评价。而2015年《报告》进一步提出各国应为所有人提供平等的工作机会，重视劳动者的健康、教育、工作能力等人力资本的培养。

综观20余年的《报告》，联合国对于人类关怀和社会发展的关注，虽每年各有重心，但是以下两点却是不可或缺的。其一，对人生存权利的关

[①] 李伟峰：《联合国历年人类发展报告述评》，《国外理论动态》2003年第7期，第45~46页。
[②] 受篇幅所限，各年报告内容不再一一赘述。

第十二章　精准扶贫成功的深层理论原因初探

注，包括水、空气、土地、基础设施、医疗条件等与人类健康息息相关的保障，本研究用预期寿命来测量该维度，预期寿命集中体现了社会对当代人最重要生存权利的关注。其二，对人力资本获取权利的关注，包括人的平等受教育权、劳动技能的获取和社会尊严与自由权利的保证，这些都可以直接或间接地由教育水平反映出来。本研究用预期受教育年限来测量人力资本的提升程度，而预期受教育年限也反映出社会对人的长远发展的关注。

之所以选择这两个指标，不仅是因为健康、医疗保障权和受教育权是人类发展的基本生存权利，更是衡量社会对人的关怀、体现国家对人力资本投入关注程度的重要指标。发展不再被简单地归结为经济增长，更应该注重人的发展以及发展成果的普遍分享，即人力资本的有效提升以及由此带来社会效益的公平分享。强调"以人民为中心"的发展，社会高效而有质量的发展是人类发展的前提；充足的营养供给、完善的医疗条件延长了人们的预期寿命，公平地享有教育资源增加了人们受教育年限，进而为个人带来体面的生活，并提升其应对各种风险的能力，人力资本普遍提升，由此带来社会效益的全面发展，这不仅是发展的应有之义，也是人的发展权利。[1]

健康是人类发展的前提，更是人类实现自身社会价值、追求社会地位的必要人力资本要素。随着经济的增长，当个人物质资本积累到一定水平之后，其更倾向于关注自身健康资本的追求。[2] 享有公平的医疗保障，不仅关乎个人的发展，也是涉及全社会和谐发展的重大问题。一个社会，具有较长的人口预期寿命，往往意味着这个社会具有较为稳定的社会制度和较为完善的灾害防御体系，同时也说明该社会为其社会成员提供了先进的医疗服务，包括发达的医疗技术和健全的医疗保障体系。[3] 这样的社会往往更关注其成员的发展，保证人人平等享有幸福而有尊严的生活。

从受教育程度看。一般认为，劳动者从事劳动的复杂程度与其受教育的

---

[1] 肖巍、钱箭星：《公平的发展：2015后议程之"钥"》，《复旦学报》（社会科学版）2015年第5期，第131~138页。
[2] 刘长生、简玉峰：《寿命预期、教育资本与内生经济增长》，《当代财经》2011年第4期，第15~25页。
[3] 张启良：《由寿命长度看生命质量——人均预期寿命指标解读》，《调研世界》2015年第7期，第59~60页。

程度呈正相关，相应的，其所获得报酬也要高于受教育程度相对低的劳动者，[1]这又为劳动者带来了更广阔的发展空间和更完备的生存能力。而具备较高教育水平及生存能力的父母，往往又为子女提供较优越的受教育环境和机会，进而提升子女发展空间。[2]此外，教育是工业化国家社会流动的主要通道，获得公平的教育权利是人们争取自身权利的前提，通过自身努力而拥有尊严而体面的生活，一定人力资本投入得到相应回报是社会公平的体现。因此，个人的受教育年限，可以作为教育投入成本，有效地衡量了人力资本的投入产出比，教育年限越长，自然应该获得更多的社会机会、更高的社会收入以及相适应的社会地位，而具有越高社会经济地位的社会成员往往认为当前分配状况越具有公正性。[3]教育的受重视程度，可以突出地表现在个人受教育年限上。[4]一国预期受教育年限越长，相应的就代表了该国更加重视人民的教育水平，人们可以通过教育实现自身价值的提升，并得到相应的社会认可。

基于以上讨论，本研究选择出生时预期寿命（Life expectancy at birth）及从小学至大学预期受教育年限（school life expectancy, primary to tertiary）两个维度来计算人力资本相对超前投入指数，数据来源于世界发展指标数据库[5]、联合国发展计划署人类发展报告数据库以及联合国教科文组织 UIS 数据库[6][7]。

（二）人力资本相对超前投入指数构建

构建人均 GDP 与预期寿命和预期受教育年限的回归关系，即考虑以人

---

[1] 王秀刚、程静：《从劳动力受教育程度角度看收入分配问题》，《新视野》2012 年第 6 期，第 53~55 页。
[2] 赵丽秋：《人力资本投资与收入不平等——教育质量不平等的影响》，《南方经济》2006 年第 4 期，第 15~23 页。
[3] 李颖晖：《教育程度与分配公平感：结构地位与相对剥夺视角下的双重考察》，《社会》2015 年第 1 期，第 143~160 页。
[4] 魏延志：《地区经济社会发展水平与城市居民教育不平等（1978~2006）——基于 CGSS2006 的多层线性模型的分析》，《青年研究》2013 年第 2 期，第 82~93+96 页。
[5] 世界发展指标数据库：http://data.worldbank.org/products/wdi。
[6] 联合国发展计划署人类发展报告数据库：http://hdr.undp.org/en/data-explorer。
[7] 联合国教科文组织 UIS 数据库：http://data.uis.unesco.org/Index.aspx?DataSetCode=EDULIT_DS&popupcustomise=true&lang=en。

第十二章　精准扶贫成功的深层理论原因初探

均 GDP 为自变量，分别对预期寿命和预期受教育年限进行回归，进而通过回归方程，得出预期寿命与预期受教育年限的拟合值。

　　考虑到预期寿命的增长会受到人类寿命极限的限制，随着人均 GDP 的递增，预期寿命的增长速度逐步放缓。① 比如，在人均 GDP 较低的社会，人均预期寿命也往往较低（如 40 岁），此时，通过发展经济将预期寿命提升 10 岁也许不是太难的事情，而随着经济增长，预期寿命必定会增长（如 70 岁），而此时，提升同样数量的人均 GDP 就很难将预期寿命提升 10 岁。因此，在构建回归关系时，不能选择线性关系，考虑到预期寿命随人均 GDP 递增而呈现增速递减的趋势，本研究选取对数形式的回归关系。预期受教育年限具有同样的特征。随着人均 GDP 增长，预期受教育年限的增长速率也会逐步放缓，针对这个特点，现有文献在做教育水平和经济增长关系的实证分析中，也多采用了对数形式的回归模型。② 故而构建人均 GDP 的自然对数对预期寿命和预期受教育年限的回归模型。③ 图 12-1、图 12-2 分别是 2014 年世界各国人均 GDP 对预期寿命和预期受教育年限的散点图，从图中样本点分布特征也可以直观地看出，回归模型选取对数形式较为合适。④

$$\begin{cases} expedu_i = \alpha + \beta \ln GDP_i + \varepsilon_i \\ explife_i = \varphi + \lambda \ln GDP_i + \mu_i \end{cases} \quad (1)$$

---

① 荀晓霞：《我国平均预期寿命变动的实证分析》，《统计与决策》2011 年第 22 期，第 104~106 页。
② 陈永清、韦焕贤：《人口受教育程度、ISO9000 与区域质量竞争力——基于省际截面数据的实证研究》，《广西民族大学学报》（哲学社会科学版）2010 年第 4 期，第 121~126 页。
刘长生、简玉峰：《寿命预期、教育资本与内生经济增长》，《当代财经》2011 年第 4 期，第 15~25 页。
③ 通过比较各非线性模型的拟合优度 R^2，对数函数模型的 R^2 最高，也说明该回归具有较强的拟合程度。更加重要的是，对数函数具有一阶导数大于零而二阶导数小于零的特点，从而能保证随着人均 GDP 的增长，人均预期寿命将不断增加，也能保证人均预期寿命增长速度越来越慢。
④ 由于篇幅所限，此处仅给出 2014 年数据散点图，其余测算年度样本分布呈同样趋势，不再列举。最高四个样本点（由高到低）依次是卢森堡、挪威、卡塔尔、瑞士。剔除四个离散样本之后重新测算，其函数形式依然遵循对数形式（图 12-1、图 12-2 中 R^2 分别变为 0.625、0.649），且其排名与未剔除离散样本时排名高度相似：相关性检验显示，相关系数为 0.998，P=0.000，故而可以认为指标具有稳健性。

其中，$expedu_i$ 与 $explife_i$ 分别代表预期受教育年限与预期寿命，lnGDP 是人均 GDP 的自然对数值，i 代表国别。通过式（1）可以分别得到 $expedu_i$ 与 $explife_i$ 的拟合值 E（$expedu_i$）和 E（$explife_i$），并用真实值与拟合值之差来衡量一国对于人力资本投入相对超前程度，该国若更注重人力资本投入，更关注人的发展，其真实值会高于平均拟合值，差值为正且较大，反之较小。而本研究人力资本相对超前投入（Human Capital Relatively Advanced Investment，HCRAI）指数考虑将预期受教育年限差值和预期寿命差值加权相加，但两个差值为不同概念数据，不能直接进行合成，故先对两个差值进行标准化处理，即得到 S［$expedu_i$ - E（$expedu_i$）］和 S［$explife_i$ - E（$explife_i$）］，再对两标准化数值加权相加，即可得各国 HCRAI 指数，考虑到生存是人的最基本权利，是对人的关怀的最基本考量，故而赋予 70% 的权重，而受教育程度占 30% 权重，① HCRAI 指数计算公式如式（2）：②

$$HCRAI_i = 0.3S[expedu_i - E(expedu_i)] + 0.7S[explife_i - E(explife_i)] \quad (2)$$

值得注意的是，本研究与现有研究测算方法的不同在于构建了相对值代替绝对值，现有研究对于教育和健康的比较多以绝对值进行分析，而本研究是通过计算预期寿命（或预期受教育年限）与其人均 GDP 的拟合值差异的方法得到 HCRAI 指数的分项数据。简单地说，本研究是将一国预期寿命（或预期受教育年限）与相同发展阶段国家（相同的人均 GDP 的国家）预

---

① 本研究同时按照健康和教育分别占 60% 和 40% 权重以及两者各占 50% 权重构建 HCRAI 指数，通过对比，我们认为：①中国排名出现先上升后下降的"U"形趋势并未改变；②中国排名领先于美、英等主要经济体的整体判断没有改变，③各权重计算 HCRAI 指数得分高度相关，以 2014 年为例，预期寿命和预期受教育年限分别按照 7:3 与 6:4 的权重计算得分相关性系数为 0.993 和 0.971，且高度显著。所得结论并非权重选定而造成的偶然现象，HCRAI 指数计算具有一定的稳健性。

② 本研究 HCRAI 指数构建过程中考虑到了比值法计算，公式为 $HCRAI_i = 0.3 \times \frac{expedu_i}{E(expedu_i)} + 0.7 \times \frac{explife_i}{E(explife_i)}$，而之所以选择差值法而非比值法主要是因为比值法可能会减小人均 GDP 最高的那部分发达国家的得分，从而不利于其排名，而差值法可以有效避免该问题。同时本研究测算了差值法和比值法两种方法计算所得 HCRAI 指数的相关性系数，其相关系数很高，以 2014 年为例，相关系数达到 0.977，且高度显著（P = 0.000）。这说明两种方法计算所得指数具有很高的相似度，从而说明指标及研究结果的稳健性，而非特定计算方法所致。

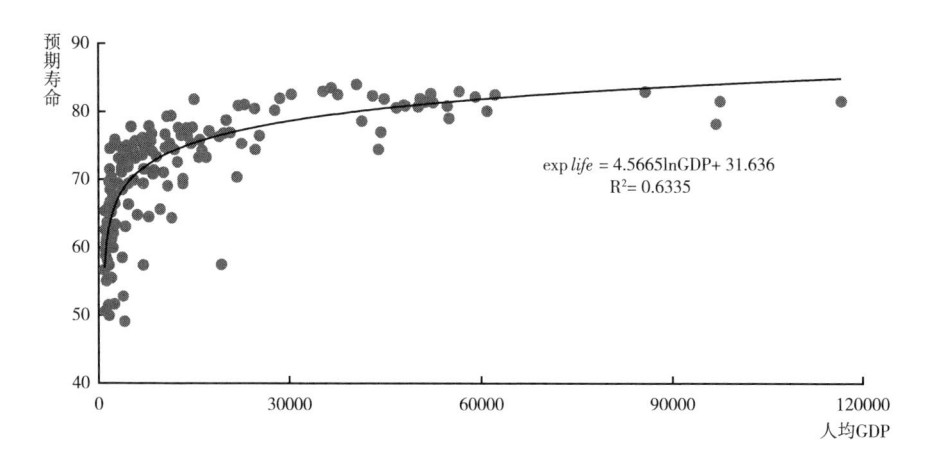

图 12-1　2014 年各国人均 GDP 对预期寿命样本分布及拟合结果

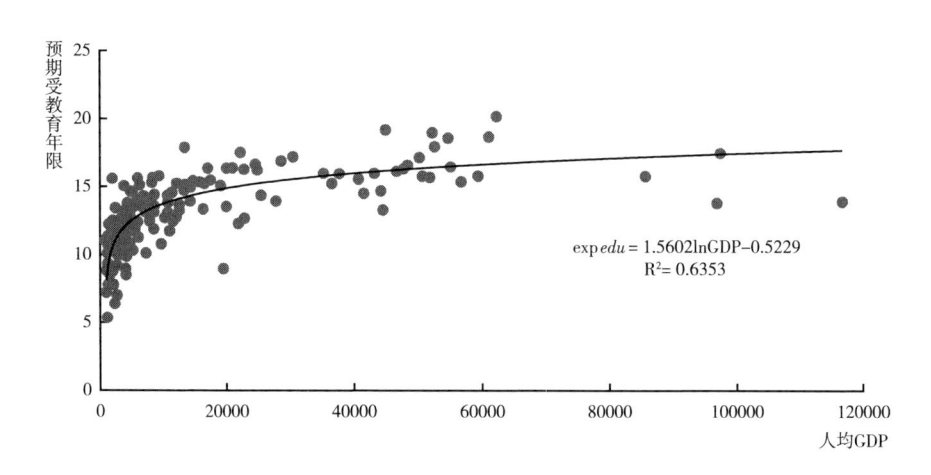

图 12-2　2014 年各国人均 GDP 对预期受教育年限样本分布及拟合结果

期寿命（或预期受教育年限）均值进行比较。如此便可避免因各国发展阶段的差异而导致的个体异质性。比如，发达经济体经过长期的经济和社会发展，较新兴经济体具有更好的医疗、教育水平，单纯地比较人口预期寿命和预期受教育年限，其绝对值较欠发达地区有显著优势。然而，绝对数值的优势只能表明该国具有人力资本积累的绝对优势，却无法体现该国更加注重人力资本投入的意愿和倾向。本研究的指标避免了"蛋糕"体量的直接比较，而更注重"蛋糕"的分配方式，即一个较小经济体，尽管具有相对落后的医疗、教育绝对水平,但只要其对健康、教育的关注程度相对于自身经济发展体量具有较大的比重,就可以说明该社会制度更注重对人的关怀,人力资本投入相对超前。因此,本研究 HCRAI 指数更准确地描述出现阶段各国发展的理念是否更注重人力资本的积累,是否拥有更强的人力资本投入的意愿。

本研究 HCRAI 指数沿用现有研究中以预期寿命和预期受教育年限分别来衡量健康和教育水平,以此来代表社会成员在国家发展中享有的生存权和发展权;并以国家发展阶段对健康和教育指标进行处理,从而构成衡量一国民众在发展中分享程度的相对指标,用民众权益的实际改善这一"结果变量"衡量在该发展阶段下,该国民众得以在生存权和发展权两大基本权利方面更多地分享发展成果。HCRAI 指数越高说明在同一发展阶段该国普通民众享有的生存权和发展权更被重视,而这一指数的提高需要一国在经济发展的同时该社会中绝大多数人的预期寿命和预期受教育年限相应程度或更快程度地得到提升,发展成果为更多人共享,更加重视人的发展和对人力资本积累的相对超前投入。

三 各国 HCRAI 指数得分及比较分析

根据本章第二部分公式(2)可以计算出世界各国 HCRAI 指数得分,并以此为依据分析各国对于人的关怀和人力资本投入的重视程度,具体得分如附表 12-1 所示。关于本研究 HCRAI 指数计算结果,有两点需要说明。首先,本研究数据是基于各国经济发展阶段计算的相对指标,但其得分与人均 GDP 不相关,相关性检验显示,HCRAI 指数与人均 GDP 不存在相关性($\rho = -0.066$,$P = 0.384$,以 2014 年为例)。可以认为,某些发达国家得分较低与其较高的人均 GDP 不相关。其次,考虑到本研究 HCRAI 指数与人类发展指数 HDI 均选取了预期寿命和预期受教育年限作为核心指标,故本研究分析了二者相关程度,结果显示两指标具有一定相关性($\rho = -0.323$,$P = 0.000$,以 2014 年为例),这也从侧面印证本研究 HCRAI 指数构建具有一定科学性,而同时

HCRAI 指数和 HDI 计算结果及各国排名相差较大，也说明 HCRAI 指数的贡献性。从附表 12-1 中数据及排名来看，本研究提出的 HCRAI 指数对现有研究及国际时政具有以下重要贡献。图 12-3、图 12-4 分别给出 HCRAI 指数与人均 GDP 和 HDI 的关系。

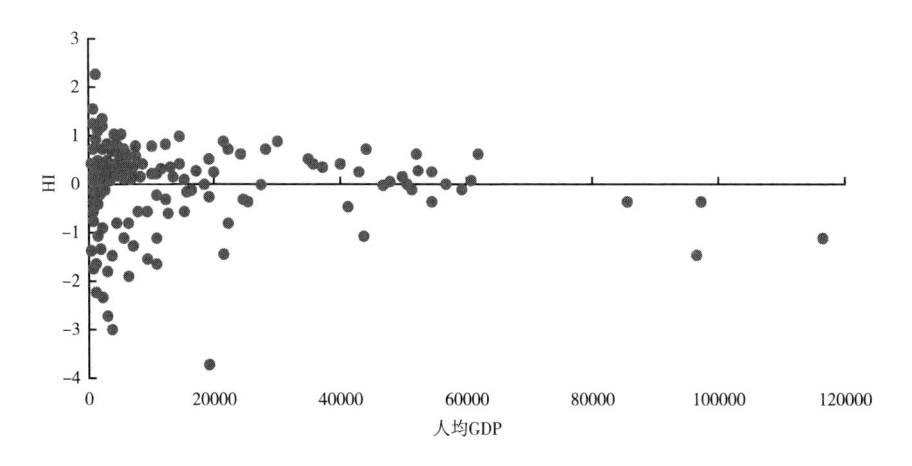

图 12-3 HCRAI 指数与人均 GDP 关系

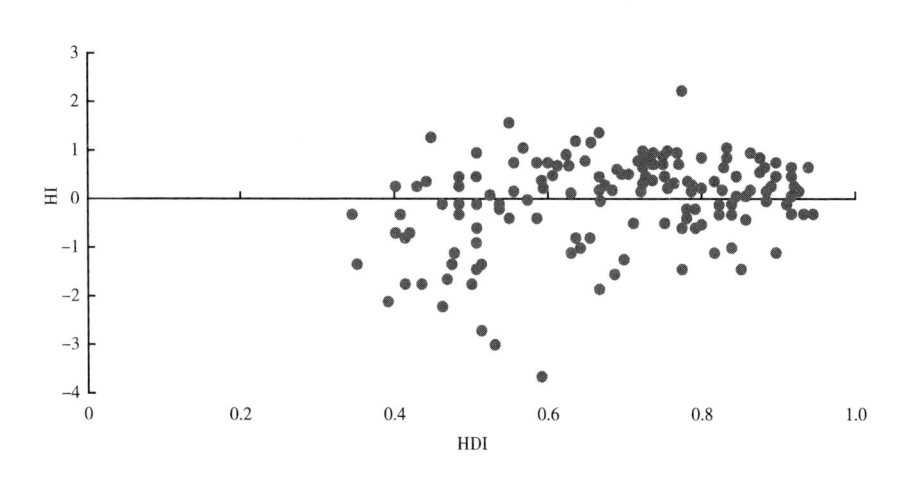

图 12-4 HCRAI 指数与 HDI 关系

首先，中国 2014 年 HCRAI 指数排名在 174 个国家中列第 62 位，其排名高于美国（第 128 位）、英国（第 107 位）、德国（第 102 位）、加拿大

(第101位)、法国(第81位)等主要发达国家。2016年3月10日,美国等西方12国再次在联合国人权理事会以发表联合声明的方式对中国人权发难,而相关指责自20世纪90年代开始便屡见不鲜。[①] 而本研究HCRAI指数的排名清楚地显示,中国在以健康、教育为核心的人力资本投入上并不比西方国家差。相反,与西方国家相比,中国更加注重对人的关怀。当然,正如本章第二部分所述,此处所指的更加注重人文关怀,并非我国人口健康及教育水平的绝对高水平,仅以绝对数值相比,中国都低于西方发达国家,如表12-1所列G20成员基本状况,我国人口预期寿命和预期受教育年限都低于西方发达经济体。但单纯以绝对值而不考虑一个国家的发展阶段来判断一个国家是否更加关注人力资本投入,是否有人文关怀是不全面的。鉴于中国所处发展阶段,针对其自身人均GDP而言,中国将有限资源投向人的发展的比重较大,而西方国家更注重追求经济效率的提升。从得分看,我国较西方国家更注重对人的生存和发展的关注,中国将更大比重的资源投入健康、教育事业,这也是本研究HCRAI指数中国排名较西方发达国家靠前的主要原因。

表12-1 G20成员HCRAI指数比较

国 家	预期寿命(年)	预期受教育年限(年)	人均GDP(美元)	HCRAI指数	排名
阿根廷	76.3	17.9	12510	0.861	19
韩国	81.9	16.9	27970	0.735	30
澳大利亚	82.4	20.2	61925	0.661	39
意大利	83.1	16.0	34909	0.545	46
印度	68.0	11.7	1582	0.503	50
日本	83.5	15.3	36194	0.446	55
中国	75.8	13.1	7590	0.409	62
墨西哥	76.8	13.1	10017	0.297	72

[①] 林美莲、王宁、王海峰:《中方严厉回击12国"人权声明" 批其严重干涉我内政》,http://world.huanqiu.com/article/9CaKrnJUtKR,2016年3月12日。

续表

国　　家	预期寿命（年）	预期受教育年限（年）	人均GDP（美元）	HCRAI指数	排名
土耳其	75.3	14.5	10515	0.289	75
法国	82.2	16.0	42733	0.239	81
巴西	74.5	15.2	11384	0.229	84
印度尼西亚	68.9	13.0	3492	0.139	92
加拿大	82.0	15.9	50235	0.048	101
德国	80.9	16.5	47822	0.045	102
英国	80.7	16.2	46332	-0.006	107
沙特阿拉伯	74.3	16.3	24161	-0.285	123
美国	79.1	16.5	54629	-0.323	128
俄罗斯	70.1	14.7	12736	-0.565	139
南非	57.4	13.6	6483	-1.898	169

注：①该表包含国家为G20成员（除欧盟）。②表中数据为2014年数据。
资料来源：联合国发展计划署HDI数据库以及世界银行WDI数据库。

其次，因本指标并非绝对数值的排名，因此与人类发展指数排名具有较大的出入，全球主要发达经济体在本研究得出的HCRAI指数排名并不一定靠前。这与我们现有主观认识存在一定差别。如图12-5所示，目前世界上最富有国家（2014年人均GDP在50000美元以上）的HCRAI指数得分除了澳大利亚和冰岛外，其余国家并没有其绝对值计算排名那样具有优势。包括斯堪的纳维亚国家——被公认为高福利、高社会保障——在内的欧美国家得分都排后。究其原因，主要是这些国家虽然有发达的健康、教育体系，人口预期寿命和预期受教育年限远高于其他国家（这也是其在人类发展指数中排名靠前的主要原因），但是较其很高的人均GDP而言，这些国家人力资本投入比重并不高于世界领先水平，换句话说，这些国家以较小的GDP比重投入便可以维持较高的人口寿命和受教育年限，而更大的GDP比重投入则用来追求经济效益。这类国家表现出来的领先于世界的预期寿命和预期受教育年限更大程度上是其较高的经济发展水平的成果。

与此相似的是，世界主要石油输出国的HCRAI指数排名也相对靠后，如表12-2所示，除突尼斯、伊朗、厄瓜多尔、阿尔及利亚和埃及外，其余

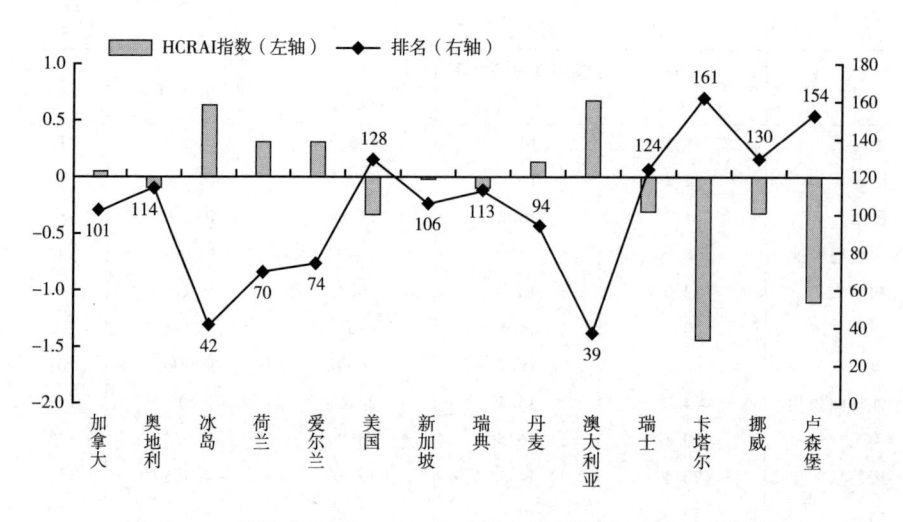

图 12-5 人均 GDP 在 50000 美元以上国家的 HCRAI 指数结果

国家的排名都相对靠后，甚至排名末端。而与西方发达国家不同的是，主要石油输出国不仅 HCRAI 指数得分较低，绝对指标也不够好，预期寿命和预期受教育年限都远远落后于西方发达经济体。这也从侧面反映出这些国家的经济发展主要依赖于石油这样的自然禀赋，国家的富有并非真正的富有，而是对能源和资源的过度依赖。正是石油这一战略资源的支持，掩盖了这些国家人力资本发展相对滞后的问题，这也为其长期经济发展埋下隐患。

表 12-2 世界主要石油输出国 HCRAI 指数分析

国　　家	预期寿命（年）	预期受教育年限（年）	人均 GDP（美元）	HCRAI 指数	排名
突尼斯	74.8	14.6	4421	1.018	9
伊朗	75.4	15.1	5443	1.000	13
厄瓜多尔	75.9	14.2	6346	0.775	25
阿尔及利亚	74.8	14.0	5484	0.720	32
埃及	71.1	13.5	3199	0.608	44
印度尼西亚	68.9	13.0	3492	0.139	92
利比亚	71.6	14.0	6573	0.116	93
沙特阿拉伯	74.3	16.3	24161	-0.285	123
巴林	76.6	14.4	24855	-0.323	129

续表

国　　家	预期寿命（年）	预期受教育年限（年）	人均GDP（美元）	HCRAI指数	排名
伊拉克	69.4	10.1	6420	-0.843	148
阿联酋	77	13.3	43963	-0.972	150
科威特	74.4	14.7	43594	-1.080	152
卡塔尔	78.2	13.8	96732	-1.430	161
加蓬	64.4	12.5	10772	-1.582	164
尼日利亚	52.8	9.0	3203	-2.696	172

注：①表中所列国家为石油输出国组织（欧佩克）成员国或前成员国。②表中所列数据为2014年数据及其计算结果。

相较于资本主义经济强国，受到社会主义影响的国家排名普遍靠前，表12-3所列是现阶段社会主义国家及曾经的社会主义阵营国家HCRAI指数排名。考虑到计算时点样本量的不同，本研究用各国当年排名与总样本数相比，计算该国所居样本国家位次。以2014年数据为例，25个统计样本国家中，16国的得分排在当年世界前50%。而以1990年东欧突变之初的数据分析，13个样本国家中，竟有11个国家排在当年世界前50%。同时，考察纵向变化可以发现，随着社会主义阵营瓦解时间的延续，曾经排名靠前的国家普遍出现排名下滑的趋势，图12-6给出部分受社会主义制度影响国家的排名趋势，大部分国家在2014年的排名落后于1990年的排名，这也从侧面反映国家经济体制变化及宏观政策调整给人力资本发展带来的影响。

表12-3　社会主义国家HCRAI指数排名

国　　家	排名比值									
	1970年	1978年	1980年	1985年	1990年	1995年	2000年	2005年	2010年	2013年	2014年
中国	0.130	0.014	0.012	0.047	0.032	0.057	0.105	0.069	0.132	0.286	0.356
老挝				0.929	0.532	0.793	0.571	0.431	0.698	0.747	0.626
古巴		0.041	0.024	0.059	0.096	0.103	0.076	0.017	0.009	0.044	
越南					0.011						0.017
阿尔巴尼亚				0.035	0.021	0.023	0.067	0.129	0.038	0.011	0.098
亚美尼亚							0.048	0.095			0.178
白俄罗斯					0.074	0.126			0.538	0.484	0.511

续表

国家	排名比值									
	1970年	1978年	1980年	1985年	1990年	1995年	2000年	2005年	2010年	2013年	2014年
克罗地亚						0.448	0.590	0.534	0.509		0.362
捷克共和国					0.394	0.402	0.314	0.526	0.500	0.396	0.282
埃塞俄比亚						0.920	0.800	0.491	0.425		0.397
格鲁吉亚						0.011	0.029	0.043		0.055	0.040
匈牙利						0.517	0.429	0.612	0.613	0.560	0.517
哈萨克斯坦					0.245		0.295			0.890	0.805
吉尔吉斯斯坦					0.043	0.046	0.010	0.009	0.028	0.033	0.034
立陶宛						0.276	0.200	0.457	0.557	0.670	0.632
蒙古国					0.628	0.655	0.286	0.207	0.415		0.391
黑山								0.224	0.179		0.115
莫桑比克						0.954	0.924	0.914	0.915	0.934	0.833
罗马尼亚						0.448	0.590	0.534	0.509		0.362
俄罗斯联邦					0.404	0.701		0.819		0.879	0.799
斯洛伐克						0.391	0.486	0.629	0.726	0.703	0.592
斯洛文尼亚						0.644	0.543	0.379	0.274	0.154	0.236
塔吉克斯坦						0.080	0.019	0.026	0.047	0.088	0.092
土库曼斯坦											0.937
乌克兰					0.149		0.057	0.155	0.160	0.220	0.103
乌兹别克斯坦					0.053		0.086	0.034	0.208		0.420
也门共和国								0.707	0.858		

注：表中数值为各国当年排名与该年份纳入统计国家总数之比。

  这些发现也印证了社会主义制度和资本主义制度发展方向的差异，诞生于工业革命与机器大生产的资本主义追求效率的提升，个人权利的发展则是伴随着社会化大生产而出现的工人群体权利诉求，[①] 也是社会主义政党所推崇的执政理念——更高的公共投入与更健全的社会保障体系，为今天欧洲国家福利社会奠定了基础，也是其人力资本积累的源泉。虽然人力资本投入并没有资本主义和社会主义之分，但是资本主义自身体质难以克服的弊端，导致

[①] 孙劲松：《公正与效率不是社会主义和资本主义的分水岭》，《科学社会主义》2013年第3期，第10~11页。

其所谓对普通民众的关注并非是真正的重视，而是在追求效率最大化的基础上，缓解不可调和社会矛盾而提出的社会福利的提升，一种以私有财产积累为基础的有限分享。① 社会主义的发展也注重效率，但是其更注重分配的再调节和收入差距的缩小，② 使更多民众分享发展成果，更广泛民众权益得到维护。

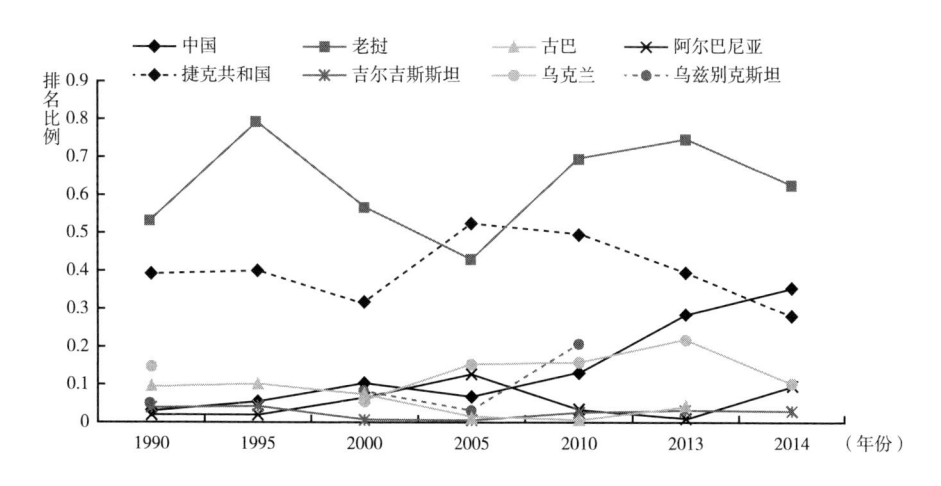

图 12-6 部分（前）社会主义国家排名变化

最后，中国 HCRAI 指数排名呈现"U"形变化趋势。③ 如图 12-7 所示，中国在改革开放前，不断提升对人力资本投入的重视程度，虽受困于国家经济现状，但政府仍将有限的资源用于医疗和教育。新中国伊始，为改变全国疾病丛生、缺医少药的局面，政府高度重视，迅速在全国建设公共卫生体系，形成了遍及全国的卫生防疫网络，有效地缓解了地方疾病的发生，妇幼保健问题得到改善，城市卫生面貌得到有效提升，城乡环境进一步优化。④ 在农村普及合作医疗制度，设点到基层，有效预防农村疫情发生，农

---

① 刁建欣：《公平：永无止境的追求——浅谈社会主义公平与资本主义公平》，《时代人物》2007 年第 12 期，第 86~87 页。
② 吴涌汶：《资本主义公平观与社会主义公平观》，《探索》2008 年第 1 期，第 53~59 页。
③ 在剔除人口小于 500 万以下的国家之后，中国 HCRAI 指数排名的变化趋势与之前保持高度一致，仍呈"U"形。
④ 李玉荣：《改革开放前新中国公共卫生事业的发展及其基本经验》，《理论学刊》2011 年第 3 期，第 51~55 页。

民得到初级卫生保健服务。① 同时在边远及乡村地区实行赤脚医生制度，有效地解决了基层群众对医疗服务的迫切需求。联合国也大力赞扬新中国这一出色的医疗制度，称其为"发展中国家解决卫生经费的唯一典范"，新中国人口寿命也大幅提升。新中国成立初期，百废待兴，教育优先，培养人才重中之重。财政资金统收统支，② 虽然存在较大弊端，但也保证了教育资金投入的持续和到位。当时的教育主管部门提出"两条腿走路"，国家与群众办学并举，号召全民办学。在农村及偏远地区，出现耕读小学、送教上门、巡回小学、马背小学、船上小学以及农业中学等诸多灵活办学形式，有力地促进了我国教育事业的发展，③ 大力提升了全民受教育水平，保障人人享有受教育的权利。正因为如此，在国家财政资金紧张、经济实力不足的局面下，中国人口预期寿命及预期受教育年限得到大幅度提升。

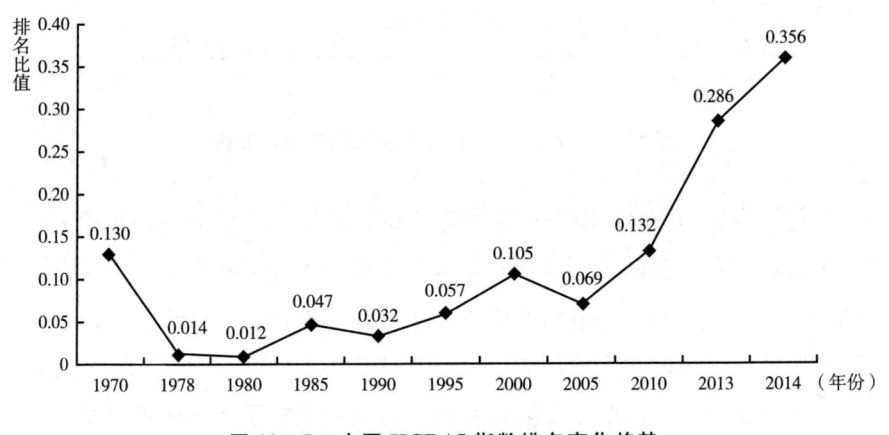

图 12-7 中国 HCRAI 指数排名变化趋势

以 1980 年为转折点，我国 HCRAI 指数排名开始下滑，尤其是近年来，下滑速度明显加快。不难看出，中国的人力资本投入相对超前的程度从改革

---

① 曹普：《改革开放前中国农村合作医疗制度》，《当代中国史研究》2007 年第 1 期。
② 杨会良：《改革开放前我国教育财政体制的演变与特征》，《河北大学学报》（哲学社会科学版）2006 年第 4 期，第 58~63 页。
③ 曲铁华、樊涛：《新中国农村基础教育政策的变迁及影响因素探析》，《东北师大学报》（哲学社会科学版）2011 年第 1 期，第 147~153 页。

第十二章 精准扶贫成功的深层理论原因初探

开放伊始领先于世界的地位逐步下降到世界中游水平,这一"U"形轨迹与我国改革开放前后所推行的经济政策高度吻合。随着改革开放的深入,国家将工作重心转移到经济建设上,实现了我国经济总量和综合国力的大幅度提升,科技、国防实力显著增强,人民生活实现了从温饱不足到总体小康的历史性跨越。如此一个人口大国,在如此短时间内实现快速发展,确实令世人瞩目。但正如邓小平同志所指出的,中国经济飞速发展的同时,会面临较之前更多的困难和问题。在面对改革开放所取得的诸多成就时,也必须重视发展为我国带来的种种失衡,环境恶化、贪污腐败、社会不公、资源禀赋不足、核心技术落后、贫富分化、社会诚信缺乏、政治体制改革滞后等。[①] 正如本研究得出的 HCRAI 指数所显示的结果,我国在注重效率优先的过程中对人本的关怀逐步弱化,丧失了人力资本投入的相对超前地位。从我国数据来看,预期受教育年限的全球优势逐步丧失是导致排名下降的主要原因。如图 12-8 所示,我国在改革开放前预期受教育年限的增长是快于经济发展水平所应有的速度;而改革开放之后,恰好相反,我国预期受教育年限的增长速度开始慢于中国经济发展所应有的速度,甚至在近些年我国预期受教育年限开始低于相同人均 GDP 国家的水平。尤其是初等与中等教育投入不足导致我国 HCRAI 指数排名不断下滑。国家已经认识到过度注重发展速度而忽略人文关怀的增长方式的弊端,在新世纪之初便提出"以人为本"的发展理念,党的十八大报告也强调更自觉地把"以人为本"作为核心立场,坚持"以人民为中心的发展";"以人为本"也贯穿于"十三五"规划始末,将人本导向作为第一理念,把人的发展作为经济社会发展的根本出发点和落脚点。

需要说明的是,本研究结论并不否定改革开放以来取得的成绩,中国 HCRAI 指数排名不断下滑,并不代表我国人力资本投入水平的降低,只是当对人本关怀程度不及对效率的关注度时,以经济建设为中心使得更多的资源由人力资本投资转向物质资本积累,我国的 HCRAI 指数排名不断下滑就成为"效率优先"的难免之痛。针对当时最主要的社会矛盾,我国做出了

[①] 方松华、杨起予:《改革开放前后"两个 30 年"关系研究》,《马克思主义研究》2014 年第 3 期,第 43~50+160 页。

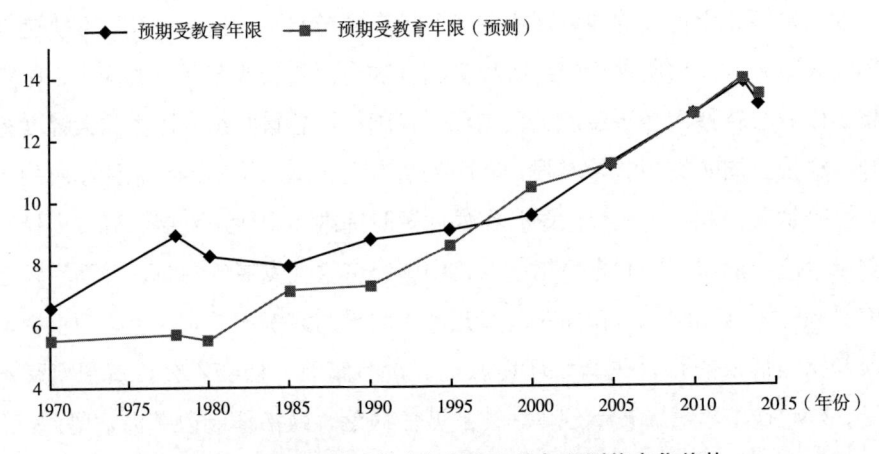

图 12-8　我国预期受教育年限实际值与预测值变化趋势

艰难但正确的发展策略；坚持效率优先，先将"蛋糕"做大，待"蛋糕"做大后，即使所切部分不如原来大，但是达到的效果却可以与之前相同，甚至远远优于之前。而不区分发展阶段，一味坚持将人力资本投资放在发展的首要地位，未必会达到最优的结果。如表 12-3 所列社会主义国家，1990 年至今，古巴和越南始终维持着较高的 HCRAI 指数得分，但究其发展结果却明显不如中国，[①] 从发展结果看，我国人民获得的实惠显然要大于以上两国。从这种意义上讲，只有在发展的基础上，谈不同的发展理念才是有意义的；也只有在发展的基础上，坚持以人为本才是有意义的。长期的经济停滞，普通民众健康水平与教育水平的止步不前甚至倒退，无论如何也谈不上正确的发展观。

四　HCRAI 指数与长期经济增长

如上文所述，我们认为改革开放前 30 年，中国的人本关怀以及在人力资本投入中的努力使得我国在有限的经济发展条件下，给予人的发展更多的

[①] 2014 年越南人均 GDP 为 2052.29 美元，2013 年古巴人均 GDP 为 6789.85 美元，均低于中国同期水平。

第十二章 精准扶贫成功的深层理论原因初探

关注和倾斜，而这一发展方式是否对改革开放后中国经济腾飞产生了影响呢？从附表 12-1 中 1978 年 HCRAI 指数得分看，各国大致可以分为三个组别：①排名前段的国家，多是在 20 世纪 80 年代前经济较为落后，或刚刚起步的国家，这些国家在之后的 10~30 年中呈现出领先于世界的经济增长速度，成为新兴经济体的主要构成；②以欧美发达经济体为主的国家组成 1978 年榜单的中间区段，这些国家在当时已经具备了较强的经济实力，并在之后数十年中保持了平稳的发展进程；③排名尾端的国家多是经济欠发达地区，通过我们的计算，很多国家在 1980 年后的 20 年及 30 年的发展中出现了负增长现象。具体数据如表 12-4 所示。

表 12-4　1978 年各国 HCRAI 指数及未来 30 年增长率

单位：%

国　家	1978 年 HCRAI 指数	未来 10 年 增长率	未来 20 年 增长率	未来 30 年 增长率
中国	2.447	0.021	0.019	0.018
汤加	2.146	0.024	0.028	0.021
古巴	1.383	0.023	0.023	0.016
巴拿马	1.321	0.019	0.023	0.018
菲律宾	1.180	0.030	0.024	0.020
塞浦路斯	1.104	0.026	0.024	0.018
马耳他	1.014	0.008	0.003	-0.018
泰国	0.973	0.021	0.019	0.014
智利	0.968	-0.019	-0.009	-0.001
约旦	0.915	0.021	0.020	0.017
毛里求斯	0.856			
哥伦比亚	0.769	-0.023	-0.016	0.005
印度尼西亚	0.746	0.022	0.013	0.010
阿根廷	0.728	0.026	0.026	0.026
叙利亚	0.676	-0.007	0.001	0.008
以色列	0.675	0.027	0.020	0.026
葡萄牙	0.666	-0.021	-0.056	-0.032
肯尼亚	0.632	-0.017	-0.014	-0.007
埃及	0.627	-0.016	-0.011	0.010
韩国	0.621	-0.018	0.000	0.003

续表

国　家	1978 年 HCRAI 指数	未来 10 年 增长率	未来 20 年 增长率	未来 30 年 增长率
西班牙	0.574	0.050	0.043	0.033
莱索托	0.557	-0.023	-0.002	0.005
墨西哥	0.483	0.034	0.027	0.026
印度	0.398	0.002	0.008	0.007
巴基斯坦	0.363			
希腊	0.319	-0.132	-0.067	-0.050
博茨瓦纳	0.291	-0.005	-0.001	0.004
爱尔兰	0.290	0.010	0.018	0.021
日本	0.273	-0.039	-0.022	0.006
意大利	0.268	-0.034	-0.021	-0.016
基里巴斯	0.264			
英国	0.215	-0.056	-0.030	-0.041
冰岛	0.196	-0.010	-0.009	-0.009
所罗门群岛	0.182	-0.017	-0.023	-0.006
多哥	0.161	0.008	0.011	0.016
突尼斯	0.129	0.046	0.035	0.024
萨尔瓦多	0.092	-0.032	-0.024	-0.013
瑞典	0.090	0.021	0.019	0.018
挪威	0.075	0.024	0.028	0.021
丹麦	0.069	0.023	0.023	0.016
荷兰	0.068	0.019	0.023	0.018
芬兰	0.007	0.030	0.024	0.020
美国	-0.068	0.026	0.024	0.018
津巴布韦	-0.081	0.008	0.003	-0.018
法国	-0.093	0.021	0.019	0.014
委内瑞拉	-0.167	-0.019	-0.009	-0.001
比利时	-0.191	0.021	0.020	0.017

第十二章 精准扶贫成功的深层理论原因初探

续表

国　　家	1978 年 HCRAI 指数	未来 10 年 增长率	未来 20 年 增长率	未来 30 年 增长率
乌干达	-0.260			
赞比亚	-0.268	-0.023	-0.016	0.005
伊拉克	-0.273	0.022	0.013	0.010
尼泊尔	-0.302	0.026	0.026	0.026
洪都拉斯	-0.356	-0.007	0.001	0.008
摩洛哥	-0.379	0.027	0.020	0.026
刚果(金)	-0.438	-0.021	-0.056	-0.032
中非共和国	-0.471	-0.017	-0.014	-0.007
卢旺达	-0.505	-0.016	-0.011	0.010
危地马拉	-0.511	-0.018	0.000	0.003
卢森堡	-0.598	0.050	0.043	0.033
马拉维	-0.603	-0.023	-0.002	0.005
土耳其	-0.633	0.034	0.027	0.026
贝宁	-0.779	0.002	0.008	0.007
科威特	-0.830			
利比里亚	-1.237	-0.132	-0.067	-0.050
塞内加尔	-1.258	-0.005	-0.001	0.004
布基纳法索	-1.266	0.010	0.018	0.021
尼日利亚	-1.315	-0.039	-0.022	0.006
科特迪瓦	-1.392	-0.034	-0.021	-0.016
阿富汗	-1.447			
阿联酋	-1.515	-0.056	-0.030	-0.041
加蓬	-1.535	-0.010	-0.009	-0.009
塞拉利昂	-1.583	-0.017	-0.023	-0.006
马里	-1.589	0.008	0.011	0.016
阿曼	-1.783	0.046	0.035	0.024
尼日尔	-2.089	-0.032	-0.024	-0.013

注：①增长率数据来源于世界银行、世界发展指数数据库。②增长率基期为 1980 年，未来 10 年增长率为 1980~1990 年增长率，以此类推。③各国增长率均以 2010 年为基期不变价美元计算。④表中国家排序是基于 1978 年 HCRAI 指数得分高低。

(一) 模型建立及数据选取

鉴于以上发现，以及对于中国改革开放以来年经济成就成因的探索，本研究检验了 HCRAI 指数对长期经济增长的贡献。建立模型如下：

$$Growth_{it} = \alpha + \beta_0 HCRAI_i + \beta_1 Control_i + \varepsilon$$

其中，*Growth* 代表增长率，*HCRAI* 代表 1978 年各国 HCRAI 指数得分，*Control* 为控制变量。i 代表国家。t 代表时间，$t = 10$，20，30。[1] 控制变量选取参照 Summers & Heston（1988）以及 Barro & Sala-i-Martin（1992）关于跨国经济增长截面回归的研究，以政府实际投资和劳动力增长率为主要控制变量。其中，政府实际投资参照 Summers & Heston（1991）的研究，以 1978 年实际国内投资（私人投资加公共投资）与实际 GDP 之比衡量；劳动力增长率参照 Makiw 等（1992）的研究，以 1977~1978 年劳动人口（15~64 岁年龄人口）增长率衡量。参照 Makiw 等（1992）以及 Barro 和 Lee（2001）的研究将人力资本带入回归，以 Summers 和 Heston 所测算佩恩表（Penn World Table）中人力资本指数（Human Capital Index）1978 年数值衡量。参考 Barro 和 Sala-i-Martin（2010）以及 Acemoglu & Daron（2002）考虑国家政治形态对长期经济增长的影响，包括法治环境与民主程度。法治环境源自 Knack 和 Keefer 于 1995 年提出的《国家风险指南》（International Country Risk Guide），该数据包含政府稳定程度（Government Stability）、经济社会状

---

[1] 本研究参考 Xavier Sala-I-Martin、Ronald I. Miller 衡量长期经济增长时所选指标思路，选取 1980~1990 年、1980~2000 年及 1980~2010 年的人均 GDP 平均增长率作为衡量长期经济增长的被解释变量。同时参考 Barro & Sala-I-Martin、Islam 在关于面板数据经济增长问题中的指标扭曲方法，选用 1980~1990 年、1980~2000 年以及 1980~2010 年人均 GDP 增长率衡量长期经济增长，进行稳健性检验。我们认为长期的经济增长具有一定的稳定性，即选取年均增长率和实际增长率对实证的结果并不产生严重影响，回归结果验证了本研究在衡量长期经济增长变量选取时具有一定的合理性。Sala-I-Martin X., Miller D., "Determinants of Long-term Growth: A Bayesian Averaging of Classical Estimates (BACE) Approach," *American Economic Review*, 2004, 94 (4), pp. 813 - 835; Barro, R. J., & Sala-I-Martin, X., *Economic Growth (Second Edition)*, The MIT Press, Cambridge, London, 2010; Barro R. J., Sala-I-Martin X., "Convergence," *Journal of Political Economy*, 1992 (2), pp. 223 - 251; Islam N., "Growth Empirics: A Panel Data Approach," *Quarterly Journal of Economics*, 1998 (1), pp. 319 - 323.

况（Socioeconomic Conditions）、投资状况（Investment Profile）等12项指标。本研究选取1984年法律指标（Law and Order）衡量国家法治状况。民主变量选用 Freedom House 提供的主观量度，包括参政权（Political Rights）和公民自由权（Civil Liberties）两个维度。本研究选取1978年两项指标加权平均值衡量国家自由程度。① 参考 Barro & Sala-i-Martin（2010）选取1978年各国进出口总额与 GDP 之比衡量该国的国际开放度，选取女性平均生育次数来反映一国生育率。②

（二）回归及结果分析

根据前文所选变量，考察 HCRAI 指数对长期经济增长的贡献，回归结果如表12-5所示。

表12-5　1978年 HCRAI 指数得分对长期经济增长回归结果

项目	(1) 10年增长率	(2) 20年增长率	(3) 30年增长率	(4) 10年增长率	(5) 20年增长率	(6) 30年增长率
HCRAI 得分	0.020*** (0.004)	0.017*** (0.003)	0.015*** (0.002)	0.009 (0.005)	0.009** (0.004)	0.007** (0.003)
劳动力增长				0.001 (0.004)	0.001 (0.003)	0.003 (0.002)

---

① 该项指标最早统计年限为1984年，本章选取1984年指标值来衡量1978年各国政治状况，法治变量具有明显的时间稳定性，因此，该做法也存在一定的合理性，与 Barro 和 Sala-i-Martin（2010）的做法相同。

② 可参考 R. Summers and A. Heston, "A New Set of International Comparisons of Real Product and Price Levels Estimates for 130 Countries, 1950 – 1985," *Review of Income and Wealth*, Vol. 34, 1988, pp. 1 – 25; Barro, Robert J. and Sala-I-Martin, Xavier, "Convergence," *Journal of Political Economy*, Vol. 100, 1992, pp. 223 – 251; N. Gregory Mankiw, David Romer, David N. Weil, "A Contribution to the Empirics of Economic Growth," Vol. 107 (2), 1992, pp. 407 – 437; Nazrul Islam, "Growth Empirics: A Panel Data Approach," *The Quarterly Journal of Economics*, Vol. 110 (4), 1995, pp. 1127 – 1170; S. Knack and P. Keefer, "Institutions and Economic Performance: Institutional Measures Cross-Country Test Using Alternative," *Economics and Politics*, Vol. 7 (3), 1995, pp. 207 – 227; Robert J. Barro and Jong-Wha Lee, "International Data on Educational Attainment: Updates and Implications," *Oxford Economic Papers*, Vol. 53 (3), 2001, pp. 541 – 563; Robert J. Barro (Author), Sala-I-Martin X., *Economic Growth*, 2nd Edition, MIT Press, 2010, pp. 412 – 429.

续表

项目	(1) 10年增长率	(2) 20年增长率	(3) 30年增长率	(4) 10年增长率	(5) 20年增长率	(6) 30年增长率
投资率				-0.072** (0.033)	-0.029 (0.025)	-0.014 (0.019)
法治水平				0.005 (0.004)	0.003 (0.003)	0.003 (0.002)
民主程度				-0.025 (0.022)	-0.009 (0.016)	-0.005 (0.013)
国际开放度				0.007 (0.011)	0.006 (0.008)	0.004 (0.006)
生育率				-0.009* (0.005)	-0.008** (0.004)	-0.009*** (0.003)
1978 GDP				-0.040*** (0.014)	-0.026** (0.011)	-0.025*** (0.008)
人力资本				-0.012 (0.012)	-0.011 (0.009)	-0.011 (0.007)
常数项	0.011*** (0.004)	0.014*** (0.003)	0.015*** (0.002)	0.251*** (0.067)	0.171*** (0.049)	0.152*** (0.038)
观测值	68	68	68	49	49	49
R^2	0.242	0.308	0.345	0.451	0.498	0.604

注：①"***""**""*"分别表示在1%、5%、10%显著性水平下通过检验。②"（）"内数字为标准差。

由表12-5结果可得，HCRAI指数得分对长期经济增长具有正向促进作用，一国的HCRAI指数得分越高，则该国具有相对超前的人力资本投入，即更多的对人的关注，维系长期经济增长的潜力越大。我们不难得出结论，人力资本的相对超前投入有利于一国经济的持续增长，一个真正可持续发展的社会应该注重人的全面发展。经济发展是人的发展的前提和基础，而人的发展则是经济发展的根本目的和有力保障。① 在保证人的全面发展基础之上，我们有理由相信，这样的社会应具备持续发展的潜力。

---

① 张小娟：《公平正义视角下以人为本与发展经济的关联》，《湖北广播电视大学学报》2010年第11期，第67~68页。

第十二章 精准扶贫成功的深层理论原因初探

表 12-5 控制变量中，投资率对未来 10 年的经济增长具有负向作用。这也从侧面验证了一次性的投资对短期经济增长可能具有一定的拉动作用，但是对长期经济增长却可能起到负向作用。[①] 从人口规模对经济增长的影响看，以生育率衡量的人口增长状况对长期经济增长产生负向影响，负的回归结果显示，国家的人口规模越大，越不利于其经济增长。现阶段，学术界对于人口增长对经济增长的影响尚不存在统一观点，悲观派认为，过大的人口负担，过度占用了资源，迅速的人口增长是"贫困化的增长";[②] 乐观派认为，人口增长可以刺激需求和投资，[③] 带来规模效应，为经济增长提供必要的人口红利，同时迫使技术和体制不断创新。[④] 此外，也有许多学者认为人口增长对经济增长没有显著的作用。[⑤] 考虑到本研究只是选取了人口总体规模进行考察，没有引入人口结构及质量因素，故并不能得出人口增长对经济增长一定产生负向影响的结论，当然，这也并非本研究核心议题，这里只是指出，相较于人力资本相对超前投入对经济长期增长所起到显著的积极作用而言，人口负担可能会是一个不利于经济长期增长的因素。此外，初始经济发展程度对长期经济增长速率起到负向作用，这与 Barro（1991）以及 Makiw 等（1992）研究中所提出的条件收敛相符，即其他变量保持不变时，更高的经济增长水平对应于相对较低的初始经济水平。表 12-5 中其他控制变量并不显著，从其结果可得：①HCRAI 指数相较于国家环境变量（法治水平、民主程度和国际开放度）以及人力资本变量具有更为明显的长期经济增长拉动作用；②各控制变量与长期经济增长单独回归时均呈现显著作用，因此不能认为其对长期经济增长不具备影响力，只是相对而言，本研究

[①] 刘向农：《消费需求与投资需求协调增长》，《数量经济技术经济研究》2002 年第 12 期，第 44~46 页。

[②] 杜鹏、翟振武、陈卫：《中国人口老龄化百年发展趋势》，《人口研究》2005 年第 6 期，第 92~95 页。

[③] 桂世勋：《关于调整我国现行生育政策的思考》，《江苏社会科学》2008 年第 2 期，第 165~169 页。

[④] 左学金：《21 世纪中国人口再展望》，《北京大学学报》（哲学社会科学版）2012 年第 5 期，第 100~106 页。

[⑤] 李建新：《中国人口结构问题》，社会科学文献出版社，2009；杨菊华：《生育政策与人口老龄化的国际比较》，《探索与争鸣》2009 年第 7 期，第 14~16 页。

测算 HCRAI 指数对长期经济增长具有更明显的作用；③由于数据的可获得性和工具变量选取的困难，本研究重心并不讨论人力资本相对超前投入对经济增长的贡献究竟多大，而是探讨相对超前的人力资本投入是否影响长期经济增长，如实证结果所示，人力资本超前投入的发展方式相较于单纯依靠物质积累、投资、外需拉动等发展方式，对长期经济增长具有更显著的促进作用。这也从侧面印证了，短期内依靠投资和出口拉动的经济高速增长方式很难持续，投资和出口依赖型经济需要向更科学、更合理的经济增长方式转变。

（三）对中国持续发展的启示

通过分析，中国在改革开放前的高 HCRAI 指数得分和之后 30 年的经济腾飞不无关系，甚至可以认为，我国改革开放以来经济的高速增长有大部分应归于之前时期对人力资本的超前投入，前 30 年的人力资本积累为后 30 年的持续增长奠定了基础，也印证了两个 30 年的连贯性。值得指出的是，本研究并不否认政府投资和外资在改革开放进程中所起到的作用。我国依靠政府的宏观调度，实现了工业化的快速发展，科技、国防、基础设施等方面均取得了长足进步，通过实施对外开放战略，吸收国外先进技术并予以转化、创新，积极参与国际合作与竞争，大大增强了我国的综合国力与国际竞争力。但是，随着我国经济的快速发展，高投资、高外向型经济增长方式所带来的弊端不断显现，产能过剩、资源掠夺、核心技术不足、产业结构不合理、贫富差距拉大、社会矛盾凸显等，迫使我们去思考一种新的、可持续的发展模式。自 21 世纪之初，"以人为本"不断出现于各类发展规划及政府报告中，对"人的发展"的关注不断提升，"人"是发展的核心载体，只有人的不断进步与发展，才会带来社会的稳定和财富的合理积累。发展不仅是经济的增长，更是文化、制度和社会的发展。这也是本研究所要指出的：以人为本的发展方式，更注重对人的关注，保证人的公平权益和自由发展权利，是一个社会稳定、持续的发展方式。若想成功跨越"中等收入陷阱"，需要更加注重"以人为本"。

但必须看出，相较于资本积累和效率提升，对人的关注和人力资本的超前投入是更加不易的，却是行之有效的。不是任何一国政府都可以如中国政府般积年如日地实行人力资本相对超前投入，人们更容易因短期利益而摒弃较为难以实现的长期利益。中国的发展走出了一条与西方国家所不同的道路，人力资本的相对超前投入为改革开放腾飞释放出巨大动能，这也是中国经济长期保持增长的重要原因。

五　人力资本相对超前投入：数量到质量

如前文所述，HCRAI 指数能够更加客观且真实地衡量国家对于本国民众的关怀程度，而人力资本相对超前投入也是中国实现持续经济增长的核心动力，更是中国完成绝对脱贫的深层次原因。但 HCRAI 指数测算更多的是从数量视角考虑国家对本国民众的超前人力资本投入水平，无论是预期受教育年限还是出生时预期寿命，均只能从数量维度刻画国家对民众生存权和发展权的投入意愿。但是，数量型的相对指标对于测度国家对民众的关怀程度，仍然存在以下不足。第一，这一指标虽然在较大程度上反映了国家对于民众的关怀程度，但是无法刻画出国家对民众健康和教育的投入质量。例如，具有相同预期寿命的两个国家，其中一个国家的民众有更高的健康水平，而另一国民众则可能存在较长时期的亚健康生活状态，那么两国对于民众健康的关怀程度，仅从预期寿命衡量是不客观的，换句话说，在预期寿命之上的健康预期寿命是无法刻画的。预期受教育年限亦然。第二，正如公式（1）所示，预期受教育年限与预期寿命提升水平均随经济发展水平的提升而下降，因此，仅从数量差距来反映人力资本投入的相对超前程度，相较于经济落后地区，经济较发达地区的投入程度被部分削弱。第三，基于前两点因素，数量型经济指标对于经济快速增长的经济体而言，相对弱化了其人力资本相对超前投入程度。

依托 HCRAI 指数这一数量型相对指标所测算的人力资本相对超前投入程度可能存在以下测量偏误。第一，发达经济体的低估与发展中经济体的高估使得其相对排名更加有利于经济相对落后的经济体；第二，随着中国经济的快速增长，HCRAI 指数的逐年下降不必然反映出中国对于本国民众关怀程度的降低。因此，亟须在人力资本相对超前投入数量刻画的基础上，测度国家人力资本相对超前投入的质量水平，不仅可以更为准确地衡量各国人力资本相对超前投入的真实水平，更可以准确地反映出国家对民众的关怀程度和人力资本超前投入的概念。真正地对人民关怀，不仅是预期寿命和预期受教育年限的提升，更是在健康基础上的预期寿命的提升，以及伴随教学质量和学生学习水平提升的预期受教育年限的增加。国家对民众关怀的意愿不仅意味着国家要做到对民众生存权与发展权的关注，更意味着要做好。

基于此，本部分将在 HCRAI 指标的基础之上，通过质量型相对指标的构建，对数量型相对指标进行完善，从而克服以上所提及的测度偏误，新指数也可以更好地刻画"人力资本"以及"国家意愿"的概念。

（一）人力资本相对超前投入指数的改进：从数量到质量

本研究认为人力资本的相对超前投入，不仅体现为预期寿命和预期受教育年限的提升，在健康方面，应是伴随预期寿命的提升，其健康水平显著改善，即更加健康的长寿；而在教育方面，应是在预期受教育年限不断提升的同时，学生学习质量也提高，即高质量的教学供给。因此，本研究在现有指标体系中加入衡量健康水平和教育水平的变量，从而实现对人力资本超前投入水平的质量测度。

本研究选取世界卫生组织（WHO）提供的疾病所致伤残引起的寿命损失年（Years Lived With Disability，YLD）衡量各国人口的健康水平，其计算公式为：

$$YLD = I \times DW \times L$$

其中，I 为发病数，DW 为伤残或失能权重，L 为伤残持续时间或早死亡损失的时间。该指标是伤残调整生命年（Disability Adjusted Life Year，DALY）的一项，用以衡量非致死性疾病的健康生命年损失，通过人数交换法确定失能严重程度权重，从而使非致死性健康结局的评估得以在平等的原则基础上进行，可以避免社会、经济、文化等因素对此指标过多的影响，从而使得

YLD 指标可以在不同地区、不同病种间具有可比性,单位为千人年。① 基于本研究指标测算跨国可比指标。为消除人口差异对指标结果的干预,本研究对 YLD 指标进行了处理及筛选。第一,计算以 YLD 率代替 YLD 绝对值指标,其计算公式为:YLD 率 = YLD/P,其中,P 为该国人口。第二,考虑到 YLD 随着年龄的增长而呈现上升趋势的客观规律,为避免后发国家因预期寿命较短而降低其 YLD 值,本研究仅选取各国 60 岁以上人口 YLD 率作为各国健康质量的衡量指标。

同时,选取 Nadir Altinok 等构建的标准学习成绩(Harmonized Learning Outcomes,HLO)数据库衡量各国教育质量。② 该数据库通过匹配多项全球及地区学生测验成绩,获得长周期的全球可比数据库,基于对各国小学及初中学生数学、科学、阅读成绩计算其平均得分,从而衡量各国教育质量。由于中国没有可获得的全国参与的测试成绩,该数据库通过对人均可支配收入的回归,将中国部分地区参与测试的得分换算为中国整体得分并整合进入数据库,形成跨国的面板数据。③

由此,i 国居民的教育质量及健康质量可以表示为:

$$\begin{cases} \text{q}edu_i = \text{exp}edu_i \times \text{std}(HLO_i) \\ \text{q}life_i = \text{exp}life_i \times \text{std}(YLD_i) \end{cases}$$

其中,$\text{exp}edu_i$ 为 i 国的预期受教育年限,$\text{exp}life_i$ 为 i 国的出生时预期寿命,$\text{std}(HLO_i)$ 和 $\text{std}(YLD_i)$ 分别代表标准化后的 i 国 HLO 得分和 YLD 率。为避免标准化后 0 值所造成的加权过程中某项指标的缺失,本研究对两指标标准化采用以下计算方法:

---

① 具体计算方法可参见 Hay S. I., Abajobir A. A., Abate K. H., et al., "Global, Regional, and National Disability-adjusted Life-years (DALYs) for 333 Diseases and Injuries and Healthy Life Expectancy (HALE) for 195 Countries and Territories, 1990 – 2016: A Systematic Analysis for the Global Burden of Disease Study 2016," The Lancet, 2017, 390 (10100), pp. 1260 – 1344。

② Altinok N., Angrist N. and Patrinos H. A., "Global Data Set on Education Quality (1965 – 2015)," Policy Research Working Paper, 2018.

③ 2009 年、2012 年上海以及 2015 年北京、上海、江苏、广东四省市参与了国际学生评估项目(Programme for International Student Assessment,PISA),同时,2015 年陕西、贵州、江西参与了农村教育行动项目(Rural Education Action Program,REAP),HLOs 数据库通过对这些地区数据的匹配,获得了中国的整体数据。

正向指标 HLO 的标准化公式为：

$$\text{std}(HLO_i) = 0.9 \times \frac{HLO_i - HLO_{\min}}{HLO_{\max} - HLO_{\min}} + 0.1$$

负向指标 YLD 的标准化公式为：

$$\text{std}(YLD_i) = 0.9 \times \frac{YLD_{\max} - YLD_i}{YLD_{\max} - YLD_{\min}} + 0.1$$

std（HLO_i）和 std（YLD_i）取值范围为 [0.1, 1]。

将标准化后的 i 国 HLO 得分与该国预期受教育年限相乘即为该国的教育质量，其思路为：样本计算年份中，HLO 得分最高的国家 [std（HLO_i）= 1]，其预期受教育年限可以完全兑现，而其他国家则只能兑现其相应比重的预期受教育年限。以2000年数据为例，HLO 得分最高的国家为韩国，std（$HLO_{韩国}$）=1，则其当年预期受教育年限（15.6年）可以完全兑现，而同年美国的 HLO 得分为0.885，这说明，相较于韩国，美国当年的教育水平仅为韩国的88.5%，其当年15.1年的预期受教育水平中，仅有88.5%得以兑现，即为13.4年，以此类推，YLD 标准化的思路与之相同。

将教育质量与健康质量指标带入公式（1），则其变为：

$$\begin{cases} qedu_i = \alpha + \beta \ln GDP_i + \varepsilon_i \\ qlife_i = \varphi + \lambda \ln GDP_i + \propto_i \end{cases}$$

公式（2）则转变为：

$$HI_i = 0.3S[qedu_i - E(qedu_i)] + 0.7S[qlife_i - E(qlife_i)] \quad (3)$$

HI_i 即为 i 国质量型指标调整后的人力资本相对超前投入指数，$qedu_i$ 及 $qlife_i$ 分别为 i 国经质量指标调整后的预期受教育年限及预期寿命。

（二）各国人力资本相对超前投入再探：数量到质量的变动

根据公式（3）可以计算出世界各国 HI 指数得分，对比 HCRAI 指数得分，从而对各国人本关怀和人力资本投入的重视程度再次分析。与 HCRAI 指数相比，HI 指数依然以结果变量衡量各国的人力资本投入的相对超前水

第十二章 精准扶贫成功的深层理论原因初探

平,但与 HCRAI 指数不同的是,HI 指数不仅考虑出生时预期寿命和预期受教育年限的长短这一数量结果,更将生存质量和教育质量两个质量指标纳入指数体系,从而 HI 指数较 HCRAI 指数更为全面地衡量了各国的人力资本相对超前投入水平。关于 HI 指数计算结果,有两点需要说明:首先,HI 指数依然是根据各国经济发展阶段计算的相对指标,但与 HCRAI 指数类似,其得分与人均 GDP 不相关,相关性检验显示,HI 指数与人均 GDP 不存在相关性(ρ = 0.053,P = 0.581,以 2015 年为例)。其次,HI 指数是基于 HCRAI 指数构建而成,通过二者相关性分析发现两指标具有一定的相关性(ρ = 0.457,P = 0.000,以 2015 年为例),这反映出 HI 指数得分较高的国家普遍也具有相对较高的 HCRAI 指数得分,人本关怀质量的提升需要国家对人本关怀数量重视,数量积累的同时,伴随经济社会发展程度的提升,人的生存质量才能有更好的发展空间,这与国家的发展理念一以贯之。但同时 HI 指数和 HCRAI 指数结果上也存在一定的差异性,也说明仅从数量结果去衡量各国的人力资本相对超前投入程度存在一定的偏差,忽略了数量提升随经济发展阶段的跃升而逐渐减缓的凹性变动趋势,也忽略了质量提升对人力资本提升的贡献,这也反映出 HI 指数较 HCRAI 指数的贡献性。图 12 - 9、图 12 - 10 分别给出 HI 指数与人均 GDP 和 HCRAI 指数的关系。

与 HCRAI 指数相比,HI 指数对研究各国人力资本相对超前投入具有以下几点重要变动。

首先,在考虑到质量因素之后,发达经济体的人力资本相对超前投入水平普遍提升,而后发经济体——尤其是最不发达地区的人力资本相对超前投入水平普遍下降。如图 12 - 11 所示,以 2015 年数据为例,各国 HI 指数与 HCRAI 指数差值与人均 GDP 呈现总体正向相关关系。从数量看,在经济起步阶段,国家对于人的关怀的一定投入更容易获得较为明显的出生时预期寿命及预期受教育年限的提升,只有国家将更多的资源投入教育与健康领域,更加关注本国民众的生存权和发展权,各国 HCRAI 指数得分更容易提升。而从质量积累看,则相对困难,教育和健康质量的提升往往与该国经济发展水平以及科教水平和医疗卫生体系相关,需要在国家经济社会积累到一定水平后,人力资本相对超前投入数量达到一定高度后,质量的改善则应成为各

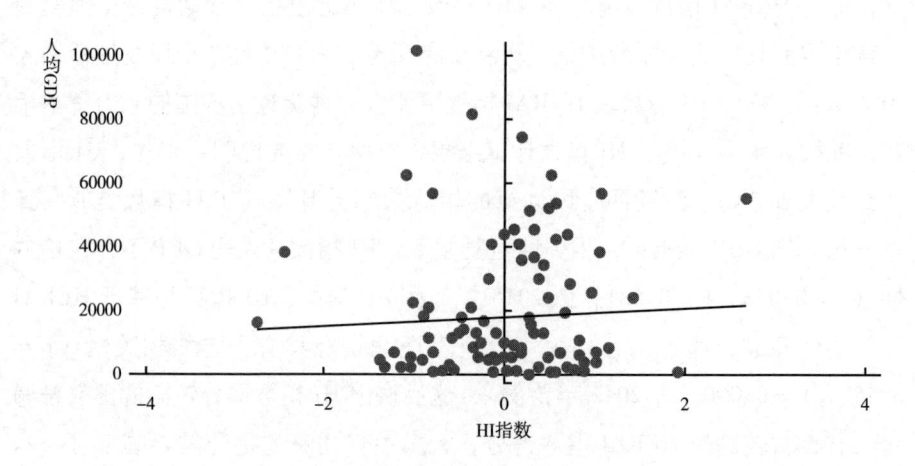

图 12－9　HI 指数和人均 GDP 的关系

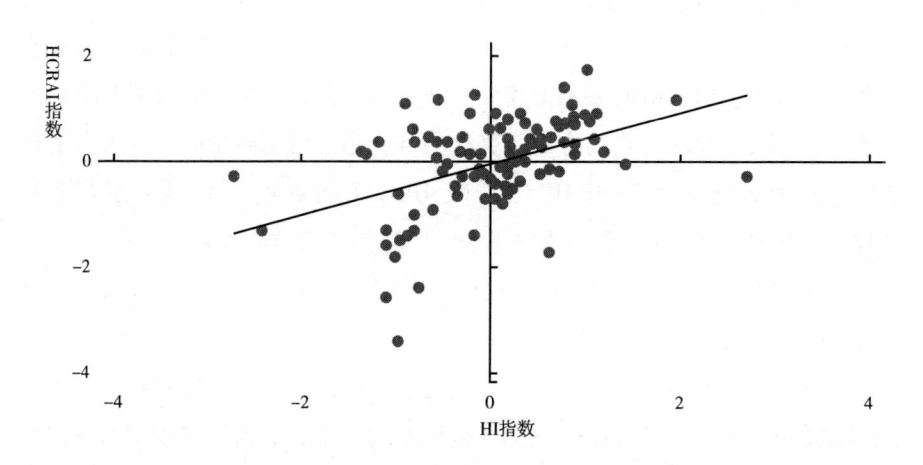

图 12－10　HI 指数和 HCRAI 指数的关系

国提升本国民众人力资本的重要手段，而随着人均 GDP 的提升，人力资本相对超前投入质量的提升往往较慢，仅考虑数量结果而构建的 HCRAI 指数则不利于发达经济体的排名，也容易忽略各国对本国民众生存质量的改善。

其次，与 HCRAI 指数测算结果类似的是，中国的 HI 得分也普遍高于西方主要经济体，虽然考虑了质量因素以后，西方发达经济体的人力资本相对超前投入水平普遍提升，但是中国在考虑质量因素后，人力资本相对超前投

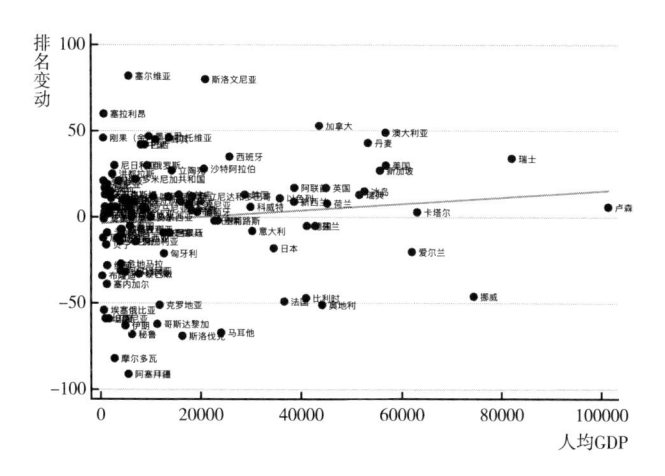

第十二章 精准扶贫成功的深层理论原因初探

图 12-11 2015 年各国 HI 指数较 HCRAI 指数排名变化随人均 GDP 变动趋势

人的水平仍然领先于世界。这一结果反映出：第一，从发展理念看，中国的发展模式更加注重公平、更加关注本国民众人力资本的发展，而西方部分国家虽然诟病中国的人权问题，但其自身却未能将更多的资源用于最广大人民生存、发展水平的提升中，如美国的 HI 指数较 HCRAI 指数的提升十分有限，这说明其发展理念对本国民众的关注之少不仅体现于资源配置的导向未能考虑惠及最广大民众，而且体现于有限投入资源，其质量也相对较差，民众生存质量和人力资本积累水平（学生学习成绩衡量）与其经济发展阶段不相符。第二，中国对于本国民众的关注，不仅体现于在有限条件下将更多的资源投向人的发展，更是在资源不断丰富、经济社会不断发展的同时，不断提升健康和教育的供给质量，不仅要提升本国民众的寿命和受教育年限，而且要提供健康寿命的提升和高质量的教育。

表 12-6 G20 成员 HI 指数与 HCRAI 指数排名及其变动

国　家	2000 年 HCRAI 指数排名	2000 年 HI 指数排名	排名变化	2010 年 HCRAI 指数排名	2010 年 HI 指数排名	排名变化	2015 年 HCRAI 指数排名	2015 年 HI 指数排名	排名变化
阿根廷	31	22	↑9	14	25	↓11	42	33	↑9
澳大利亚	12	4	↑8	23	21	↑2	11	5	↑6

— 269 —

续表

国家	2000年 HCRAI指数排名	2000年 HI指数排名	排名变化	2010年 HCRAI指数排名	2010年 HI指数排名	排名变化	2015年 HCRAI指数排名	2015年 HI指数排名	排名变化
巴西	27	52	↓25	73	77	↓4	47	49	↓2
德国	50	30	↑20	60	44	↑16	71	67	↑4
俄罗斯	42	23	↑19	96	85	↑11	88	58	↑30
法国	53	15	↑38	69	35	↑34	65	37	↑28
韩国	41	5	↑36	21	7	↑14	34	17	↑17
加拿大	47	13	↑34	77	42	↑35	73	20	↑53
美国	74	75	↓1	85	86	↓1	98	93	↑5
墨西哥	54	68	↓14	62	64	↓2	72	74	↓2
南非	84	87	↓3	106	106	—	107	101	↑6
日本	65	27	↑38	59	37	↑22	41	32	↑9
沙特阿拉伯				92	94	↓2	89	79	↑10
土耳其	60	85	↓25	66	89	↓23	32	94	↓62
意大利	45	31	↑14	41	39	↑2	29	34	↓5
印度				46	72	↓26	31	90	↓59
印度尼西亚	14	17	↓3	55	55	—	54	66	↓12
英国	62	32	↑30	58	43	↑15	70	55	↑15
中国	6	1	↑5	22	2	↑20	46	4	↑42

注：2000年、2010年和2015年样本国家数分别为87个、108个和110个，"↑"代表HI指数较HCRAI指数得分排名上升，"↓"表示下降。

最后，与HCRAI指数不同，HI指数得分显示中国在进入21世纪后，随着经济的快速发展，对民众的关怀程度并未显著降低。如图12-12所示，中国的HI指数排名变动相对平缓，并未呈现出HCRAI指数排名快速下降的趋势。这说明中国对于民众的关怀程度并未出现明显的下滑，中国的发展理念仍然更加注重公平，更加关怀最广大民众的生存与发展。进入21世纪，中国政府提出"以人为本"的发展理念，践行创新、协调、绿色、开放、共享的高质量发展，人民的生存权和发展权进一步得到维护。从结果看，中国中小学学生的学习测试成绩已经逐步领先于世界，中国人享受着全球覆盖范围最广、覆盖人群最多的医疗保障体系，且供给质量不断提升。而之所以HCRAI指数呈现出下降趋势主要有两方面因素：一是随着中国经济的高速发展，数量型的人力资本积累增速放缓，而质量型的人力资本积累则较难直观地体现；二是中国的经济体量激增，数量型的统计指标增长不明显，更多地依赖人力资本质量提升的指标并不在 HCRAI 指标体系中,因而中国的排名出现了下滑趋势。

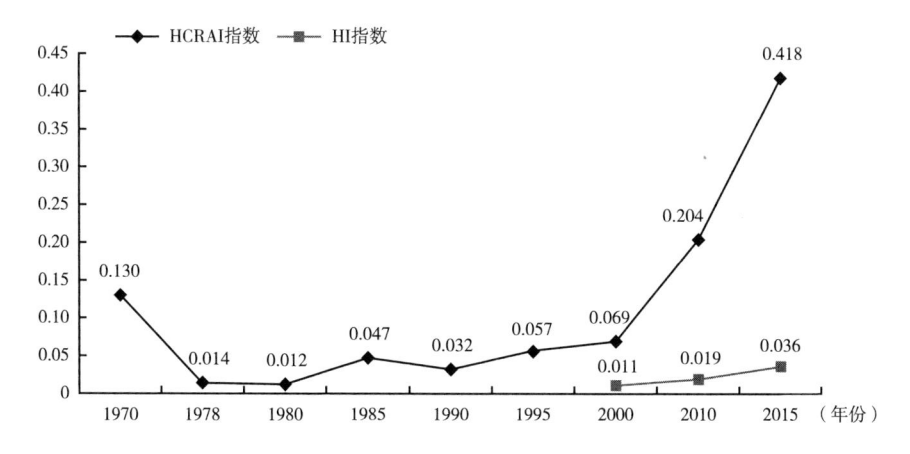

图 12-12　中国 HI 指数及 HCRAI 指数排名变化趋势

注:图中数据为中国的排名与当年样本国家数之比,其中,为便于比较,在 2000 年之前使用的是 HCRAI 指数测算的数据,而 2000 年之后使用的是 HI 指数测算数据。

六　人力资本相对超前投入与扶贫

通过构建基于各国发展水平为参照的人力资本相对超前投入指数,本研究进行了纵向和横向的比较,以期得到各国人力资本相对超前投入程度的客观评价。通过研究可见,中国取得绝对脱贫伟大成就的深层次原因如下。

第一,相较于多数西方国家,中国对人力资本投入的重视程度及对人的关怀程度更高。任何社会都应遵循其发展规律,中国作为新兴发展国家,其发展过程中势必会面临许多社会问题,加之起步晚、时间短,在人力资本积累方面与西方国家相比确实存在不小差距;但是,中国较西方国家更注重对人力资本的投入。我国的发展理念更加注重以人为本。随着中国经济社会的发展,中国"以人为本"的发展理念不仅局限于数量的积累,更逐步向质量的提升转变,从 HI 指数得分可以看出,改革开放以来,中国在民众生存质量和学习成绩方面的投入都相对超前，这也为中国持续的经济增长注入了人力资本方面的不竭动力，增长是摆脱贫困的重要途径，人的自我脱贫是扶贫的根本目标，随着人力资本的积累，贫困人口具备了脱贫的内生动力与能力。总结而言，中国的脱贫成绩得益于人力资本相对超前投入带来的人口红利和经济持续增长。

第二，中国的脱贫事业不仅始于改革开放，也得益于改革开放前的长期积累，本研究结论印证了中国前后两个30年发展的连贯性。改革开放前30年为中国经济腾飞创造了良好的人力资本基础。新中国成立以来在极其困难的情况下，为改善教育和医疗条件做出了不懈努力，对人的关怀水平不断提高，我国HCRAI指数稳步上升，至改革开放前夕已跃居世界前列。后30年中国取得令世人瞩目的成绩，与前30年的积累密不可分。而正像本研究结论所印证的那样，人力资本相对超前投入程度，对经济长期增长具有显著的正向影响。一个国家越关注人民的生存质量和发展空间，就越具备长期稳定经济增长的潜力。我国在1980年排名世界第一的HCRAI指数得分和之后30年高速经济增长，很好地验证了"以人为本"发展思路对经济保持高速增长的重要性。我国发展的前30年是后30年发展的重要基础，后30年快速增长是前30发展的有效延续。

第三，人力资本的提升是我国实现脱贫的重要途径。而人力资本提升不仅指劳动力数量的增加，更是人口质量的提升。因此，下一阶段，我国由绝对脱贫转向相对脱贫后，应该更注重人口质量，即注重以人为本的发展思路。由本研究结论可见，人力资本的相对超前投入对经济长期增长具有正向推动作用，以人为本的发展理念要求注重人口健康水平和整体受教育水平。下一阶段我国的发展重心应该是提升教育水平和增加人口受教育年限。其中，尤以基础教育为重中之重。现阶段，我国义务教育存在较为突出的不公平、不均衡现象，地区之间、城乡之间、校际之间教育资源分配不均衡，使得弱势群体（尤以农村及偏远地区人群为主）不能享有公平的受教育权。此外，我国教育投入也严重不足，已有170多个经济体实施了义务教育或免费教育政策，尽管经济实力有限，许多经济欠发达国家也在积极推动免费教育。而中国作为第二大经济体，已经具备推广十二年义务教育的客观条件，且教育是提升人力资本的重要和有效途径，因此，在全国推广十二年义务教育应该被提上日程，这也是我国实现高质量脱贫和可持续脱贫，进而增强社会公平性和促进经济增长的重要途径。

第十二章 精准扶贫成功的深层理论原因初探

附表12-1 各国（地区）HCRAI指数得分及排名

国家（地区）	1970年	排名	1978年	排名	1980年	排名	1985年	排名	1990年	排名	1995年	排名	2000年	排名	2005年	排名	2010年	排名	2013年	排名	2014年	排名
阿富汗	-2.013	23	-1.447	68																	-0.138	116
阿尔巴尼亚							1.863	3	1.709	2	1.693	2	1.170	7	0.936	15	1.351	4	1.518	1	0.916	17
阿尔及利亚									-0.116	56	0.413	26			0.468	34	0.772	13			0.720	32
安提瓜和巴布达																	-0.107	67			0.092	100
安哥拉									-2.834	94							-4.235	106				
阿根廷	0.000	11	0.728	14	0.689	15	0.562	25					0.122	52	0.732	22	0.398	38	0.385	30	0.861	19
亚美尼亚													1.431	5	1.012	11					0.724	31
阿鲁巴													-0.973	91	-0.930	104	-0.952	94				
澳大利亚									0.055	47	0.795	14	0.802	14	0.788	19	0.529	28	0.419	25	0.661	39
奥地利							-0.119	54	-0.259	66	-0.374	65	-0.236	74	-0.403	87	-0.244	76	-0.344	71	-0.086	114
阿塞拜疆							-0.768	65	0.330	33	1.121	10					-0.547	88	-0.751	79	-0.523	136
巴哈马							-0.315	60			-0.835	74									-0.700	142
巴林			-0.011	53	-0.449	63	-0.021	49			-0.020	52	-0.393	80	0.943	13					-0.323	129
孟加拉国			0.196	39			-0.078	50	-0.095	55	0.923	11					-0.180	71			1.041	8
巴巴多斯									1.023	7							0.077	57	0.188	44	0.145	91
白俄罗斯			-0.071	47			0.108	42	-0.153	58	0.086	42	0.203	44	-0.298	81	-0.187	73	0.355	34	0.188	89
比利时			-0.191	47																	0.005	105
伯利兹															-0.133	72	-0.218	75	-0.245	65	0.103	97

— 273 —

续表

HCRAI 指数得分及排名

国家（地区）	1970年	排名	1978年	排名	1980年	排名	1985年	排名	1990年	排名	1995年	排名	2000年	排名	2005年	排名	2010年	排名	2013年	排名	2014年	排名
贝宁			-0.779	61	-1.108	73	-0.683	63					-0.719	86	-0.568	92			-0.344	70	-0.255	121
百慕大					-0.122	57											-1.696	103	-1.681	87	0.432	59
不丹													0.189	46	-0.098	68	0.082	56	0.258	40	0.191	88
玻利维亚	-0.257	16																			1.006	11
波斯尼亚和黑塞哥维那																						
博茨瓦纳	0.102	9	0.291	27	-0.058	55	0.042	47			-1.938	85	-2.561	105	-2.332	114			-1.448	86	-1.196	156
巴西																					0.229	84
文莱					1.032	6	0.874	12	0.749	21	1.145	8	-0.646	85	-0.597	93	-0.627	90	-0.625	75	-0.453	135
保加利亚													0.952	10	0.532	32	0.298	42	0.353	35	0.383	65
布基纳法索	-1.266	65	-1.415	75	-1.078	75	-1.450	88							-1.379	108	-1.356	99	-1.124	84	-0.739	144
布隆迪			-0.973	72	-1.100	76	-0.898	79					-0.325	84	-0.173	70	-0.132	48	0.207	85
佛得角																	0.636	18	0.646	17	0.795	24
柬埔寨			-0.904	71	-1.129	77	-0.975	81			-0.011	64							0.750	29
喀麦隆					0.315	36			-1.418	99	-1.715	110					-1.341	158
加拿大									0.499	23	-0.033	67							0.048	101
佛得角													0.695	18	0.576	29					
中非共和国	-0.471	55	-0.748	67	-0.924	70	-1.356	86											-1.327	157

第十二章 精准扶贫成功的深层理论原因初探

续表

国家（地区）	1970年	排名	1978年	排名	1980年	排名	1985年	排名	1990年	排名	HCRAI指数得分及排名 1995年	排名	2000年	排名	2005年	排名	2010年	排名	2013年	排名	2014年	排名
乍得	-0.007	12					-1.387	80					-1.207	96	-2.388	115	-3.213	105			-2.113	170
智利			0.968	9	0.609	20	1.132	6					0.663	20	0.922	17	1.078	8	0.941	6	1.002	12
中国	1.209	3	2.447	1	2.374	1	1.771	4	1.589	3	1.438	5	0.920	11	1.054	8	0.766	14	0.401	26	0.409	62
哥伦比亚	0.803	4	0.769	12	0.581	24	0.525	27			0.124	37	0.263	38	0.500	33					0.194	87
科摩罗																			0.131	49	0.422	60
刚果（布）			-0.438	54	-0.402	62	0.069	44	-0.080	53											0.760	26
刚果（金）	0.634	6			1.037	5	1.032	7	0.850	15											-1.728	167
哥斯达黎加			-1.392	67	-1.569	77	-1.273	78											0.783	10	0.759	28
科特迪瓦											0.102	39	0.025	62	0.074	62	0.144	54			-2.237	171
古巴			1.383	3	1.571	2	1.167	5	0.987	9	1.122	9	0.980	8	1.441	2	1.885	1	1.065	4	0.394	63
塞浦路斯			1.104	6	0.558	25	0.249	35	-0.202	63	-0.011	51	-0.279	76	-0.379	85	-0.299	79	-0.249	66	-0.023	104
捷克									0.313	37	0.253	35	0.360	33	0.080	61	0.163	53	0.337	36	0.517	49
丹麦			0.069	40	0.037	50	-0.184	56	-0.486	73	-0.702	71	-0.490	83	-0.497	89	-0.544	86	0.011	57	0.115	94
吉布提													-1.722	101	-1.600	109					-1.367	159
多米尼加																					0.657	40
多明尼加共和国					0.142	46	0.369	31	0.796	18							0.410	37	0.844	9	0.279	77
厄瓜多尔																					0.775	25
埃及	0.627	19	0.402	29	0.342	32	0.549	28									0.385	31	0.608	44

— 275 —

续表

HCRAI 指数得分及排名

国家(地区)	1970年	排名	1978年	排名	1980年	排名	1985年	排名	1990年	排名	1995年	排名	2000年	排名	2005年	排名	2010年	排名	2013年	排名	2014年	排名
萨尔瓦多	0.240	7	0.092	37									0.106	53	0.388	41	0.454	33	0.391	29	0.434	58
赤道几内亚比绍													−2.305	104							−3.633	174
厄立特里亚											−1.001	78	−0.454	81			−0.535	85				
爱沙尼亚											0.098	40	0.329	35	0.094	59	0.172	52	0.051	54	0.257	80
埃塞俄比亚					0.015	51	0.057	46			−1.332	80	−0.531	84	0.117	57	0.262	45			0.323	69
斐济	0.767	5			0.165	44	0.041	48													0.416	61
芬兰			0.007	42	0.136	47	−0.080	51	−0.397	70	−0.052	54	0.052	59	−0.123	70	−0.161	69	0.302	38	0.098	98
法国			−0.093	45	0.015	51	0.057	46			0.023	47	−0.027	66	−0.033	66	0.185	66	0.048	55	0.239	81
加蓬			−1.535	70	−1.807	79					−1.851	84									−1.582	164
冈比亚											1.781	1	1.485	3	1.283	5	−0.567	89				
格鲁吉亚																			0.994	5	1.060	7
德国											−0.323	62							−0.031	59	−0.045	102
加纳													0.000	63	−0.230	77			−0.881	82	−0.358	132
希腊			0.319	26	0.533	27	0.658	21	0.352	31	0.297	32	0.163	49	0.284	49	0.498	31	0.717	13	0.955	15
格林纳达					1.379	3															0.437	57
危地马拉	−0.637	19	−0.511	57			−0.903	68			−0.488	68							−0.073	60	0.094	99

第十二章 精准扶贫成功的深层理论原因初探

续表

国家（地区）	\multicolumn{16}{c}{HCRAI 指数得分及排名}
	1970年	排名	1978年	排名	1980年	排名	1985年	排名	1990年	排名	1995年	排名	2000年	排名	2005年	排名	2010年	排名	2013年	排名	2014年	排名
几内亚			-0.356	52					-1.501	89					-0.819	102					-0.318	126
几内亚比绍															-0.905	103					-0.808	146
圭亚那							0.659	20							0.445	35	-0.875	92			-0.808	147
海地							0.290	34													-0.148	117
洪都拉斯					0.249	36											0.939	10	0.657	15	0.713	33
香港（中国）					0.588	22													0.371	32	0.473	54
匈牙利			0.196	33							0.069	45	0.199	45	-0.126	71	-0.100	65	0.083	51	0.172	90
冰岛					0.180	40	0.170	39	-0.090	54	0.085	43	-0.026	65	0.043	64	0.620	20			0.638	42
印度			0.398	24	0.253	35					0.253	36	0.255	40			0.133	55	0.359	33	0.503	50
印度尼西亚	0.184	8	0.746	13					0.602	26	0.301	31	0.566	26	0.409	38	-0.187	72	-0.154	62	0.139	92
伊朗													0.536	28								
伊拉克			-0.273	50	-0.845	69	-0.942	71			0.540	19			0.285	47	0.286	43	0.616	18	1.000	13
爱尔兰			0.290	28	0.316	31	0.126	41	-0.274	67	-0.394	66	-0.334	78	-0.280	80	0.210	47	0.201	43	-0.843	148
以色列			0.675	16	0.721	13			0.173	43	0.022	48	-0.062	68	0.377	42			0.187	45	0.294	74
意大利			0.268	30	0.311	32	0.155	40	-0.238	65	0.087	41	0.041	61	0.100	58	0.443	34	0.303	37	0.391	64
牙买加													-0.165	70							0.545	46
日本			0.273	29	0.610	19	0.212	36	-0.118	57	-0.369	64	-0.386	79	-0.033	67	0.192	49	0.207	41	0.630	43
																					0.446	55

— 277 —

续表

国家（地区）	1970年	排名	1978年	排名	1980年	排名	1985年	排名	1990年	排名	1995年	排名	2000年	排名	2005年	排名	2010年	排名	2013年	排名	2014年	排名
约旦	−0.037	13	0.915	10	0.755	12	0.596	24	0.967	12			0.851	13	1.030	10	0.534	27			0.533	47
哈萨克斯坦																			−0.830	81	−0.600	140
肯尼亚			0.632	18	0.669	16	0.810	16	0.724	23			0.364	31							−0.364	133
基里巴斯			0.264	31	0.716	14	0.751	18	0.710	24	0.361	29	−1.052	93	−0.765	101					0.373	67
科威特			−0.830	62			−0.799	67	−0.401	71	−0.899	76	0.244	42	0.393	40			−1.856	88	−1.080	152
吉尔吉斯斯坦									1.389	4	1.459	4	1.914	1	1.648	1	1.385	3	1.101	3	1.198	6
老挝							−1.342	79	−0.021	50	−0.559	69	0.046	60	0.256	50	−0.216	74	−0.294	68	−0.050	109
拉脱维亚											0.005	50	0.364	32	0.230	52	−0.022	62	−0.186	63	−0.103	115
黎巴嫩													0.561	27	0.770	20	0.938	11	0.498	23	0.759	27
莱索托	−0.278	17	0.557	22	0.293	33	0.987	9	0.598	27	−0.249	60	−1.180	94	−2.116	113			−2.342	89	−1.727	166
利比里亚	−1.713	22	−1.237	63									0.177	48					0.258	79		
利比亚																	−1.407	101			0.116	93
列支敦士登																						
立陶宛													0.497	24	0.225	53	0.036	59	−0.104	61	−0.062	110
卢森堡			−0.598	58	−0.882	70			0.113	46	−1.417	81	−1.186	95	−1.385	100					−1.099	154
澳门（中国）																						

第十二章 精准扶贫成功的深层理论原因初探

续表

国家（地区）	HCRAI指数得分及排名																	
	1970年	排名	1978年	排名	1980年	排名	1985年	排名	1990年	排名	1995年	排名	2000年	排名	2005年	排名	2010年	排名	2013年	排名	2014年	排名
马达加斯加									-0.528	74					0.693	23					0.992	14
马拉维			-0.603	59	-0.779	68	-0.977	73	-1.201	84	-0.987	77	-0.743	88	-0.645	97	-0.270	78	-0.261	67	1.272	4
马来西亚					0.596	21	0.379	30	0.318	34	0.011	49	0.151	50	0.202	54	-0.100	66			-0.171	119
马尔代夫													0.324	36							0.524	48
马里			-1.589	72	-1.918	80	-1.668	81	-1.725	90	-2.194	86	-1.416	98			-1.451	102	-1.451	46	-0.720	143
马耳他			1.014	7	0.895	8	0.841	14	0.387	30	0.539	20	0.229	43	0.402	39	0.721	16	0.146	46		
毛里塔尼亚									-0.609	78	-0.760	73			-0.524	90	-1.075	96	-0.881	83	-1.451	162
毛里求斯			0.856	11	0.847	10	0.814	15	0.253	40			0.087	56	0.248	51	0.020	60	0.111	50	2.255	1
墨西哥			0.483	23	0.174	41			0.264	39	0.369	28	-0.173	71	0.014	65	0.220	46	0.072	52	0.297	72
密克罗尼西亚																					-1.035	151
摩尔多瓦									0.970	11	1.438	6	1.452	4	1.040	9	0.493	32	0.140	47	0.440	56
蒙古国									-0.166	59	-0.188	57	0.416	30	0.661	24	0.265	44			0.335	68
黑山															0.650	26	0.632	19			0.854	20
摩洛哥			-0.379	53					-0.194	62	-0.125	55	0.083	58	0.284	48	0.564	25			0.680	38
莫桑比克							-2.173	85			-1.774	83	-1.363	97	-1.101	106	-1.273	97	-1.270	85	-0.798	145
缅甸																					-0.079	112
纳米比亚									-0.889	75					-1.869	111					-1.115	155
尼泊尔			-0.302	51			-0.210	57	0.202	42	0.518	22	0.907	12	1.201	7	1.539	2	1.501	2	1.576	2

279

续表

HCRAI 指数得分及排名

国家（地区）	1970年	排名	1978年	排名	1980年	排名	1985年	排名	1990年	排名	1995年	排名	2000年	排名	2005年	排名	2010年	排名	2013年	排名	2014年	排名
荷兰			0.068	41	0.172	42	0.181	38	-0.001	49	0.085	44	-0.099	69	-0.221	76	-0.050	63			0.306	70
新西兰					0.452	28	0.210	37	0.142	45	0.467	25	0.630	22	0.649	27	0.817	12	0.531	22	0.705	34
尼加拉瓜	-0.192	15			0.201	38	-0.088	53	1.080	6	0.586	17									1.224	5
尼日尔			-2.089	74	-2.509	83			-1.974	92					-1.070	105	-0.903	93			-0.323	127
尼日利亚			-1.315	66	-1.749	78	-1.009	74					-1.538	100	-1.880	112					-2.696	172
挪威			0.075	39	0.062	49	-0.298	58	-0.360	69	-0.239	59	-0.235	73	-0.394	86	-0.544	87	-0.637	76	-0.325	130
阿曼			-1.783	73	-2.122	81	-1.978	83	-1.042	82	-0.723	72			-0.611	94					-0.207	120
巴基斯坦			0.363	25	0.172	43			-0.078	52					-0.256	79			-0.488	73	-0.257	122
帕劳																					-0.318	125
巴拿马	0.046	10	1.321	4	1.063	4	0.635	23	0.770	20	0.863	12	0.516	29	0.658	25	0.542	26	0.052	53	0.283	76
巴布亚新几内亚											-1.579	82			0.326	45					-0.879	149
巴拉圭	1.684	2			0.620	18	0.774	17	0.316	35	0.285	33	0.623	23	0.977	12	0.567	24			0.230	82
秘鲁	-0.592	18			0.384	30	0.647	22	0.620	25	0.388	27	0.711	17	0.750	21	0.503	30			0.377	66
菲律宾			1.180	5	0.927	7	0.944	10	0.814	16	0.539	21			0.569	30			-0.008	58	-0.076	111
波兰									0.957	13	0.614	16	0.588	24	0.445	36	0.327	40	0.425	24	0.473	53
葡萄牙			0.666	17	0.587	23			0.045	48	0.331	30	0.245	41	0.143	56	0.341	39	0.602	19	0.704	35
波多黎各									-0.351	68	-0.194	58					0.005	61	-0.371	72		
卡塔尔			-1.159	74			-0.660	62							-1.231	107	-1.762	104			-1.430	161
韩国	0.621	20			0.665	17	0.490	28	0.158	44	-0.051	47	0.182	53	0.414	37	0.738	15	0.647	16	0.735	30

第十二章 精准扶贫成功的深层理论原因初探

续表

国家（地区）	1970年	排名	1978年	排名	1980年	排名	1985年	排名	1990年	排名	1995年	排名	2000年	排名	2005年	排名	2010年	排名	2013年	排名	2014年	排名
罗马尼亚									0.799	17	0.621	15	0.666	19	0.305	46	0.307	41			0.200	86
俄罗斯联邦									0.273	38	−0.296	61			−0.619	95			−0.812	80	−0.565	139
卢旺达	−0.505	56	−0.557	65	−0.742	64	−2.647	93			−1.014	92	−0.121	69	0.206	48	0.393	28	0.475	52
萨摩亚											0.586	25							0.582	45
圣多美和普林西比													0.335	43	0.192	50			0.105	96
沙特阿拉伯	−1.258	64	−1.473	76	−0.951	72							−0.666	98	−0.447	82	−0.680	77	−0.285	123
塞内加尔													−0.751	99	0.581	23	0.543	21	−0.010	108
塞尔维亚													0.632	28					0.699	37
塞舌尔													−0.547	91	−0.421	81	−0.709	78	−0.556	138
塞拉利昂	−1.583	71			−1.788	82	−1.784	91											−1.739	168
新加坡																			−0.003	106
斯洛伐克							0.253	34	0.127	51	−0.159	73	−0.245	77	−0.189	64	0.023	103
斯洛文尼亚							−0.165	56	0.084	57	0.327	44	0.506	29	0.675	14	0.649	41
所罗门群岛	0.182	34	−0.194	60							−0.721	87	0.093	60					−0.167	118
南非					−0.970	80											−2.613	90	−1.898	169
南苏丹					−0.562	75													−1.590	165

— 281 —

续表

HCRAI 指数得分及排名

国家（地区）	1970年	排名	1978年	排名	1980年	排名	1985年	排名	1990年	排名	1995年	排名	2000年	排名	2005年	排名	2010年	排名	2013年	排名	2014年	排名
西班牙			0.574	21	0.798	11	0.872	13	0.229	41	0.551	18	0.339	34	0.179	55	0.611	21	0.766	12	0.845	21
斯里兰卡	1.834	1					2.003	1									1.234	6	0.909	7	1.007	10
圣卢西亚							1.001	8							0.050	63						
苏丹															−0.757	100	−1.354	98			−1.087	153
圣文森特和格林纳丁斯											0.087	55										
苏里南					−0.500	64	0.311	33	0.978	10											−0.527	137
斯威士兰	−0.167	14	0.090	38	−0.024	54	0.068	45					−2.243	103	−3.037	116			−3.533	91	−2.894	173
瑞典							−0.145	55	−0.451	72	0.106	38	0.316	37	−0.209	74	−0.148	68	0.022	56	−0.086	113
瑞士					−0.212	61	−0.311	59	−0.596	77	−0.629	70	−0.473	82	−0.453	88	−0.448	83			−0.311	124
叙利亚			0.676	15	0.541	26	0.534	26	1.013	8	1.521	3	1.615	7	1.248	6	1.268	5	0.897	8	0.924	16
塔吉克斯坦											1.432	7			1.417	3						
坦桑尼亚											−1.244	79					−0.343	80	−0.305	69	0.109	95
泰国			0.973	8	0.881	9	0.937	9	0.439	29	0.044	46			0.553	31	0.426	36	0.293	39	0.500	51
马其顿共和国																					0.703	36
东帝汶																	0.951	9			0.802	23
多哥			0.161	35	0.073	48			−0.222	64			−0.193	72	−0.255	78					0.267	78

282

第十二章 精准扶贫成功的深层理论原因初探

续表

HCRAI 指数得分及排名

国家（地区）	1970年	排名	1978年	排名	1980年	排名	1985年	排名	1990年	排名	1995年	排名	2000年	排名	2005年	排名	2010年	排名	2013年	排名	2014年	排名
汤加			2.146	2			1.878	2					0.740	16							0.824	22
特立尼达和多巴哥							-0.770	66													-1.404	160
突尼斯			0.129	36	0.008	52	0.433	29	0.732	22	0.857	13	0.794	15	0.933	16	1.078	7	0.779	11	1.018	9
土耳其			-0.633	60					-0.576	76	-0.452	67			-0.313	83	-0.078	64	0.395	27	0.289	75
土库曼斯坦																					-1.553	163
乌干达	-0.775	20	-0.260	48	0.285	34	-0.909	69	-1.188	83	-2.375	87	-0.786	90			-1.001	95	-0.421	134
乌克兰									0.942	14			1.346	6	0.817	18	0.701	17	0.561	20	0.905	18
阿联酋			-1.515	69	-2.380	82	-2.093	84	-1.308	85											-0.972	150
英国			0.215	32	0.203	37	0.107	43	-0.171	60			-0.245	75	-0.212	75	0.061	58	0.206	42	-0.006	107
美国			-0.068	43	0.156	45	-0.427	61	-0.188	61	-0.331	63	-0.757	89	-0.625	96	-0.517	84	-0.589	74	-0.323	128
乌拉圭									0.775	19			0.260	39	0.941	14	0.433	35			0.303	71
乌兹别克斯坦									1.096	5			0.962	9	1.319	4	0.601	22			0.295	73
瓦努阿图													0.096	54							0.230	83
委内瑞拉			-0.167	46	-0.152	58	-0.081	52	0.337	32			-0.310	77								
赞比亚	-0.835	21	-0.268	49					-1.382	87			-2.137	102							-0.350	131
津巴布韦			-0.081	44	-0.177	59	0.726	19	-0.036	51											-0.607	141

参考文献

Ngwen Ngangue and Kouty Manfred, "The Impact of Life Expectancy on Economic Growth in Developing Countries", *Asian Economic and Financial Review*, 2015.

李海峥、梁赟玲、Barbara Fraumeni、刘智强、王小军:《中国人力资本测度与指数构建》,《经济研究》2010年第8期。

C. Goldin and L. F. Katz, "The Race Between Education and Technology: The Evolution of U. S. Educational Wage Differentials, 1890 to 2005," Social Science Electronic Publishing, 2009.

Helmy, "An approach to Quantifying Social justice in Selected Developing Countries," *International Journal of Development Issues*, Vol. 12, 2013.

Pasquale Tridico, "Growth, Inequality and Poverty in Emerging and Transition Economies," *Transition Studies Review*, Vol. 16, 2010.

李伟峰:《联合国历年人类发展报告述评》,《国外理论动态》2003年第7期。

肖巍、钱箭星:《公平的发展:2015后议程之"钥"》,《复旦学报》(社会科学版)2015年第5期。

刘长生、简玉峰:《寿命预期、教育资本与内生经济增长》,《当代财经》2011年第4期。

张启良:《由寿命长度看生命质量——人均预期寿命指标解读》,《调研世界》2015年第7期。

王秀刚、程静:《从劳动力受教育程度角度看收入分配问题》,《新视野》2012年第6期。

赵丽秋:《人力资本投资与收入不平等——教育质量不平等的影响》,《南方经济》2006年第4期。

李颖晖:《教育程度与分配公平感:结构地位与相对剥夺视角下的双重考察》,《社会》2015年第1期。

魏延志:《地区经济社会发展水平与城市居民教育不平等(1978~2006)——基于CGSS2006的多层线性模型的分析》,《青年研究》2013年第2期。

苟晓霞:《我国平均预期寿命变动的实证分析》,《统计与决策》2011年第22期。

陈永清、韦焕贤:《人口受教育程度、ISO9000与区域质量竞争力——基于省际截面数据的实证研究》,《广西民族大学学报》(哲学社会科学版)2010年第4期。

林美莲、王宁、王海峰:《中方严厉回击12国"人权声明" 批其严重干涉我内政》,https://world.huanqiu.com/article/9CaKrnJUtKR,2016年3月12日。

孙劲松:《公正与效率不是社会主义和资本主义的分水岭》,《科学社会主义》2013

年第 3 期。

刁建欣:《公平:永无止境的追求——浅谈社会主义公平与资本主义公平》,《时代人物》2007 年第 12 期。

吴涌汶:《资本主义公平观与社会主义公平观》,《探索》2008 年第 1 期。

李玉荣:《改革开放前新中国公共卫生事业的发展及其基本经验》,《理论学刊》2011 年第 3 期。

杨会良:《改革开放前我国教育财政体制的演变与特征》,《河北大学学报》(哲学社会科学版)2006 年第 4 期。

曲铁华、樊涛:《新中国农村基础教育政策的变迁及影响因素探析》,《东北师大学报》(哲学社会科学版)2011 年第 1 期。

方松华、杨起予:《改革开放前后"两个 30 年"关系研究》,《马克思主义研究》2014 年第 3 期。

张小媚:《公平正义视角下以人为本与发展经济的关联》,《湖北广播电视大学学报》2010 年第 11 期。

刘向农:《消费需求与投资需求协调增长》,《数量经济技术经济研究》2002 年第 12 期。

杜鹏、翟振武、陈卫:《中国人口老龄化百年发展趋势》,《人口研究》2005 年第 6 期。

桂世勋:《关于调整我国现行生育政策的思考》,《江苏社会科学》2008 年第 2 期。

左学金:《21 世纪中国人口再展望》,《北京大学学报》(哲学社会科学版)2012 年第 5 期。

李建新:《中国人口结构问题》,社会科学文献出版社,2009。

杨菊华:《生育政策与人口老龄化的国际比较》,《探索与争鸣》2009 年第 7 期。

Altinok N., Angrist N. and Patrinos H. A., "Global Data Set on Education Quality (1965 – 2015)," Policy Research Working Paper, 2018.

第十三章
四个自信与中国包容性发展

李 钢[*]

2020年中国全面建成小康社会，消除了绝对贫困；14亿人口的大国取得这样的成绩是值得骄傲的，是人类包容性发展史上的重大事件。本章试图从道路、理论、制度、文化四个方面分析中国能消除绝对贫困、初步实现包容性发展的原因。社会主义道路使中国的发展理念具有包容性增长的根本特征，也是中国能够实现包容性增长的原因；但理念的践行不仅要付出艰辛的努力，而且必须有合适的理论作为指引，正是由于指导中国实践的理论与体制的不断自我扬弃，中国70年的经济实践才能取得巨大的成功，也正是由于经济70年的巨大发展，人均GDP增长了近70倍，中国的包容性发展才能具备坚实的经济基础；社会主义制度有利于我国挖掘综合国力潜力，使中国的包容性发展理念得以落实。前三者都是从宏观层面来谈，中国文化更加注重从微观层面激发扶贫者与帮扶者的内在动力，是在个体层面促成中国包容性发展实现的原因。

党的十八大以来，高度重视扶贫工作，提出"到2020年现行标准下农村贫困人口全部脱贫，贫困县全部摘帽，解决区域性贫困"的宏伟目

---

[*] 李钢，中国社会科学院工业经济研究所研究员，《中国经济学人》副主编，中国工业经济学会副理事长兼青年部主任，研究方向：产业经济学。

标；2017 年党的十九大把脱贫攻坚战作为决胜全面建成小康社会必须打赢的三大攻坚战之一，以深度贫困地区脱贫攻坚为重点，作出全面部署。为了打赢这场扶贫攻坚战，党中央实施了干部驻村、精准扶贫、易地搬迁、产业扶贫等一系列扶贫举措，取得了瞩目成效。2019 年底，按照每人每年 2300 元（2010 年不变价）的农村贫困标准计算，年末农村贫困人口 551 万人，比上年末减少 1109 万人；贫困发生率为 0.6%，比上年下降 1.1 个百分点。全年贫困地区农村居民人均可支配收入 11567 元，比上年增长 11.5%，扣除价格因素，实际增长 8.0%。农村贫困人口从 2012 年底的 9899 万人减少到 2019 年底的 551 万人，7 年累计脱贫 9348 万人，脱贫幅度超过 94.4%。①

综观中国 70 年波澜壮阔的减贫历史，我们当然可以把中国减贫的成就归功于 70 年的经济增长，特别是改革开放以来快速的经济增长。然而，第一，1950 年印度的人类发展指数超过中国，但目前中国人类发展指数全面超过印度。第二，1978 年埃塞俄比亚经济发展水平与中国基本相当（1982 年埃塞俄比亚人均 GDP 比中国高 5 美元，1983 年中国人均 GDP 仅比埃塞俄比亚高 1 美元），到 2020 年中国人均 GDP 是埃塞俄比亚的 10 倍，为什么这些国家不能实现经济的持续发展，从而大幅减少贫困人口。第三，目前与中国人均 GDP 基本相当，甚至高于中国人均 GDP 的拉美国家，仍旧存在大量绝对贫困人口。

2017 年以来，笔者曾多次出访亚非拉国家，到过同为金砖国家的巴西、南非，到过拉美国家的阿根廷、乌拉圭，也到过"自称"唯一没有被殖民过的非洲国家埃塞俄比亚，甚至到过毛里求斯。2018 年中国人均 GDP 为 9770 元，南非为 6374 元，埃塞俄比亚为 772 美元，中国是南非的 1.5 倍、埃塞俄比亚的 12.7 倍。南非人均 GDP 在 2011 年就达到 8000 美元，1960 年南非人均 GDP 达到 443 美元，是中国的 5.5 倍。埃塞俄比亚在 1981 年人均 GDP 高于中国，到 1983 年中国人均 GDP 为 225 美元，埃塞俄比亚为 224 美

---

① 国家统计局：《中华人民共和国 2019 年国民经济和社会发展统计公报》，http：//www.stats.gov.cn/tjsj/zxfb/202002/t20200228_1728913.html，2020 年 2 月 28 日。

元。当然这些数据并没有考虑购买力平价，具有一定的不可比性，但不可否认的是，以 70 年的尺度来看，中国经济发展迅速。在经济快速发展的同时，中国扶贫工作取得了巨大的成功。在出访这些国家时，这些问题不断盘旋在我的脑海中，让我深入思考为什么中国敢宣称到 2020 年将全面实现小康社会，解决绝对贫困问题。

一　中国发展道路具有包容性发展的特征

1949 年以来，中国走上了社会主义道路。基于马克思、恩格斯的构想，共产主义是强调"生产将以所有的人富裕为目的"，"所有人共同享受大家创造出来的福利"。毛泽东在新中国成立之初就提出了我国发展富强的目标，"这个富，是共同的富，这个强，是共同的强，大家都有份"。邓小平多次强调共同富裕，"社会主义不是少数人富起来、大多数人穷，不是那个样子。社会主义最大的优越性就是共同富裕，这是体现社会主义本质的一个东西"。江泽民强调，"实现共同富裕是社会主义的根本原则和本质特征，绝不能动摇"。胡锦涛要求，"使全体人民共享改革发展成果，使全体人民朝着共同富裕的方向稳步前进"。习近平总书记指出，"我们追求的发展是造福人民的发展，我们追求的富裕是全体人民的共同富裕，要让发展成果更多更公平惠及全体人民，不断促进人的全面发展，朝着实现全体人民共同富裕不断迈进"。党的十八大以来，习近平总书记提出精准扶贫的重要思想，并明确精准扶贫是脱贫攻坚战的基本方略。2013 年 11 月，习近平到湖南湘西考察时首次提出"实事求是、因地制宜、分类指导、精准扶贫"的重要指示；2014 年 1 月，中办详细规制了精准扶贫工作模式的顶层设计，推动了"精准扶贫"思想的落地。

图 13 - 1 为中国与阿根廷人均 GDP 走势对比，可以看出阿根廷人均 GDP 长期高于中国。直到 2019 年中国人均 GDP 才略微超过阿根廷。因而从人均资源（财力）来看，阿根廷显然有更好的能力解决本国的贫困问题，从而实现包容性发展。但据阿根廷国家统计局（Indec）公布的数据，2018

年下半年阿根廷的贫困率升至32%①，同比上涨6.2个百分点。2015年底的阿根廷贫困率是29%，也就是说，不仅没有实现总统马克里当初"零贫困"的承诺，贫困人口反而增加了；为什么阿根廷依然被贫困（甚至是绝对贫困）问题困扰。根据阿根廷国家统计局（Indec）的数据推测，全国大概有270万人处于赤贫状态，大体相当于处于绝对贫困状态。2018年阿根廷人口为4494万人，相当于绝对贫困发生率为6%；而中国2019年（绝对）贫困发生率为0.6%。

再进一步作具体城市的对比。2018年根据布宜诺斯艾利斯统计和普查总局的数据，一个传统家庭（一对35岁的夫妻，两个未成年孩子，一处住所）的月收入只有在20000比索以上，才不至于跌下贫困线。按2018年的汇率，20000比索相当于4000元左右。而2019年北京最低生活保障标准调整为家庭月人均收入为1000元，低收入家庭认定标准调整为家庭月人均收入为1410元。按北京四口之家的标准来算，最低生活保障标准有4000元，低收入标准也有5640元。按汇率标准来看，北京的最低生活保障已经不低于布宜诺斯艾利斯贫困线的标准。而布宜诺斯艾利斯贫困率为32%。从这种意义上讲，北京最低收入30%左右的人的生活质量会高于布宜诺斯艾利斯最低收入30%的人。就个人的经验来看，布宜诺斯艾利斯物价水平总体高于北京。

阿根廷的自然资源条件要优于中国，而且近100年阿根廷的人均GDP一直高于中国，直到2019年中国人均GDP才超过阿根廷。为什么中国到2020年就能消除绝对贫困，而阿根廷目前的绝对贫困（赤贫）率却仍旧高于6%？原因固然是多方面的，但发展道路的不同，应是最根本的原因。正是因为中国坚持了共同富裕的社会主义道路，才能在经济发展水平还不高的情况下，在全国范围内消除绝对贫困。

可以说，中国共产党100年的奋斗历程表明，中国共产党路线、方针、政策都可能随形势的变化而调整，随着对社会主义的理解深入而不断调整，

---

① Indec对代表全国人口60%的31个城市集群进行了调查，贫困率为32%，相当于近900万人口处于贫困状态，其中190万人口处于赤贫状态。分析人士表示，若将该比例扩大至全国，则阿根廷贫困人口有1300万~1400万人。

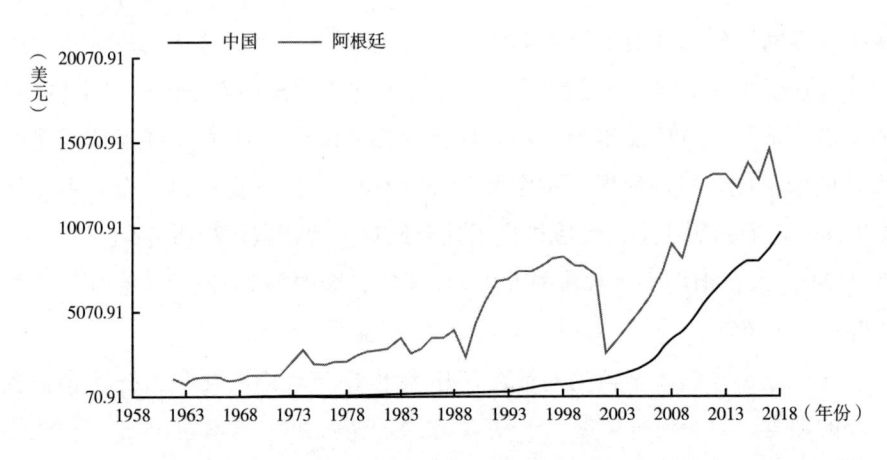

图 13−1　中国与阿根廷经济长期增长比较：人均 GDP

但一直没有变的就是中国共产党"以人民为中心的"的基本立场。正如习近平总书记在纪念马克思 200 周年诞辰大会上的讲话中指出的那样，"马克思主义是人民的理论"，"学习马克思，就要学习和实践马克思主义关于坚守人民立场的思想"。中国共产党 100 年的奋斗历史表明，只有坚持把马列主义作为指导中国实践的理论，中国人民根本利益才能得到保障；也可以说正是坚持马列主义的指导思想，并一直致力于将其与中国文化、中国实际相结合，中国才能从一个积贫积弱的殖民地半殖民地国家发展成世界第二大经济体；中国人民的生活质量也才能发生翻天覆地的变化。特别是新冠肺炎疫情的暴发，更让人们看到，欧洲一些社会民主党执政的国家，其本质上仍旧是资本主义国家，在关键时刻并没有把人民的利益放在第一位，也才会提出群体免疫这种牺牲人民利益的应对方案。

坚持以人民为中心的发展观，短期来看会影响经济增长，但长期来看，却能促进经济发展，从而能在更大程度上保障人民的根本利益。李克强总理在 2017 年夏季达沃斯论坛上指出，"处在世界经济低迷的大环境中，中国经济之所以能保持平稳发展，一个重要原因就是包容性不断增强"。因而，坚持以人民为中心的发展观不仅是价值理性，也体现为工具理性。坚持以人民为中心的发展观，就会更加注重人的基本权利。人最重要的权利是生存权与发展权，生存权集中体现为生存与健康，而发展权中最重要的是受教育的权利。

社会固定资本投资有利于完善基础设施，而人力资本投资有利于提高劳动力素质。最容易进行跨国比较的就是健康（预期寿命）与教育（预期受教育年限）。第二次世界大战后的跨国数据表明，一国人均 GDP 与预期寿命及预期受教育年限相关。李钢、秦宇的研究表明，跨国人均 GDP 与预期寿命及预期受教育年限拟合残差是有意义的，各国数据的残差表明了一国对人力资本的投资程度。正向残差表明一国人力资本投资超前于其经济发展水平，越高表明相对于其经济发展水平越超前地进行人力资本投资（人力资本投资超前）；与此类似，负向残差表明一国人力资本投资水平滞后于其经济发展水平，越低表明相对于其经济发展水平越滞后地进行了人力资本投资（人力资本投资不足），如图 13-2 所示①。

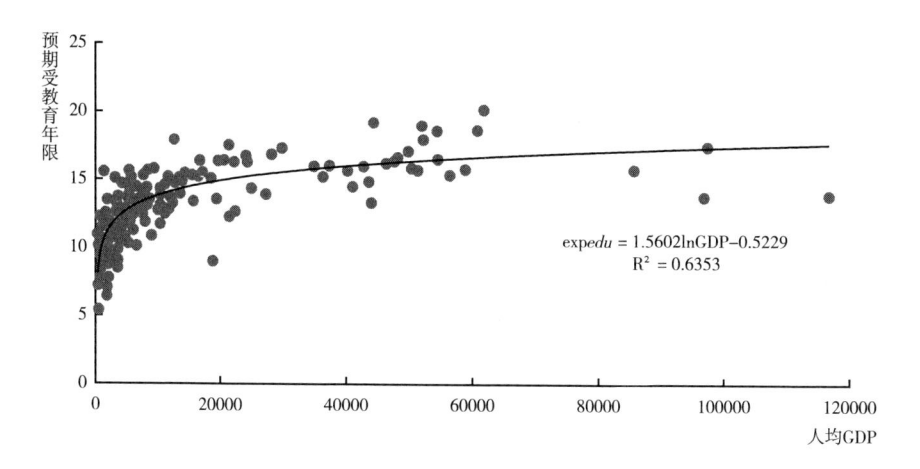

$$expedu = 1.5602\ln GDP - 0.5229$$
$$R^2 = 0.6353$$

图 13-2　2014 年各国人均 GDP 对预期受教育年限样本分布及拟合结果

资料来源：引自李钢、秦宇《人力资本相对超前投入及对经济增长的影响》，《数量经济技术经济研究》2020 年第 5 期。

诺奖获得者西奥多·W. 舒尔茨（Thodore W. Schults）在美国经济协会的年会上以会长的身份做了题为"人力资本投资"的演讲，阐述了许多无

---

① 李钢、秦宇：《人力资本相对超前投入及对经济增长的影响》，《数量经济技术经济研究》2020 年第 5 期。

法用传统经济理论解释的经济增长问题,明确提出人力资本是当今时代促进经济增长的主要因素,认为"人口质量和知识投资在很大程度上决定了人类未来的发展前景"。投资是人力资本形成的关键。舒尔茨指出,区分人力资本投资支出和消费支出十分困难;大概可以将人力资本投资渠道划分成九种,包括营养及医疗保健费用、学校教育费用、在职人员培训费用、个人和家庭为适应就业机会的变化而进行的迁移活动等。这些投资一经使用,就会产生长期的影响,也就是说,投资所促成的劳动者素质提高将在很长的时期内对经济增长做出贡献。从一个国家来看,进行人力资本投资最重要的体现为对公共卫生及公共教育的投入。

恩格斯为德国工人报纸《民主周报》而写的《卡·马克思〈资本论〉第一卷书评》中指出,"自从世界上有资本家和工人以来,没有一本书像我们面前这本书那样,对于工人阶级有如此重要的意义。资本和劳动的关系,是我们全部现代社会体系所围绕旋转的轴心,这种关系在这里第一次得到了科学的说明"。[1] 因而"以资本为原则导向的现代文明,培育了人的独立性,但实质上是以物为本,而以劳动为原则导向的社会生活,实则弘扬以人为本"。[2]

资本主义国家也认识到人力资本的重要性,随着经济增长而不断加大对人力资本的投资,提供更好的公共卫生与教育,但从根本上来说是为资本获得更多的利益而服务的,因而资本主义国家较少进行人力资本的超前投入。资本主义国家人类发展指数较高更多的是因为其经济发展水平较高,能够有更多的资源用于人力资本投资,从而获得更多的回报。李钢、秦宇的研究表明,相较于西方资本主义等经济强国,(前)社会主义阵营国家普遍进行了人力资本的超前投入。[3]

正是由于发展道路的不同,中国进行了人力资本相对超前的投入,这是中国能够解决贫困问题的重要原因。

---

[1] 《马克思恩格斯选集》(第2卷),第589页。
[2] 陈立新:《中国经验与现代性的拓展》,《社会科学辑刊》2019年第2期,第38~45页。
[3] 李钢、秦宇:《人力资本相对超前投入及对经济增长的影响》,《数量经济技术经济研究》2020年第5期。

二 发展理论决定中国包容性增长的可能性

中国共产党从"无产阶级的先锋队"到"代表绝大多数人利益"的"三个代表"再到"以人为本"的"科学发展观"等都体现了马克思主义以人为本的思想理论体系和中国共产党"走群众路线"的执政理念。马克思主义强调"历史是人民创造的",人民群众是社会物质财富的创造者,也是社会精神财富的创造者,还是变革社会制度的决定力量。人民有探索自己幸福道路的首创精神,"幸福不是恩赐",而是人民赋予政府的权力,是政府的责任与义务。因此,中国的发展始终依靠人民、始终为了人民,发展成果由人民共享。

当然,人民的利益分为长远利益与眼前利益,人的天性往往就是更加看重眼前利益,而不够关注长远利益。中国共产党 70 多年的执政实践表明,中国共产党可以较好地平衡人民的眼前利益与长远利益、局部利益与全局利益。以中国扶贫工作为例,中国 70 年扶贫工作取得巨大的成绩的直接原因无疑是中国经济 70 年的快速发展;正是由于 70 年经济快速发展,2019 年中国 GDP 是 1952 年的 164 倍,人均 GDP 是 67 倍[①]。以阿根廷为例,阿根廷的不同政党为了赢得选举,往往在竞选期间给人民许下很多福利相关的承诺,这些福利往往脱离了国家的发展基础;赢得选举执行之后,为了赢得下一次的选举,往往实行的政策都是饮鸩止渴;短期来看人民是得到了实惠与好处,但从长远来看往往影响了该国的积累与投资,影响了长期经济的发展,最终使人民的利益受到损害。不仅阿根廷如此,欧洲有些高福利国家也陷入了高福利陷阱。这些超过国家当期能力承受范围的福利制度往往一旦实施,其力度只能越来越大,而难以减弱。"中国作为一个大国,发展经济的资金来源最终只能靠自己的积累;而在国力十分薄弱的情况下,加快积累意

---

① 要特别说明的是,中国经济不是持续增长了 40 年,而是增长了 70 年。中国 1978 年 GDP 是 1952 年的 4.7 倍,人均 GDP 是 2.8 倍。

味着在一定产出的情况下，将更多的产出用于投资而不是消费，而这又意味着要尽量压低工资并把居民有限储蓄的利率压低"，① 因而对于新中国政府而言，如何在保证人民生活的同时，加快积累，形成较为完整的工业体系，是必须面对的挑战。回顾新中国 70 年的发展历程，可以说中国共产党根据世情、国情将马列主义基本原理与中国实际相结合，探索出了一整套指导在既有国情下尽快赶超发达国家的理论体系；基于此，中国经过 70 年建立了世界上最完整的工业体系，220 多种产品产量均居世界第一，2010 年中国制造业占全球的比重进一步提高到 19.8%，超过美国跃居世界第一。也正是因为如此，中国才形成了世界上最强大的基础设施建设能力，基础设施水平不断提升，不仅进一步促进了经济发展，而且为贫困地区的脱贫打下了良好的基础；也正是基于有完整的工业体系，大量劳动力才能从低效的农业向高效的工业转移，促使农村人口脱贫；也正是由于有完整的工业体系，中国人民才能享受相对物美价廉的商品，才能保证脱贫人口的生活水平。

走社会主义道路使中国的发展理念具有包容性增长的根本特征，也是中国能够实现包容性增长的原因；但理念的践行，不仅要付出艰辛的努力，而且必须有合适的理论作为指引。新中国是十分幸运的，中国共产党根据不断变化的国情、世情适时修正理论，根据中国的实际情况完善制度，不断变革经济制度；"如果我们从较长的历史尺度来看，新中国成立近 70 年来所实施的经济体制是一直在探索如何在既有国情下尽快赶超发达国家的经济体制；本质都是根据生产力与生产关系、经济基础与上层建筑相适应的辩证关系探索一条适应不断变革的时代、适应不断变化的国情和世情的发展道路"。② 正是由于指导中国实践的理论与体制的不断自我扬弃，中国 70 年的经济实践才能取得巨大的成功；也正是由于经济 70 年的巨大发展，人均 GDP 增长了近 70 倍，中国的包容性发展才能具备坚实的经济基础。

---

① 李钢：《新中国 70 年经济体制变革的统一逻辑》，《首都经济贸易大学学报》2020 年第 1 期。
② 李钢：《新中国 70 年经济体制变革的统一逻辑》，《首都经济贸易大学学报》2020 年第 1 期。

三 中国社会制度保证以人为本的实现

走社会主义道路使中国的发展理念具有包容性增长的根本特征；指导实践的中国化的马列主义理论使新中国 70 年来一直保持了正确的方向，从而使中国具有在更高层次实现包容性发展的能力与实力；而社会主义制度使理念得以践行。制度优势是中国能够实现包容性增长、较好解决扶贫问题的必要条件。

以共产党为领导核心的制度安排和组织架构使得中国具备"集中力量办大事"的制度优势，能够高效地开展扶贫工作。1978 年邓小平提出，让一部分人、一部分地区先富起来，逐步实现共同富裕；中国在改革开放初期集中全国的力量来促进沿海城市开放开发，特别是对 1980 年成立的四个经济特区更是给予特殊的优惠条件。今天来看这是保证中国经济能够起飞的重要一步，实施起来很简单也很必然，但是当时实际上面临的挑战是非常大的。且不说当时中国已经实行了 30 多年的社会主义制度，比较强调公平与平等，就是从决策的个体来说，每个人、每个地区本能上都倾向于国家把利益配置给自己、配置到自己所处的地区，因而说服全党把资源优先投向东部地区，投向改革开放的沿海地区是非常不容易的。2019 年我去埃塞俄比亚进行访问时，埃塞俄比亚的人均 GDP 只有中国的 1/10 左右，国家经济基础十分薄弱。为加速推进工业化，埃塞俄比亚应该像中国改革开放初期一样选择一些地区建立工业园区，进而带动国家经济的发展。例如，埃塞俄比亚没有海港，但是中国援助埃塞俄比亚修建了亚吉铁路。亚吉铁路沿线地区非常适于发展经济。对于埃塞俄比亚来说，一个可行的选择应该是在亚吉铁路沿线，特别是有经济基础的城市，建设基础设施配置完善的工业园，快速发展经济进而加速国内资金与技术的积累，从而带动全国经济的发展。但是调研发现，埃塞俄比亚内部无法达成这样的政治共识，各个地区都代表了各自的利益，向中央政府提出要求建立工业园区；埃塞俄比亚政府只能把十分有限的资金平均配置到各地，工业园区遍地开花。由于全国的资源有限，每个工业园区的投资力度都不够大，工业园区的基础设施较为薄弱。埃塞俄比亚实际上发电量（主要是水力发电）是比较大的，但全国没有完善的输配电网把电配置到有需要的地区去，以致不能保障很多工业园区的正常用电。我们到埃塞俄比亚阿达玛（Adama）市进行了调研，这个城市建有一个基础设施比较完善的工业园区，厂房、公路等已修好了，而且离亚吉铁路阿达玛站仅十多分钟的车程，区位条件非常好。但是这个工业园区电力供应仍旧不能得到保障。虽然目前入园的企业主要是一些用电并不算高的劳动密集型纺织服装行业企业，但是园区内正常用电难以得到保障；企业只能靠自备的柴油发电机进行发电，运营成本增加，因而园区的招商工作并不理想。从中国经验来看，埃塞俄比亚应该在亚吉铁路沿线选择几个区域条件较好的城市建立工业园区，开展招商工作的园区尽量做到七通一平（至少要三通一平）。通过建立工业园区吸引有比较优势的传统劳动密集型企业进驻，然后再逐步完善产业链；在此过程中能够吸引劳动力从低效的农业转移到较为高效的第二产业。但是由于不能达成共识，根本没有办法集中资源使少数建成的园区可以正常运行。反观中国，中国共产党能够统一全国人民的思想，将国家的发展计划分阶段实施。1988年，邓小平针对中国发展不平衡的特点，提出了"两个大局"的战略构想。一个大局就是沿海地区加快对外开放，较快地先发展起来，中西部地区要顾全这个大局。另一个大局就是当沿海地区发展到一定时期，要拿出更多的力量帮助中西部地区加快发展，东部沿海地区也要服从这个大局。在改革开放初期将国家的资源向东部沿海地区集中（第一个大局），增强了这些地区在全球的比较优势，使这些地区的经济快速发展；经过近20年的发展，党和国家又将重点转为区域间的协调发展（第二个大局）。1999年6月9日，时任总书记江泽民提出，加快中西部地区发展步伐的条件已经具备，时机已经成熟；同年11月，中央经济工作会议部署实施西部地区大开发战略。中央通过财政转移支付等形式促进区域的协调发展。可以说，近些年中西部地区的快速发展与全国的政策支持密不可分，以基础设施为例，没有中央的支持，中西部地区的基础设施建设将滞后。原交通基础条件很薄弱的贵州，目前已修建了非常多的高速公路。贵州不仅实现了县县通高速公路，而且实现了"村村通"硬化路。这些基础设施的修建

第十三章 四个自信与中国包容性发展

没有全国转移支付是不可能实现的；而这些交通基础设施对于当地群众的脱贫致富是至关重要的。可以说，正是由于中国共产党的领导才能使全国人民的意志统一，有步骤地实施国家发展计划，从而不断推动中国经济的包容性发展。

中国共产党领导的多党合作和政治协商制度是中国的一项基本的政治制度，是具有中国特色的政党制度，保证了中国政策的连续性和经济发展的持续性。我在与亚非拉学者交流时，他们都强调了国家政策稳定的重要性。例如我跟一位阿根廷学者交流的时候，他特别强调了政策稳定对一国发展的重要性。在谈到阿根廷为什么近些年来始终陷入"中等收入陷阱"时，他说阿根廷新一届政府上台之后，往往会完全推翻了上一届政府的政策，这一届政府政策倾向和下一届政府完全不同，政策没有连续性，实施效果当然也不会好。他说，虽然条条大路通罗马，但是必须坚持一条道路走下去，如果经常换路的话，永远到不了罗马。

中国能实现包容性发展还与高效公职人员管理体制有关。2017年10月18日，习近平总书记提出，要坚决打好防范化解重大风险、精准脱贫、污染防治的攻坚战，使全面建成小康社会得到人民认可、经得起历史检验。正如"政治路线确定之后，干部就是决定的因素"所说，如何打赢三大攻坚战，干部是关键。以精准扶贫为例，党的十八大以来"全国累计选派300多万县级以上机关、国有企事业单位干部参加驻村帮扶，向贫困村派驻村第一书记和驻村工作队，实现全国贫困村驻村工作队全覆盖，扶贫任务重的非贫困村也选派了驻村工作队。目前，全国在岗的驻村工作队24.8万个、第一书记20.6万人（含软弱涣散村）、驻村干部73万人，还有近200万名乡镇扶贫干部和数百万村干部参与扶贫"。[①] 精准扶贫工作具有分散、细致的特点，可以想象若没有这300多万名干部的具体工作，再好的政策也难惠及建档贫困户。

中国能实现包容性发展（特别是扶贫成绩）的另一项重要制度安排是

---

① 沈秋：《王光才详解中国特色精准扶贫道路》，http://www.iprcc.org.cn/Home/Index/skip/cid/5724.html，2019年12月6日。

对口援助制度。① 1999年中央提出了西部大开发战略，随后国务院出台的一系列推进西部大开发的政策中，对口支援成为重要的内容之一。在对口支援工作不断深化的过程中，东部与西部不同省份之间的对口帮扶关系逐步得以确立，形成北京支援内蒙古，天津支援甘肃，上海支援云南、宁夏、新疆，山东、辽宁、沈阳、湖北、武汉支援青海，江苏支援广西、新疆，广东、河北支援贵州的对口支援格局，实现了资源优势互补。不仅东部发达地区的省市有对口援建中西部省份，而且中央国家部委、中央企业也有对口援助的贫困县市，甚至连中国社会科学院这样的国家研究机构也对口帮扶江西上犹和陕西丹凤。中国不仅有相对固定的对口帮扶，而且在遇到大的自然灾害时，也有临时性的对口援助制度。2008年汶川发生地震，北京、广东、山东、浙江等18个省市迅速行动，支援四川灾区，在短短几年时间，帮助当地干部群众重建家园。2020年针对新冠肺炎疫情暴发后湖北省医疗资源紧张和病人住院需求大的情况，国家卫健委统筹安排19个省份对口支援湖北省除武汉市外的16个市州及县级市。在突发新冠肺炎疫情的对口支援中，一向被支援的一些西部省份也积极支援湖北。如甘肃省一直受到东部省份的支援，疫情期间，由于湖北医疗资源极度紧张，甘肃省派出了由137人组成的医疗队支援湖北。可以说在这次抗击疫情中再次展现了对口支援巨大的威力，也体现了"一方有难，八方支援"的社会主义制度优越性。

四 中华民族的传统文化激发了自我发展的动力

中国能实现包容性发展还与中华民族传统中自强不息的精神有很大的关系。我们在亚的斯亚贝巴大学曾遇到两位在校学生，在与他们进行了简单的

---

① 对口支援（即结对支援）是区域、行业乃至部门间开展跨边界合作与交流的有效形式，通常泛指国家在制定宏观政策时为支持某一区域或某一行业，采取在不同区域、行业之间形成结对支援关系，使双方区位或行业的优势得到有效发挥的一种政策性行为。参见《对口支援，疫情下的制度优势》，观察者网，https://baijiahao.baidu.com/s?id=1658285168424717132&wfr=spider&for=pc，2020年2月12日。

第十三章　四个自信与中国包容性发展

交流后了解到,其中一位是政治系的学生。这位政治系的学生认为该国目前最大的问题是政治稳定性。他们十分热情地陪同我们在校园参观,并向我们了解中国各方面的情况,还向我们询问关于中国政府资助非洲留学生的情况。当我们上车时,这位政治系的学生提出要和我们合影,由于他们很热情的陪我们在校园中转了近半个小时,我们也就十分高兴地同意了。当我们与他们一起去学校博物馆前合影时,旁边的一位白人高声说道"他们要钱!",我十分诧异看了他们一下,另一位赶紧说"不会""不会"。我当时想,无论如何这也是1亿人中选的精英学生,不会这样没有出息。合影后,神奇的一幕出现了,这位学生真的小声说"能给点钱吗?",我也能看出他还是有点不好意思。我们就尽快给了他一些小费,然后上车走了,免得双方尴尬。坐在上车,我回想起在国内发生的另一件事。我们编辑部为了提升国际交流能力,增进对各国的了解,会不定期地请不同国家的学者来与我们进行交流。一次我们邀请了一位埃塞俄比亚的学者;巧得很,这位学者也是亚的斯亚贝巴大学的老师。我们提前一周定了时间,在交流的前一天晚上我们还与其确认时间,但第二天他突然说有事不能来了。出于中国人待客之道,为了安慰他,我们告诉他不要紧,可以过两天再来交流。他说不行,行程都已经安排满了,没有时间。我们就说以后再交流吧。这时,神奇的一幕发生了,这位学者竟然提出,由于他准备与我们交流花了不少时间,我们需要补偿他,给他一些钱。他的无理要求被我们断然拒绝。

2008年我在波兰华沙学术访问时候突然明白了,为什么社会主义只有在中国才能够落地生根、发芽壮大。在波兰华沙,向任何一个方向走500米我都能遇到一座教堂,90%以上的波兰人都信仰天主教,[①] 相信主耶稣会来拯救人类;但是国际歌高唱"从来就没有什么救世主,也不靠神仙皇帝!要创造人类的幸福,全靠我们自己!"。我相信当时在东欧很多国家共产党员在高唱国际歌时,内心深处会有抵触情绪,因为这与他们内心相信的"耶稣会来拯救人类"相矛盾。对于普通人来说,把自己的不幸归因于外部

[①] 波兰95%的人口信奉天主教,其中有75%依然忠实虔诚地遵守天主教的传统习俗。其余的5%人口大多属于东正教或基督新教,https://baike.baidu.com/item/波兰/421640?fr=aladdin#8_2。

原因可能更加容易，因而相信"主耶稣会来拯救人类"可能成本更低。而中国的文化基因很早就选择了唯物主义，更加相信自己能够做命运的主人，所以中国的传说中多有钻木取火、愚公移山、大禹治水、后羿射日等这样人类依靠自己奋斗改变命运的故事。在上古之时，在中华大地上有三个主要的文明，分别是中原文化、红山文化、良渚文化。为什么最后中原文明一统天下而其他两种文明消失了呢？近年来李伯谦提出中华五千年文明形成与发展中"古国"的两种演进模式，即"红山文化古国是以神权为主的神权国家，良渚文化古国是神权、军权、王权相结合的以神权为主的神权国家，仰韶文化古国是军权、王权相结合的王权国家"，而"广布于中原地区的仰韶文化及其后继的河南龙山文化、二里头文化、商周文化因遵循突出王权的发展道路，从而保证了社会的持续发展和文明的延续，成为中华大地上绵延不绝的核心文化，而避免了像红山文化和良渚文化那样，因突出神权、崇尚祭祀造成社会财富巨大浪费而过早夭折"。[1] 抛弃神权的标志是祭祀阶层掌握的权力较弱，从而祭祀活动不是那么的虔诚；祭祀活动不虔诚的一个标志就是祭祀的规模比较小，占用的社会资源比较少。相反神权占主导地位后，"各类通神玉器空前发达，人力、物力、财力大量浪费"，但"这不能认为是社会经济进步的反映，而有可能是社会历史发展扭曲的表现"。[2] 可以想象，社会资源大量被用于祭祀，必然会侵占应该用于扩大再生产及其他社会活动的资源。因而"在中国古代文明形成时期，长江流域下游的良渚文化、辽西的红山文化虽然曾经一度表现得异常繁荣，但是支撑这一文化理念的'神权'的'玉文化'却'不代表'历史发展方向，反而是其'文明'成为历史上'昙花一现'的'匆匆过客'的原因"。[3] 总之，考古已经证实中原文化的龙山文化相比于其他文化，特别是红山文化祭祀场所的规模是相对较小的，这表明在中国文化基因中神权很早就被抛弃了；抛弃神权之后，朴

---

[1] 李伯谦：《中国古代文明演进的两种模式——红山、良渚、仰韶大墓随葬玉器观察随想》，《文物》2009年第3期，第47~56页。
[2] 河南省文物考古研究所：《华夏文明的形成与发展——河南省文物考古研究所建所五十周年庆祝会暨华夏文明的形成与发展学术研讨会论文集》，大象出版社，2003。
[3] 刘庆柱：《中华文明五千年不断裂特点的考古学阐释》，《中国社会科学》2019年第12期，第4~27+199页。

素唯物主义自然会成为中国文化的基本内核。中国上古文化的集大成者，孔子讲"敬鬼神而远之""未能事人，焉能事鬼？未知生，焉知死？"，这其实本质上就是不相信鬼神。易经开篇讲，天行健，君子自强不息。这些都反映了中华民族自强不息、自我奋斗的精神，我命由我不由天的精神。只有这样经过了几千年唯物主义洗礼的民族，才能够真正相信从来就没有什么救世主，才能够真正将"独立自主，自力更生"作为自我发展的根本。

五　总结与展望

2016 年国务院扶贫办党组书记主任刘永富谈道：到 2020 年确保我国在现行标准下，农村贫困人口实现脱贫，贫困县全部摘帽。这意味着中国所有的绝对贫困人口要全部脱贫。这在我们国家几千年的历史上是第一次，以前没有做到过绝对贫困人口脱贫。现在国际社会把减贫作为一个重要的目标。联合国 2030 年可持续发展议程提出，2030 年全球要消除绝对贫困。那么，中国就比联合国的标准、目标要提前 10 年达到，应该说走在全球减贫事业的前列。① 2020 年中国面临新冠肺炎疫情、中美贸易摩擦加剧等不利环境，但全面建设小康社会，交出了一份令人满意的答卷；即使个别指标没有全部完成，但以五年尺度来看，中国在全面建设小康、包容发展、减贫扶贫方面都取得了巨大的成绩。

这些成绩来之不易，可以从不同的角度进行总结。本章主要是基于笔者近几年在亚非拉进行学术研究时的思考。在非洲访问即将结束的时候，我想写一篇关于中国包容性增长与四个自信的文章；借着全面建成小康完成之时，也以这篇文章作为贺礼。走社会主义道路使中国始终坚持包容性发展理念；中国化的马列主义作为中国共产党的指导思想促进了中国经济社会文化

---

① 《〈对话〉中国脱贫目标：到 2020 年消灭绝对贫困》，中国经济网，http://tuopin.ce.cn/news/201610/18/t20161018_ 16885831. shtml，2016 年 10 月 18 日。

的快速发展，使中国具备了实施高水平包容性发展的能力；社会主义制度有利于我国挖掘综合国力的潜力，使中国的包容性发展理念得以践行；前三者都是从宏观层面来谈，中国文化更加注重从微观层面激发扶贫者与帮扶者的内在动力，这是在个体层面促成中国包容性发展的原因。正是因为中华文化最基本的内核"唯物""远鬼神"能与马列主义的哲学内核"唯物"主义相一致，马列主义才能与中国传统文化相融合，变成中华民族生生不息文化在新时代的新代表。如同佛教在中国传播之后，与中国传统文化相融合形成了禅宗，达到了佛教新的高度，马列主义在中国的传播与实践，也必将不断汲取中国传统文化的养分，达到新的高度。

参考文献

国家统计局：《中华人民共和国 2019 年国民经济和社会发展统计公报》，http://www.stats.gov.cn/tjsj/zxfb/202002/t20200228_1728913.html，2020 年 2 月 28 日。

李钢、秦宇：《人力资本相对超前投入及对经济增长的影响》，《数量经济技术经济研究》2020 年第 5 期。

陈立新：《中国经验与现代性的拓展》，《社会科学辑刊》2019 年第 2 期。

李钢：《新中国 70 年经济体制变革的统一逻辑》，《首都经济贸易大学学报》2020 年第 1 期。

沈秋：《王光才详解中国特色精准扶贫道路》，http://www.iprcc.org.cn/Home/Index/skip/cid/5724.html，2019 年 12 月 6 日。

李伯谦：《中国古代文明演进的两种模式——红山、良渚、仰韶大墓随葬玉器观察随想》，《文物》2009 年第 3 期。

河南省文物考古研究所：《华夏文明的形成与发展——河南省文物考古研究所建所五十周年庆祝会暨华夏文明的形成与发展学术研讨会论文集》，大象出版社，2003。

刘庆柱：《中华文明五千年不断裂特点的考古学阐释》，《中国社会科学》2019 年第 12 期。

图书在版编目(CIP)数据

中国精准扶贫经验的理论阐释／李钢主编. --北京：社会科学文献出版社，2021.8
（包容性绿色增长丛书）
ISBN 978-7-5201-8822-7

Ⅰ.①中⋯ Ⅱ.①李⋯ Ⅲ.①扶贫-经验-中国 Ⅳ.①F126

中国版本图书馆 CIP 数据核字（2021）第 162609 号

包容性绿色增长丛书
中国精准扶贫经验的理论阐释
产业扶贫的视角

主　编／李　钢
副主编／秦　宇

出版人／王利民
责任编辑／吴　敏
责任印制／王京美

出　版／社会科学文献出版社·皮书出版分社（010）59367127
　　　　　地址：北京市北三环中路甲 29 号院华龙大厦　邮编：100029
　　　　　网址：www.ssap.com.cn
发　行／市场营销中心（010）59367081　59367083
印　装／三河市龙林印务有限公司

规　格／开　本：787mm×1092mm　1/16
　　　　　印　张：19.25　字　数：300 千字
版　次／2021 年 8 月第 1 版　2021 年 8 月第 1 次印刷
书　号／ISBN 978-7-5201-8822-7
定　价／89.00 元

本书如有印装质量问题，请与读者服务中心（010-59367028）联系

▲ 版权所有 翻印必究